Arthur Schopenhauer

Aphorismes sur

la sagesse dans la vie

Parerga et paralipomena

Ⓞmnia Veritas

Arthur Schopenhauer

Aphorismes sur la Sagesse dans la vie

Traduit en français par J.-A. Cantacuzène

Publié par Omnia Veritas Ltd

www.omnia-veritas.com

« Le bonheur n'est pas chose aisée : il est très difficile de le trouver en nous, et impossible de le trouver ailleurs. »

CHAMFORT.

ARTHUR SCHOPENHAUER

INTRODUCTION..9

CHAPITRE I

    DIVISION FONDAMENTALE 11

CHAPITRE II

    DE CE QUE L'ON EST 23

        La santé de l'esprit et du corps 23

        La beauté. 30

        La douleur et l'ennui. -L'intelligence. 30

CHAPITRE III

    DE CE QUE L'ON A... 53

CHAPITRE IV

    DE CE QUE L'ON REPRÉSENTE 63

        De l'opinion d'autrui. 63

        Le rang. 74

        L'honneur. 75

        La gloire.... 113

CHAPITRE V

    PARÉNÈSES ET MAXIMES 133

Maximes générales. 133

Concernant notre conduite envers nous-mêmes. 144

Concernant notre conduite envers les autres. 185

Concernant notre conduite en face de la marche du monde et en face du sort. 215

CHAPITRE VI

DE LA DIFFÉRENCE DES ÂGES DE LA VIE 229

INTRODUCTION

Je prends ici la notion de la sagesse dans la vie dans son acception immanente, c'est-à-dire que j'entends par là l'art de rendre la vie aussi agréable et aussi heureuse que possible. Cette étude pourrait s'appeler également l'Eudémonologie ; ce serait donc un traité de la vie heureuse. Celle-ci pourrait à son tour être définie une existence qui, considérée au point de vue purement extérieur ou plutôt (comme il s'agit ici d'une appréciation subjective) qui, après froide et mûre réflexion, est préférable à la non-existence. La vie heureuse, ainsi définie, nous attacherait à elle par elle-même et pas seulement par la crainte de la mort ; il en résulterait en outre que nous désirerions la voir durer indéfiniment. Si la vie humaine correspond ou peut seulement correspondre à la notion d'une pareille existence, c'est là une question à laquelle on sait que j'ai répondu par la négative dans ma *Philosophie* ; l'eudémonologie, au contraire, présuppose une réponse affirmative. Celle-ci, en effet, repose sur cette erreur innée que j'ai combattue au commencement du chapitre XLIX, vol. II, de mon grand ouvrage.[1] Par conséquent, pour pouvoir néanmoins traiter la question, j'ai dû m'éloigner entièrement du point de vue élevé, métaphysique et moral auquel conduit ma véritable philosophie.

Tous les développements qui vont suivre sont donc fondés, dans une certaine mesure, sur un accommodement, en ce sens qu'ils se placent au point de vue habituel,

---

[1] Schopenhauer entend par son grand ouvrage son traité intitulé : *Die Welt als Wille und Vorstellung* (*Le monde comme volonté et représentation*).

empirique et en conservent l'erreur. Leur valeur aussi ne peut être que conditionnelle, du moment que le mot d'eudémonologie n'est lui-même qu'un euphémisme. Ils n'ont en outre aucune prétention à être complets, soit parce que le thème est inépuisable, soit parce que j'aurais dû répéter ce que d'autres ont déjà dit.

Je ne me rappelle que le livre de Cardan : *De utilitate ex adversis capienda*, ouvrage digne d'être lu, qui traite de la même matière que les présents aphorismes ; il pourra servir à compléter ce que j'offre ici. Aristote, il est vrai, a intercalé une courte eudémonologie dans le chapitre V du livre I de sa *Rhétorique* ; mais il n'a produit qu'une œuvre bien maigre. Je n'ai pas eu recours à ces devanciers ; compiler n'est pas mon fait ; d'autant moins l'ai-je fait que l'on perd par là cette unité de vue qui est l'âme des œuvres de cette espèce. En somme, certainement les sages de tous les temps ont toujours dit la même chose, et les sots, c'est-à-dire l'incommensurable majorité de tous les temps, ont toujours fait la même chose, savoir le contraire, et il en sera toujours ainsi. Aussi Voltaire dit-il : *Nous laisserons ce monde-ci aussi sot et aussi méchant que nous l'avons trouvé en y arrivant.*

Chapitre I

DIVISION FONDAMENTALE

Aristote (*Morale à Nicomaque*, I, 8) a divisé les biens de la vie humaine en trois classes, les biens extérieurs, ceux de l'âme et ceux du corps. Ne conservant que la division en trois, je dis que ce qui différencie le sort des mortels peut être ramené à trois conditions fondamentales. Ce sont :

1° Ce qu'on *est* : donc la personnalité, dans son sens le plus étendu. Par conséquent, on comprend ici la santé, la force, la beauté, le tempérament, le caractère moral, l'intelligence et son développement.

2° Ce qu'on *a* : donc propriété et avoir de toute nature.

3° Ce qu'on *représente* : on sait que par cette expression l'on entend la manière dont les autres se représentent un individu, par conséquent ce qu'il est dans leur représentation. Cela consiste donc dans leur opinion à son égard et se divise en honneur, rang et gloire.

Les différences de la première catégorie dont nous avons à nous occuper sont celles que la nature elle-même a établies entre les hommes ; d'où l'on peut déjà inférer que leur influence sur le bonheur ou le malheur sera plus essentielle et plus pénétrante que celle des différences provenant des règles humaines et que nous avons mentionnées sous les deux rubriques suivantes. Les *vrais avantages personnels*, tels qu'un grand esprit ou un grand cœur, sont par rapport à tous les avantages du rang, de la naissance, même royale, de la richesse et autres, ce que les rois véritables sont aux rois de théâtre. Déjà *Métrodore*, le premier élève d'Épicure, avait intitulé un chapitre : Περι του μειζονα ειναι την παρ' ημας αιτιαν προς ενδαιμονιαν της εχ των πραγματων (*Les causes qui viennent de nous contribuent plus au bonheur que celles qui naissent des choses.*—Cf. Clément d'Alex., Strom., II, 21, p. 362 dans l'édition de Wurtzbourg des *Opp. polem.*)

Et, sans contredit, pour le bien-être de l'individu, même pour toute sa manière d'être, le principal est évidemment ce qui se trouve ou se produit en lui. C'est là, en effet, que réside immédiatement son bien-être ou son malaise ; c'est sous cette forme, en définitive, que se manifeste tout d'abord le résultat de sa sensibilité, de sa volonté et de sa pensée ; tout ce qui se trouve en dehors n'a qu'une influence indirecte. Aussi les mêmes circonstances, les mêmes événements extérieurs, affectent-ils chaque individu tout différemment, et, quoique placés dans un même milieu, chacun vit dans un monde différent. Car il n'a directement affaire que de ses propres perceptions, de ses propres sensations et des mouvements de sa propre volonté : les choses extérieures n'ont d'influence sur lui qu'en tant qu'elles déterminent ces phénomènes intérieurs. Le monde dans lequel chacun vit dépend de la façon de le concevoir, laquelle diffère pour chaque tête ; selon la nature des intelligences, il paraîtra pauvre, insipide et plat, ou riche, intéressant et important. Pendant que tel, par exemple, porte envie à tel autre pour les aventures intéressantes qui lui sont arrivées pendant sa vie, il devrait plutôt lui envier le don de conception qui a prêté à ces événements l'importance qu'ils ont dans sa description, car le même événement qui se présente d'une façon si intéressante dans la tête d'un homme d'esprit, n'offrirait plus, conçu par un cerveau plat et banal, qu'une scène insipide de la vie de tous les jours. Ceci se manifeste au plus haut degré dans plusieurs poésies de Gœthe et de Byron, dont le fond repose évidemment sur une donnée réelle ; un sot, en les lisant, est capable d'envier au poète l'agréable aventure, au lieu de lui envier la puissante imagination qui, d'un événement passablement ordinaire, a su faire quelque chose d'aussi grand et d'aussi beau. Pareillement, le mélancolique verra une scène de tragédie là où le sanguin ne voit qu'un conflit intéressant, et le flegmatique un fait insignifiant.

Tout cela vient de ce que toute réalité, c'est-à-dire toute « actualité remplie » se compose de deux moitiés, le sujet et l'objet, mais aussi nécessairement et aussi étroitement unies que l'oxygène et l'hydrogène dans l'eau. À moitié objective identique, la subjective étant différente, ou réciproquement, la réalité actuelle sera tout autre ; la plus belle et la meilleure moitié objective, quand la subjective est obtuse, de mauvaise qualité, ne fournira jamais qu'une méchante réalité et actualité, semblable à une belle contrée vue par un mauvais temps ou réfléchie par une mauvaise chambre obscure. Pour parler plus vulgairement, chacun est fourré dans sa conscience comme dans sa peau et ne vit immédiatement qu'en elle ; aussi y a-t-il peu de secours à lui apporter du dehors. À la scène, tel joue les princes, tel les conseillers, tel autre les laquais, ou les soldats ou les généraux, et ainsi de suite. Mais ces différences n'existent qu'à l'extérieur ; à l'intérieur, comme noyau du personnage, le même être est fourré chez tous, savoir un pauvre comédien avec ses misères et ses soucis.

Dans la vie, il en est de même. Les différences de rang et de richesses donnent à chacun son rôle à jouer, auquel ne correspond nullement une différence intérieure de bonheur et de bien-être ; ici aussi est logé dans chacun le même pauvre hère, avec ses soucis et ses misères, qui peuvent différer chez chacun pour ce qui est du fond, mais qui, pour ce qui est de la forme, c'est-à-dire par rapport à l'être propre, sont à peu près les mêmes chez tous ; il y a certes des différences de degré, mais elles ne dépendent pas du tout de la condition ou de la richesse, c'est-à-dire du rôle.

Comme tout ce qui se passe, tout ce qui existe pour l'homme ne se passe et n'existe immédiatement que dans sa conscience ; c'est évidemment la qualité de la conscience qui sera le prochainement essentiel, et dans la plupart des cas tout dépendra de celle-là bien plus que des images qui s'y représentent. Toute splendeur, toutes jouissances sont pauvres, réfléchies dans la conscience terne d'un benêt, en regard de la conscience d'un Cervantès, lorsque, dans une prison incommode, il écrivait son *Don Quijote*.

La moitié objective de l'actualité et de la réalité est entre les mains du sort et, par suite, changeante ; la moitié subjective, c'est nous-mêmes, elle est par conséquent immuable dans sa partie essentielle. Aussi, malgré tous les changements extérieurs, la vie de chaque homme porte-t-elle d'un bout à l'autre le même caractère ; on peut la comparer à une suite de variations sur un même *thème*. Personne ne peut sortir de son individualité. Il en est de l'homme comme de l'animal ; celui-ci, quelles que soient les conditions dans lesquelles on le place, demeure confiné dans le cercle étroit que la nature a irrévocablement tracé autour de son être, ce qui explique pourquoi, par exemple, tous nos efforts pour faire le bonheur d'un animal que nous aimons doivent se maintenir forcément dans des limites très restreintes, précisément à cause de ces bornes de son être et de sa conscience ; pareillement, l'individualité de l'homme a fixé par avance la mesure de son bonheur possible. Ce sont spécialement les limites de ses forces intellectuelles qui ont déterminé une fois pour toutes son aptitude aux jouissances élevées. Si elles sont étroites, tous les efforts extérieurs, tout ce que les hommes ou la fortune feront pour lui, tout cela sera impuissant à le transporter par delà la mesure du bonheur et du bien-être humain ordinaire, à demi animal : il devra se contenter des jouissances sensuelles, d'une vie intime et gaie dans sa famille, d'une société de bas aloi ou de passe-temps vulgaires. L'instruction même, quoiqu'elle ait une certaine action, ne saurait en somme élargir de beaucoup ce cercle, car les jouissances les plus élevées, les plus variées et les plus durables sont celles de l'esprit, quelque fausse que puisse être pendant la jeunesse notre opinion à cet égard ; et ces jouissances dépendent surtout de la force intellectuelle. Il est donc facile de voir clairement combien notre bonheur dépend de ce que nous *sommes*, de notre individualité, tandis qu'on ne tient compte le plus souvent que de ce que nous *avons* ou de ce que nous *représentons*. Mais le sort peut s'améliorer ; en outre, celui qui possède la richesse intérieure ne lui demandera pas grand'chose ; mais un benêt restera benêt, un lourdaud restera lourdaud, jusqu'à sa fin, fût-il en paradis et entouré de houris. Gœthe dit :

Volk und Knecht und Ueberwinder, Sie gestehn, zu jeder Zeit, Höchstes Glück der Erdenkinder Sei nur die Persönlichkeit.

(Peuple et laquais et conquérant,— en tout temps reconnaissent— que le suprême bien des fils de la terre— est seulement la personnalité. Gœthe, *Divan Or. Occ.*, ZULECKA).

Que le *subjectif* soit incomparablement plus essentiel à notre bonheur et à nos jouissances que l'*objectif*, cela se confirme en tout, par la faim, qui est le meilleur cuisinier, jusqu'au vieillard regardant avec indifférence la déesse que le jeune homme idolâtre, et tout au sommet, nous trouvons la vie de l'homme de génie et du saint. La santé par-dessus tout l'emporte tellement sur les biens extérieurs qu'en vérité un mendiant bien portant est plus heureux qu'un roi malade. Un tempérament calme et enjoué, provenant d'une santé parfaite et d'une heureuse organisation, une raison lucide, vive, pénétrante et concevant juste, une volonté modérée et douce, et comme résultat une bonne conscience, voilà des avantages que nul rang, nulle richesse ne sauraient remplacer. Ce qu'un homme est en soi-même, ce qui l'accompagne dans la solitude et ce que nul ne saurait lui donner ni lui prendre, est évidemment plus essentiel pour lui que tout ce qu'il peut posséder ou ce qu'il peut être aux yeux d'autrui. Un homme d'esprit, dans la solitude la plus absolue, trouve dans ses propres pensées et dans sa propre fantaisie de quoi se divertir agréablement, tandis que l'être borné aura beau varier sans cesse les fêtes, les spectacles, les promenades et les amusements, il ne parviendra pas à écarter l'ennui qui le torture. Un bon caractère, modéré et doux, pourra être content dans l'indigence, pendant que toutes les richesses ne sauraient satisfaire un caractère avide, envieux et méchant. Quant à l'homme doué en permanence d'une individualité extraordinaire, intellectuellement supérieure, celui-là alors peut se passer de la plupart de ces jouissances auxquelles le monde aspire généralement ; bien plus, elles ne sont pour lui qu'un dérangement et un fardeau. Horace dit en parlant de lui-même :

Gemmas, marmor, ebur, Tyrrhena sigilla, tabellas, Argentum, vestes Gaetulo murice tinctas, Sunt qui habeant, est qui non curat habere.

(Il en est qui n'ont ni pierres précieuses, ni marbre, ni ivoire, ni statuettes tyrrhéniennes, ni tableaux, ni argent, ni robes teintes de pourpre gaétulienne ; il en est un qui ne se soucie pas d'en avoir.—Horace, Ep. II, L. II, vers 180 et suiv.)

Et Socrate, à la vue d'objets de luxe exposés pour la vente, s'écriait :

« Combien il y a de choses dont je n'ai pas besoin ! »

Ainsi, la condition première et la plus essentielle pour le bonheur de la vie, c'est ce que nous *sommes*, c'est notre personnalité ; quand ce ne serait déjà que parce qu'elle agit constamment et en toutes circonstances, cela suffirait à l'expliquer, mais en outre, elle n'est pas soumise à la chance comme les biens des deux autres catégories, et ne peut pas nous être ravie. En ce sens, sa valeur peut passer pour absolue, par opposition à la valeur seulement relative des deux autres. Il en résulte que l'homme est bien moins susceptible d'être modifié par le monde extérieur qu'on ne le suppose volontiers. Seul le temps, dans son pouvoir souverain, exerce également ici son droit ; les qualités physiques et intellectuelles succombent insensiblement sous ses atteintes ; le caractère moral seul lui demeure inaccessible.

Sous ce rapport, les biens des deux dernières catégories auraient un avantage sur ceux de la première, comme étant de ceux que le temps n'emporte pas directement. Un second avantage serait que, étant placés en dehors de nous, ils sont accessibles de leur nature, et que chacun a pour le moins la possibilité de les acquérir, tandis que ce qui est en nous, le subjectif, est soustrait à notre pouvoir établi *jure divino*, il se maintient invariable pendant toute la vie. Aussi les vers suivants contiennent-ils une inexorable vérité :

Wie an dem Tag, der dich der Welt verliehen, Die Sonne stand zum Grusze der Planeten, Bist alsobald und fort und fort gedichen, Nach dem Gesetz, wonach du angetreten.

So muszt du seyn, dir kannst du nicht entfliehen, So sagten schon Svbillen, so Propheten ; Und keine Zeit und keine Macht zerstückelt Geprügte Form, die lebend sien entwickelt.

(Gœthe.)

(Comme, dans le jour qui t'a donné au monde, le soleil était là pour saluer les planètes, tu as aussi grandi sans cesse, d'après la loi selon laquelle tu as commencé. Telle est ta destinée ; tu ne peux t'échapper à toi-même ; ainsi parlaient déjà les sibylles ; ainsi les prophètes ; aucun temps, aucune puissance ne brise la forme empreinte qui se développe dans le cours de la vie.— *Poésies*, trad. Porchat, vol. I, p. 312.)

Tout ce que nous pouvons faire à cet égard, c'est d'employer cette personnalité, telle qu'elle nous a été donnée, à notre plus grand profit ; par suite, ne poursuivre que les aspirations qui lui correspondent, ne rechercher que le développement qui lui est approprié en évitant tout autre, ne choisir, par conséquent, que l'état, l'occupation, le genre de vie qui lui conviennent.

Un homme herculéen, doué d'une force musculaire extraordinaire, astreint par des circonstances extérieures à s'adonner à une occupation sédentaire, à un travail manuel, méticuleux et pénible, ou bien encore à l'étude et à des travaux de tête, occupations réclamant des forces toutes différentes, non développées chez lui et laissant précisément sans emploi les forces par lesquelles il se distingue, un tel homme se sentira malheureux toute sa vie ; bien plus malheureux encore sera celui chez lequel les forces intellectuelles l'emportent de beaucoup et qui est obligé de les laisser sans développement et sans emploi pour s'occuper d'une affaire vulgaire qui n'en réclame pas, ou bien encore et surtout d'un travail corporel pour lequel sa force physique n'est pas suffisante. Ici toutefois, principalement pendant la jeunesse, il faut éviter recueil de la présomption et ne pas s'attribuer un excès de forces que l'on n'a pas.

De la prépondérance bien établie de notre première catégorie sur les deux autres, il résulte encore qu'il est plus sage de travailler à conserver sa santé et à développer ses facultés qu'à acquérir des richesses, ce qu'il ne faut pas interpréter en ce sens qu'il faille négliger l'acquisition du nécessaire et du convenable. Mais la richesse proprement dite, c'est-à-dire un grand superflu, contribue peu à notre bonheur ; aussi beaucoup de riches se sentent-ils malheureux, parce qu'ils sont dépourvus de culture réelle de l'esprit, de connaissances et, par suite, de tout intérêt objectif qui pourrait les rendre aptes à une occupation intellectuelle. Car ce que la richesse peut fournir au delà, de la satisfaction des besoins réels et naturels a une minime influence sur notre véritable bien-être ; celui-ci est plutôt troublé par les nombreux et inévitables soucis qu'amène après soi la conservation d'une grande fortune. Cependant les hommes sont mille fois plus occupés à acquérir la richesse que la culture intellectuelle, quoique certainement ce qu'on *est* contribue bien plus à notre bonheur que ce qu'on *a*.

Combien n'en voyons-nous pas, diligents comme des fourmis et occupés du matin au soir à accroître une richesse déjà acquise ! Ils ne connaissent rien par delà l'étroit horizon qui renferme les moyens d'y parvenir ; leur esprit est vide et par suite inaccessible à toute autre occupation. Les jouissances les plus élevées, les jouissances intellectuelles sont inabordables pour eux ; c'est en vain qu'ils cherchent à les remplacer par des jouissances fugitives, sensuelles, promptes, mais coûteuses à acquérir, qu'ils se permettent entre temps. Au terme de leur vie, ils se trouvent avoir comme résultat, quand la fortune leur a été favorable, un gros monceau d'argent devant eux, qu'ils laissent alors à leurs héritiers le soin d'augmenter ou aussi de dissiper.

Une pareille existence, bien que menée avec apparence très sérieuse et très importante, est donc tout aussi insensée que telle autre qui arborerait carrément pour symbole une marotte.

Ainsi, l'essentiel pour le bonheur de la vie, c'est ce que l'on *a en soi-même*. C'est uniquement parce que la dose en est d'ordinaire si petite que la plupart de ceux qui sont sortis déjà victorieux de la lutte contre le besoin se sentent au fond tout aussi malheureux que ceux qui sont encore dans la mêlée. Le vide de leur intérieur, l'insipidité de leur intelligence, la pauvreté de leur esprit les poussent à rechercher la compagnie, mais une compagnie composée de leurs pareils, car *similis simili gaudet*. Alors commence en commun la chasse au passe-temps et à l'amusement, qu'ils cherchent d'abord dans les jouissances sensuelles, dans les plaisirs de toute espèce et finalement dans la débauche. La source de cette funeste dissipation, qui, en un temps souvent incroyablement court, fait dépenser de gros héritages à tant de fils de famille entrés riches dans la vie, n'est autre en vérité que l'ennui résultant de cette pauvreté et de ce vide de l'esprit que nous venons de dépeindre. Un jeune homme ainsi lancé dans le monde, riche en dehors, mais pauvre en dedans, s'efforce vainement de remplacer la richesse intérieure par l'extérieure ; il veut tout recevoir du *dehors*, semblable à ces vieillards qui cherchent à puiser de nouvelles forces dans l'haleine des jeunes filles. De cette façon, la pauvreté intérieure a fini par amener aussi la pauvreté extérieure.

Je n'ai pas besoin de relever l'importance des deux autres catégories de biens de la vie humaine, car la fortune est aujourd'hui trop universellement appréciée pour avoir besoin d'être recommandée. La troisième catégorie est même d'une nature très éthérée, comparée à la seconde, vu qu'elle ne consiste que dans l'opinion des autres. Toutefois chacun est tenu d'aspirer à l'*honneur*, c'est-à-dire à un bon renom ; à un *rang*, ne peuvent y aspirer, uniquement, que ceux qui servent l'État, et, pour ce qui est de la *gloire*, il n'y en a qu'infiniment peu qui puissent y prétendre. L'honneur est considéré comme un bien inappréciable, et la gloire comme la chose la plus exquise que l'homme puisse acquérir ; c'est la

Toison d'or des élus ; par contre, les sots seuls préféreront le rang à la richesse. La seconde et la troisième catégorie ont en outre l'une sur l'autre ce qu'on appelle une action réciproque ; aussi l'adage de Pétrone : *Habes, habeberis* est-il vrai, et, en sens inverse, la bonne opinion d'autrui, sous toutes ses formes, nous aide souvent à acquérir la richesse.

Chapitre II

DE CE QUE L'ON EST

Nous avons déjà reconnu d'une manière générale que ce que l'on *est* contribue plus au bonheur que ce que l'on *a* ou ce que l'on *représente*. Le principal est toujours ce qu'un homme est, par conséquent ce qu'il possède en lui-même ; car son individualité l'accompagne en tout temps et en tout lieu et teinte de sa nuance tous les événements de sa vie. En toute chose et à toute occasion, ce qui l'affecte tout d'abord, c'est lui-même. Ceci est vrai déjà pour les jouissances matérielles, et, à plus forte raison, pour celles de l'âme. Aussi l'expression anglaise : *To enjoy one's self*, est-elle très bien trouvée ; on ne dit pas en anglais : « Paris lui plaît, » on dit : « Il se plaît à Paris (*He enjoys himself at Paris*). »

La santé de l'esprit et du corps

Mais, si l'individualité est de mauvaise qualité, toutes les jouissances seront comme un vin exquis dans une bouche imprégnée de fiel. Ainsi donc, dans la bonne comme dans la mauvaise fortune, et sauf l'éventualité de quelque grand malheur, ce qui arrive à un homme dans sa vie est de moindre importance que la manière dont il le *sent*, c'est-à-dire la nature et le degré de sa sensibilité sous tous les rapports. Ce que nous avons en nous-mêmes et par nous-mêmes, en un mot la personnalité et sa valeur, voilà le seul facteur immédiat de notre bonheur et de notre bien-être. Tous les autres agissent indirectement ; aussi leur action peut-elle être annulée, mais celle de la personnalité jamais.

De là vient que l'envie la plus irréconciliable et en même temps la plus soigneusement dissimulée est celle qui a pour objet les avantages personnels. En outre, la qualité de la conscience est la seule chose permanente et persistante ; l'individualité agit constamment, continuellement, et, plus ou moins, à tout instant ; toutes les autres conditions n'influent que temporairement, occasionnellement, passagèrement, et peuvent aussi changer ou disparaître. Aristote dit : η γαρ φυσις βεβαια, ου τα χρηματα (La nature est éternelle, non les choses. *Mor. à Eudème*, VII, 2). C'est pourquoi nous supportons avec plus de résignation un malheur dont la cause est tout extérieure que celui dont nous sommes nous-mêmes coupables ; car le destin peut changer, mais notre propre qualité est immuable. Par suite, les biens subjectifs, tels qu'un caractère noble, une tête capable, une humeur gaie, un corps bien organisé et en parfaite santé, ou, d'une manière générale, *mens sana in corpore sano* (Juvénal, sat. X, 356), voilà les biens suprêmes et les plus importants pour notre bonheur ; aussi devrions-nous nous appliquer bien plus à leur développement et à leur conservation qu'à la possession des biens extérieurs et de l'honneur extérieur.

Mais ce qui, par-dessus tout, contribue le plus directement à notre bonheur, c'est une humeur enjouée, car cette bonne qualité trouve tout de suite sa récompense en elle-même. En effet, celui qui est gai a toujours motif de l'être par cela même qu'il l'est. Rien ne peut remplacer aussi complètement tous les autres biens que cette qualité, pendant qu'elle-même ne peut être remplacée par rien. Qu'un homme soit jeune, beau, riche et considéré ; pour pouvoir juger de son bonheur, la question sera de savoir si, en outre, il est gai ; en revanche, est-il gai, alors peu importe qu'il soit jeune ou vieux, bien fait ou bossu, pauvre ou riche ; il est heureux. Dans ma première jeunesse, j'ai lu un jour dans un vieux livre la phrase suivante : *Qui rit beaucoup est heureux et qui pleure beaucoup est malheureux* ; la remarque est bien niaise ; mais, à cause de sa vérité si simple, je n'ai pu l'oublier, quoiqu'elle soit le superlatif d'un *truism* (en anglais, vérité triviale). Aussi devons-nous, toutes les fois qu'elle se présente, ouvrir à la gaieté portes et fenêtres, car elle n'arrive jamais à contre-temps, au lieu d'hésiter, comme nous le faisons souvent, à l'admettre, voulant nous rendre compte d'abord si nous avons bien, à tous égards, sujet d'être contents, ou encore de peur qu'elle ne nous dérange de méditations sérieuses ou de graves préoccupations ; et cependant il est bien incertain que celles-ci puissent améliorer notre condition, tandis que la gaieté est un bénéfice immédiat. Elle seule est, pour ainsi dire, l'argent comptant du bonheur ; tout le reste n'en est que le billet de banque ; car seule elle nous donne le bonheur dans un présent immédiat ; aussi est-elle le bien suprême pour des êtres dont la réalité a la forme d'une actualité indivisible entre deux temps infinis. Nous devrions donc aspirer avant tout à acquérir et à conserver ce bien. Il est certain d'ailleurs que rien ne contribue moins à la gaieté que la richesse et que rien n'y contribue davantage que la santé : c'est dans les classes inférieures, parmi les travailleurs et particulièrement parmi les travailleurs de la terre, que l'on trouve les visages gais et contents ; chez les riches et les grands dominent les figures chagrines. Nous devrions, par conséquent, nous attacher avant tout à conserver cet état parfait de santé dont la gaieté apparaît comme la floraison. Pour cela, on sait qu'il faut fuir tous excès et toutes débauches, éviter toute émotion violente et pénible, ainsi que toute contention d'esprit excessive ou trop prolongée ; il faut encore prendre, chaque jour, deux heures au moins d'exercice rapide au grand air, des bains fréquents d'eau froide, et d'autres mesures diététiques de même genre. Point de santé si l'on ne se donne tous les jours suffisamment de mouvement ; toutes les fonctions de la vie, pour s'effectuer convenablement, demandent le mouvement des organes dans lesquels elles s'accomplissent et de l'ensemble du corps. Aristote a dit avec raison : « Ο βιος εν τη κινησει εστι » (La vie est dans le mouvement). La vie consiste essentiellement dans le mouvement. À l'intérieur de tout l'organisme règne un mouvement incessant et rapide : le cœur, dans son double mouvement si compliqué de systole et de diastole, bat impétueusement et infatigablement ; 28 pulsations lui suffisent pour envoyer la masse entière du sang dans le torrent de la grande et de la petite circulation ; le poumon pompe sans discontinuer comme une machine à vapeur ; les entrailles se contractent sans cesse d'un mouvement péristaltique ; toutes les glandes absorbent et sécrètent sans interruption ; le cerveau lui-même a un double mouvement pour chaque battement du cœur et pour chaque aspiration du poumon. Si, comme il arrive dans le genre de vie entièrement sédentaire de tant d'individus, le mouvement extérieur manque presque totalement, il en résulte une disproportion criante et pernicieuse entre le repos externe et le tumulte interne. Car ce perpétuel mouvement à l'intérieur demande même à être aidé quelque peu par celui de l'extérieur ; cet état disproportionné est analogue à celui où nous sommes tenus de ne rien laisser paraître au dehors pendant qu'une émotion quelconque nous, fait bouillonner intérieurement. Les arbres même, pour prospérer, ont besoin d'être agités par le vent. C'est là une règle absolue que l'on peut énoncer de la manière la plus concise en latin : *Omnis motus, quo celerior, eo magis motus* (Plus il est accéléré, plus tout mouvement est mouvement).

Pour bien nous rendre compte combien notre bonheur dépend d'une disposition gaie et celle-ci de l'état de santé, nous n'avons qu'à comparer l'impression que produisent sur nous les mêmes circonstances extérieures ou les mêmes événements pendant les jours de santé et de vigueur, avec celle qui est produite lorsqu'un état de maladie nous dispose à être maussade et inquiet. Ce n'est pas ce que sont objectivement et en réalité les choses, c'est ce qu'elles sont pour nous, dans notre perception, qui nous rend heureux ou malheureux. C'est ce qu'énonce bien cette sentence d'Épictète : « Ταρατσει τους ανθωπους ου τα πραγματα, αλλα τα περι των πραγματων δογματα. (Ce qui émeut les hommes, ce ne sont pas les choses, mais l'opinion sur les choses). » En thèse générale, les neuf dixièmes de notre bonheur reposent exclusivement sur la santé. Avec elle, tout devient source de plaisir ; sans elle, au contraire, nous ne saurions goûter un bien extérieur, de quelque nature qu'il soit ; même les autres biens subjectifs, tels que les qualités de l'intelligence, du cœur, du caractère, sont amoindris et gâtés par l'état de maladie. Aussi n'est-ce pas sans raison que nous nous informons mutuellement de l'état de notre santé et que nous nous souhaitons réciproquement de nous bien porter, car c'est bien là en réalité ce qu'il y a de plus essentiellement important pour le bonheur humain. Il s'ensuit donc qu'il est de la plus insigne folie de sacrifier sa santé à quoi que ce soit, richesse, carrière, études, gloire, et surtout à la volupté et aux jouissances fugitives. Au contraire, tout doit céder le pas à la santé.

Quelque grande que soit l'influence de la santé sur cette gaieté si essentielle à notre bonheur, néanmoins celle-ci ne dépend pas uniquement de la première, car, avec une santé parfaite, on peut avoir un tempérament mélancolique et une disposition prédominante à la tristesse. La cause en réside certainement dans la constitution originaire, par conséquent immuable de l'organisme, et plus spécialement dans le rapport plus ou moins normal de la sensibilité à l'irritabilité et à la reproductivité. Une prépondérance anormale de la sensibilité produira l'inégalité d'humeur, une gaieté périodiquement exagérée et une prédominance de la mélancolie. Comme le génie est déterminé par un excès de la force nerveuse, c'est-à-dire de la sensibilité, Aristote a observé avec raison que tous les hommes illustres et éminents sont mélancoliques : « Παντες οσοι περιττοι γεγονασιν ανδρες, η κατα φιλοσοφιαν, η πολιτιχην, η ποιηοην, η τεχνας, φαινονται μελαγχολικοι οντες. » (*Probl.* 30, 1.) C'est ce passage que Cicéron a eu sans doute en vue dans ce rapport tant cité : « *Aristoteles ait, omnes ingeniosos melancholicos esse.* » (*Tusc.* I, 33) Shakspeare a très plaisamment dépeint cette grande diversité du tempérament général :

Nature has fram'd strange fellows in her time : Some that will evermore peep through their eyes, And laugh, like parrots, at a bag-piper ; And others of such vinegar aspect, That they'll not show their teeth in way of smile, Tough Nestor swear the jest he laughable.

(*Merch. of Ven.* Scène I.)

(La nature s'amuse parfois à former de drôles de corps. Il y en a qui sont perpétuellement à faire leurs petits yeux et qui vont rire comme un perroquet devant un simple joueur de cornemuse ; et d'autres qui ont une telle physionomie de vinaigre qu'ils ne découvriraient pas leurs dents, même pour sourire, quand bien même le grave Nestor jurerait qu'il vient d'entendre une plaisanterie désopilante).— (Trad. française de Montégut.)

C'est cette même diversité que Platon désigne par les mots de « δυσκολος » (d'humeur difficile) et « ευκολος » (d'humeur facile). Elle peut se ramener à la susceptibilité, très différente chez les individus différents, pour les impressions agréables ou désagréables, par suite de laquelle tel rit encore de ce qui met tel autre presque au désespoir. Et même la susceptibilité pour les impressions agréables est d'ordinaire d'autant moindre que celle pour les impressions désagréables est plus forte, et *vice versa*. À chances égales de réussite ou d'insuccès pour une affaire, le δυσκολος se fâchera ou se chagrinera de l'insuccès et ne se réjouira pas de la réussite ; l'ευκολος au contraire ne sera ni fâché ni chagriné par le mauvais succès, et se réjouira du bon. Si, neuf fois sur dix, le δυσκολος réussit dans ses projets, il ne se réjouira pas au sujet des neuf fois où il a réussi, mais il se fâchera pour le dixième qui a échoué ; dans le cas inverse, l'ευκολος sera consolé et réjoui par cet unique succès. Mais il n'est pas facile de trouver un mal sans compensation aucune ; aussi arrive-t-il que les δυσκολος, c'est-à-dire les caractères sombres et inquiets, auront, à la vérité, à supporter en somme plus de malheurs et de souffrances imaginaires, mais, en revanche, moins de réels que les caractères gais et insouciants, car celui qui voit tout en noir, qui appréhende toujours le pire et qui, par suite, prend ses mesures en conséquence, n'aura pas des mécomptes aussi fréquents que celui qui prête à toutes choses des couleurs et des perspectives riantes.—Néanmoins, quand une affection morbide du système nerveux ou de l'appareil digestif vient prêter la main à une δυσκολια innée, alors celle-ci peut atteindre ce haut degré où un malaise permanent produit le dégoût de la vie, d'où résulte le penchant au suicide. Celui-ci peut alors être provoqué par les plus minimes contrariétés ; à un degré supérieur du mal, il n'est même plus besoin de motif, la seule permanence du malaise suffit pour y déterminer. Le suicide s'accomplit alors avec une réflexion si froide et une si inflexible résolution que le malade à ce stade, placé déjà d'ordinaire sous surveillance, l'esprit constamment fixé sur cette idée, profite du premier moment où la surveillance se sera relâchée pour recourir, sans hésitation, sans lutte et sans effroi, à ce moyen de soulagement pour lui si naturel en ce moment et si bien veau. Esquirol a décrit très au long cet état dans son *Traité des maladies mentales*. Il est certain que l'homme le mieux portant, peut-être même le plus gai, pourra aussi, le cas échéant, se déterminer au suicide ; cela arrivera quand l'intensité des souffrances ou d'un malheur prochain et inévitable sera plus forte que les terreurs de la mort. Il n'y a de différence que dans la puissance plus ou moins grande du motif déterminant, laquelle est en rapport inverse avec la δυσκολια. Plus celle-ci est grande, plus le motif pourra être petit, jusqu'à devenir même nul ; plus, au contraire, l'ευκολια, ainsi que la santé qui en est la base, est grande, plus il devra être grave. Il y aura donc des degrés innombrables entre ces deux cas extrêmes de suicide, entre celui provoqué purement par une recrudescence maladive de la δυσκολια innée, et celui de l'homme bien portant et gai provenant de causes tout objectives.

LA BEAUTÉ

La beauté est analogue en partie à la santé. Cette qualité subjective, bien que ne contribuant qu'indirectement au bonheur par l'impression qu'elle produit sur les autres, a néanmoins une grande importance, même pour le sexe masculin. La beauté est une lettre ouverte de recommandation, qui nous gagne les cœurs à l'avance ; c'est à elle surtout que s'appliquent ces vers d'Homère :

Ουτοι αποβλητ' εστι Θεων εριχυδεα δωρχ, 'Οσσχ χεν αυτοι δωσι, εχων δ'ουχ αν τις ελοιτο. (*Il.* III, 65.)

(Il ne faut pas dédaigner les dons glorieux des immortels, que seuls ils peuvent donner et que personne ne peut accepter ou refuser à son gré).

LA DOULEUR ET L'ENNUI - L'INTELLIGENCE

Un simple coup d'œil nous fait découvrir deux ennemis du bonheur humain : ce sont la douleur et l'ennui. En outre, nous pouvons observer que, dans la mesure où nous réussissons à nous éloigner de l'un, nous nous rapprochons de l'autre, et réciproquement ; de façon que notre vie représente en réalité une oscillation plus ou moins forte entre les deux. Cela provient du double antagonisme dans lequel chacun des deux se trouve envers l'autre, un antagonisme extérieur ou objectif et un antagonisme intérieur ou subjectif. En effet, extérieurement, le besoin et la privation engendrent la douleur ; en revanche, l'aise et l'abondance font naître l'ennui. C'est pourquoi nous voyons la classe inférieure du peuple luttant incessamment contre le besoin, donc contre la douleur, et par contre la classe riche et élevée dans une lutte permanente, souvent désespérée, contre l'ennui.

Intérieurement, ou subjectivement, l'antagonisme se fonde sur ce que dans tout individu la facilité à être impressionné par l'un de ces maux est en rapport inverse avec celle d'être impressionné par l'autre ; car cette susceptibilité est déterminée par la mesure des forces intellectuelles. En effet, un esprit obtus est toujours accompagné d'impressions obtuses et d'un manque d'irritabilité, ce qui rend l'individu peu accessible aux douleurs et aux chagrins de toute espèce et de tout degré ; mais cette même qualité obtuse de l'intelligence produit, d'autre part, ce *vide intérieur* qui se peint sur tant de visages et qui se trahit par une attention toujours en éveil sur tous les événements, même les plus insignifiants, du monde extérieur ; c'est ce vide qui est la véritable source de l'ennui et celui qui en souffre aspire avec avidité à des excitations extérieures, afin de parvenir à mettre en mouvement son esprit et son cœur par n'importe quel moyen. Aussi n'est-il pas difficile dans le choix des moyens ; on le voit assez à la piteuse mesquinerie des distractions auxquelles se livrent les hommes, au genre de sociétés et de conversations qu'ils recherchent, non moins qu'au grand nombre de flâneurs et de badauds qui courent le monde. C'est principalement ce vide intérieur qui les pousse à la poursuite de toute espèce de réunions, de divertissements, de plaisirs et de luxe, poursuite qui conduit tant de gens à la dissipation et finalement à la misère.

Rien ne met plus sûrement en garde contre ces égarements que la richesse *intérieure*, la richesse de l'esprit car celui-ci laisse d'autant moins de place à l'ennui qu'il approche davantage de la supériorité. L'activité incessante des pensées, leur jeu toujours renouvelé en présence des manifestations diverses du monde interne et externe, la puissance et la capacité de combinaisons toujours variées, placent une tête éminente, sauf les moments de fatigue, tout à fait en dehors de la portée de l'ennui. Mais, d'autre part, une intelligence supérieure a pour condition immédiate une sensibilité plus vive, et pour racine une plus grande impétuosité de la volonté et, par suite, de la passion ; de l'union de ces deux conditions résulte alors une intensité plus considérable de toutes les émotions et une sensibilité exagérée pour les douleurs morales et même pour les douleurs physiques, comme aussi une plus grande impatience en face de tout obstacle, d'un simple dérangement même.

Ce qui contribue encore puissamment à tous ces effets, c'est la vivacité produite par la force de l'imagination. Ce que nous venons de dire s'applique, toute proportion gardée, à tous les degrés intermédiaires qui comblent le vaste intervalle compris entre l'imbécile le plus obtus et le plus grand génie. Par suite, objectivement aussi bien que subjectivement, tout être se trouve d'autant plus rapproché de l'une des sources de malheurs humains qu'il est plus éloigné de l'autre. Son penchant naturel le portera donc, sous ce rapport, à accommoder aussi bien que possible l'objectif avec le subjectif, c'est-à-dire à se prémunir du mieux qu'il pourra contre celle des sources de souffrances qui l'affecte le plus facilement. L'homme intelligent aspirera avant tout à fuir toute douleur, toute tracasserie et à trouver le repos et les loisirs ; il recherchera donc une vie tranquille, modeste, abritée autant que possible contre les importuns ; après avoir entretenu pendant quelque temps des relations avec ce que l'on appelle les hommes, il préférera une existence retirée, et, si c'est un esprit tout à fait supérieur, il choisira la solitude. Car plus un homme possède en lui-même, moins il a besoin du monde extérieur et moins les autres peuvent lui être utiles. Aussi la supériorité de l'intelligence conduit-elle à l'insociabilité. Ah ! si la qualité de la société pouvait être remplacée par la quantité, cela vaudrait alors la peine de vivre même dans le grand monde : mais, hélas ! cent fous mis en un tas ne font pas encore un homme raisonnable.—L'individu placé à l'extrême opposé, dès que le besoin lui donne le temps de reprendre haleine, cherchera à tout prix des passe-temps et de la société ; il s'accommodera de tout, ne fuyant rien que lui-même. C'est dans la solitude, là où chacun est réduit à ses propres ressources, que se montre ce qu'il *a par lui-même* ; là, l'imbécile, sous la pourpre, soupire écrasé par le fardeau éternel de sa misérable individualité, pendant que l'homme hautement doué, peuple et anime de ses pensées la contrée la plus déserte. Sénèque (Ép. 9) a dit avec raison : « *omnis stultitia laborat fastidio sui* (La sottise se déplaît à elle-même) ; » de même Jésus, fils de Sirach : « *La vie du fou est pire que la mort.* » Aussi voit-on en somme que tout individu est d'autant plus sociable qu'il est plus pauvre d'esprit et, en général, plus vulgaire. Car dans le monde on n'a guère le choix qu'entre l'isolement et la communauté. On prétend que les nègres sont de tous les hommes les plus sociables, comme ils en sont aussi sans contredit les plus arriérés intellectuellement ; des rapports envoyés de l'Amérique du Nord et publiés par des journaux français (*Le Commerce*, 19 oct. 1837) racontent que les nègres, sans distinction de libres ou d'esclaves, se réunissent en grand nombre dans le local le plus étroit, car ils ne sauraient voir leurs faces noires et camardes assez souvent répétées.

De même que le cerveau apparaît comme étant le parasite ou le pensionnaire de l'organisme entier, de même les loisirs acquis par chacun, en lui donnant la libre jouissance de sa conscience et de son individualité, sont à ce titre le fruit et le revenu de toute son existence, qui, pour le reste, n'est que peine et labeur. Mais voyons un peu ce que produisent les loisirs de la plupart des hommes ! Ennui et maussaderie, toutes les fois qu'il ne se trouve pas des jouissances sensuelles ou des niaiseries pour les remplir. Ce qui démontre bien que ces loisirs-là n'ont aucune valeur, c'est la manière dont on les occupe ; ils ne sont à la lettre que le *ozio lungo d'uomini ignoranti* dont parle l'Arioste.

L'homme ordinaire ne se préoccupe que de *passer le temps*, l'homme de talent que de l'*employer*. La raison pour laquelle les têtes bornées sont tellement exposées à l'ennui, c'est que leur intellect n'est absolument pas autre chose que l'*intermédiaire des motifs* pour leur volonté. Si, à un moment donné, il n'y a pas de *motifs* à saisir, alors la volonté se repose et l'intellect chôme, car la première, pas plus que l'autre, ne peut entrer en activité par sa propre impulsion ; le résultat est une effroyable stagnation de toutes les forces dans l'individu entier,—l'ennui. Pour le combattre, on insinue sournoisement à la volonté des motifs petits, provisoires, choisis indifféremment, afin de la stimuler et de mettre par là également en activité l'intellect qui doit les saisir : ces motifs sont donc par rapport aux motifs réels et naturels ce que le papier-monnaie est par rapport à l'argent, puisque leur valeur n'est que conventionnelle. De tels motifs sont les *jeux* de cartes ou autres, inventés précisément dans le but que nous venons d'indiquer. À leur défaut, l'homme borné se mettra à tambouriner sur les vitres ou à tapoter avec tout ce qui lui tombe sous la main. Le cigare lui aussi fournit volontiers de quoi suppléer aux pensées.

C'est pourquoi dans tous les pays les jeux de cartes sont arrivés à être l'occupation principale dans toute société ; ceci donne la mesure de ce que valent ces réunions et constitue la banqueroute déclarée de toute pensée. N'ayant pas d'idées à échanger, on échange des cartes et l'on cherche à se soutirer mutuellement des florins. Ô pitoyable espèce ! Toutefois, pour ne pas être injuste même ici, je ne veux pas omettre l'argument qu'on peut invoquer pour justifier le jeu de cartes : on peut dire qu'il est une préparation à la vie du monde et des affaires, en ce sens que l'on y apprend à profiter avec sagesse des circonstances immuables, établies par le hasard (les cartes), pour en tirer tout le parti possible ;

dans ce but, l'on s'habitue à garder sa contenance en faisant bonne mine en mauvais jeu. Mais, par là même, d'autre part les jeux de cartes exercent une influence démoralisatrice. En effet, l'esprit du jeu consiste à soutirer à autrui ce qu'il possède, par n'importe quel tour ou n'importe quelle ruse. Mais l'habitude de procéder ainsi, contractée au jeu, s'enracine, empiète sur la vie pratique, et l'on arrive insensiblement à procéder de même quand il s'agit du tien et du mien, et à considérer comme permis tout avantage que l'on a actuellement en main, dès qu'on peut le faire légalement, La vie ordinaire en fournit des preuves chaque jour.

Puisque les loisirs sont, ainsi que nous l'avons dit, la fleur ou plutôt le fruit de l'existence de chacun, en ce que, seuls, ils le mettent en possession de son moi propre, nous devons estimer heureux ceux-là qui, en se gagnant, gagnent quelque chose qui ait du prix, pendant que les loisirs ne rapportent à la plupart des hommes qu'un drôle dont il n'y a rien à faire, qui s'ennuie à périr et qui est à charge à lui-même. Félicitons-nous donc, « *ô mes frères, d'être des enfants non d'esclaves, mais de mères libres.* » (Ép. aux Galath., 4, 31.)

En outre, de même que ce pays-là est le plus heureux qui a le moins, ou n'a pas du tout besoin d'importation, de même est heureux l'homme à qui suffit sa richesse intérieure et qui pour son amusement ne demande que peu, ou même rien, au monde extérieur, attendu que pareille importation est chère, assujettissante, dangereuse ; elle expose à des désagréments et, en définitive, n'est toujours qu'un mauvais succédané pour les productions du sol propre. Car nous ne devons, à aucun égard, attendre grand'chose d'autrui, et du dehors en général. Ce qu'un individu peut être pour un autre est chose très étroitement limitée ; chacun finit par rester seul, et *qui* est seul ? devient alors la grande question. Gœthe a dit à ce sujet, parlant d'une manière générale, qu'en toutes choses chacun en définitive est réduit à soi-même (*Poésie et vérité*, vol. III). Oliver Goldsmith dit également :

Still to ourselves in ev'ry place consign'd, Our own felicity we make or find.

(*The traveller*, v. 431 et suiv.)

(Cependant, en tout lieu, réduits à nous-mêmes, c'est nous qui faisons ou trouvons notre propre bonheur.)

Chacun doit donc être et fournir à soi-même ce qu'il y a de meilleur et de plus important. Plus il en sera ainsi, plus, par suite, l'individu trouvera en lui-même les sources de ses plaisirs, et plus il sera heureux. C'est donc avec raison qu'Aristote a dit : η ευδαμονια των αυταρχων εστι (*Mor. à Eud.*, VII, 2) (Le bonheur appartient à ceux qui se suffisent à eux-mêmes). En effet, toutes les sources extérieures du bonheur et du plaisir sont, de leur nature, éminemment incertaines, équivoques, fugitives, aléatoires, partant sujettes à s'arrêter facilement même dans les circonstances les plus favorables, et c'est même inévitable, attendu que nous ne pouvons pas les avoir toujours sous la main. Bien plus, avec l'âge, presque toutes tarissent fatalement ; car alors amour, badinage, plaisir des voyages et de l'équitation, aptitude à figurer dans le monde, tout cela nous abandonne ; la mort nous enlève jusqu'aux amis et parents. C'est à ce moment, plus que jamais, qu'il est important de savoir ce qu'on a par soi-même. Il n'y a que cela, en effet, qui résistera le plus longtemps. Cependant, à tout âge, sans distinction, cela est et demeure la source vraie et la seule permanente du bonheur. Car il n'y a pas beaucoup à gagner dans ce monde : la misère et la douleur le remplissent, et, quant à ceux qui leur ont échappé, l'ennui est là qui les guette de tous les coins. En outre, c'est d'ordinaire la perversité qui y gouverne et la sottise qui y parle haut. Le destin est cruel, et les hommes sont pitoyables. Dans un monde ainsi fait, celui qui a beaucoup en lui-même est pareil à une chambre d'arbre de Noël, éclairée, chaude, gaie, au milieu des neiges et des glaces d'une nuit de décembre. Par conséquent, avoir une individualité riche et supérieure et surtout beaucoup d'intelligence constitue indubitablement sur terre le sort le plus heureux, quelque différent qu'il puisse être du sort le plus brillant. Aussi que de sagesse dans cette opinion émise sur Descartes par la reine Christine de Suède, âgée alors de dix-neuf ans à peine : « *M. Descartes est le plus heureux de tous les mortels, et sa condition me semble digne d'envie* » (*Vie de Desc.*, par Baillet, l. VII, ch. 10). Descartes vivait à cette époque depuis vingt ans en Hollande, dans la plus profonde solitude, et la reine ne le connaissait que par ce qu'on lui en avait raconté et pour avoir lu un seul de ses ouvrages. Il faut seulement, et c'était précisément le cas chez Descartes, que les circonstances extérieures soient assez favorables pour permettre de se *posséder* et d'être content de soi-même ; c'est pourquoi l'*Ecclésiaste* (7, 12) disait déjà : « *La sagesse est bonne avec un patrimoine et nous aide à nous réjouir de la vue du soleil.* »

L'homme à qui, par une faveur de la nature et du destin, ce sort a été accordé, veillera avec un soin jaloux à ce que la source intérieure de son bonheur lui demeure toujours accessible ; il faut pour cela indépendance et loisirs. Il les acquerra donc volontiers par la modération et l'épargne ; et d'autant plus facilement qu'il n'en est pas réduit, comme les autres hommes, aux sources extérieures des jouissances. C'est pourquoi la perspective des fonctions, de l'or, de la faveur, et l'approbation du monde ne l'induiront pas à renoncer à lui-même pour s'accommoder aux vues mesquines ou au mauvais goût des hommes. Le cas échéant, il fera comme Horace dans son épître à Mécène (livre I, ép. 7). C'est une grande folie que de perdre *à l'intérieur* pour gagner *à l'extérieur*, en d'autres termes, de livrer, en totalité ou en partie, son repos, son loisir et son indépendance contre l'éclat, le sang, la pompe, les titres et les honneurs. Gœthe l'a fait cependant. Quant à moi, mon génie m'a entraîné énergiquement dans la voie opposée.

Cette vérité, examinée ici, que la source principale du bonheur humain vient de l'intérieur, se trouve confirmée par la juste remarque d'Aristote dans sa *Morale à Nicomaque* (I, 7 ; et VII, 13, 14) ; il dit que toute jouissance suppose une activité, par conséquent l'emploi d'une force, et ne peut exister sans elle. Cette doctrine aristotélicienne de faire consister le bonheur de l'homme dans le libre exercice de ses facultés saillantes est reproduite également par Stobée dans son *Exposé de la morale péripatéticienne* (*Ecl. éth.* II, ch. 7) ; en voici un passage : Ενεργειαν ειναι την ευδαιμονιαν χατ' αρετην, εν πραξεσι προηγουμεναις χατ' ευχην (Le bonheur consiste à exercer ses facultés par des travaux capables de résultat) ; il explique aussi que αρετη désigne toute faculté hors ligne. Or la destination primitive des forces dont la nature a muni l'homme, c'est la lutte contre la nécessité qui l'opprime de toutes parts. Quand la lutte fait trêve un moment, les forces sans emploi deviennent un fardeau pour lui ; il doit alors *jouer* avec elles, c'est-à-dire les employer sans but ; sinon il s'expose à l'autre source des malheurs humains, à l'ennui. Aussi est-ce l'ennui qui torture les grands et les riches avant tous autres, et Lucrèce a fait de leur misère un tableau dont on a chaque jour, dans les grandes villes, l'occasion de reconnaître la frappante vérité :

Exit sæpe foras magnis ex ædibus ille, Esse domi quem pertæsum est, subitaque reventat ; Quippe foris nihilo melius qui sentiat esse Currit, agens mannos, ad villam præcipitanter, Auxilium tectis quasi ferre ardentibus instans : Oscitat exemplo, tetigit quum limina villæ ; Aut abit in somnum gravis, atque oblivia quærit ; Aut etiam properana urbem petit, atque revisit.

(L. III, v. 1073 et suiv.).

(Celui-ci quitte son riche palais pour se dérober à l'ennui ; mais il y rentre un moment après, ne se trouvant pas plus heureux ailleurs. Cet autre se sauve à toute bride dans ses terres, on dirait qu'il court éteindre un incendie ; mais, à peine en a-t-il touché les limites, qu'il y trouve l'ennui ; il succombe au sommeil et cherche à s'oublier lui-même : dans un moment, vous allez le voir regagner la ville avec la même promptitude.) (Traduction de La Grange, 1821.)

Chez ces messieurs, tant qu'ils sont jeunes, les forces musculaires et génitales doivent faire les frais. Mais plus tard il ne reste plus que les forces intellectuelles ; en leur absence ou à défaut de développement ou de matériaux approvisionnés pour servir leur activité, la misère est grande. La *volonté* étant la seule force inépuisable, on cherche alors à la stimuler en excitant les passions ; on recourt, par exemple, aux gros jeux de hasard, à ce vice dégradant en vérité.—Du reste, tout individu désœuvré choisira, selon la nature des forces prédominantes en lui, un amusement qui les occupe, tel que le jeu de boule ou d'échecs, la chasse ou la peinture, les courses de chevaux ou la musique, les jeux de cartes ou la poésie, l'héraldique ou la philosophie, etc.

Nous pouvons même traiter cette matière avec méthode, en nous reportant à la racine des *trois forces physiologiques fondamentales* : nous avons donc à les étudier ici dans leur *jeu sans but* ; elles se présentent alors à nous comme la source de trois espèces de jouissances possibles, parmi lesquelles chaque homme choisira celles, qui lui sont proportionnées selon que l'une ou l'autre de ces forces prédomine en lui.

Ainsi nous trouvons, premièrement, les jouissances de la *force reproductive* : elles consistent dans le manger, le boire, la digestion, le repos et le sommeil. Il existe des peuples entiers à qui l'on attribue de faire glorieusement de ces jouissances des plaisirs nationaux. Secondement, les jouissances de l'*irritabilité* : ce sont les voyages, la lutte, le saut, la danse, l'escrime, l'équitation et les jeux athlétiques de toute espèce, comme aussi la chasse, voire même les combats et la guerre. Troisièmement, les jouissances de la *sensibilité* : telles que contempler, penser, sentir, faire de la poésie, de l'art plastique, de la musique, étudier, lire, méditer, inventer, philosopher, etc. Il y aurait à faire bien des observations sur la valeur, le degré et la durée de ces différentes espèces de jouissances ; nous en abandonnons le soin au lecteur. Mais tout le monde comprendra que notre plaisir, motivé constamment par l'emploi de nos forces propres, comme aussi notre bonheur, résultat du retour fréquent de ce plaisir, seront d'autant plus grands que la force productrice est de plus noble espèce. Personne ne pourra nier non plus que le premier rang, sous ce rapport, revient à la sensibilité, dont la prédominance décidée établit la distinction entre l'homme et les autres espèces animales ; les deux autres forces physiologiques fondamentales, qui existent dans l'animal au même degré ou à un degré plus énergique même que chez l'homme, ne viennent qu'en seconde ligne. À la sensibilité appartiennent nos forces intellectuelles. C'est pourquoi sa prédominance nous rend aptes à goûter les jouissances qui résident dans l'*entendement*, ce qu'on appelle les plaisirs de l'*esprit* ; ces plaisirs sont d'autant plus grands que la prédominance est plus accentuée.[2] L'homme normal,

---

[2] La nature va s'élevant constamment, depuis l'action mécanique et chimique du règne inorganique jusqu'au règne végétal avec ses sourdes jouissances de soi-même ; d'ici au règne animal avec lequel se lève l'aurore de l'*intelligence* et de la conscience ; puis, à partir de ces faibles commencements, montant degré à degré, toujours plus haut, pour arriver enfin, par un dernier et suprême effort, à l'*homme*, dans l'intellect duquel elle atteint alors le point culminant et le but de ses créations, donnant ainsi ce qu'elle peut produire de plus parfait et de plus difficile. Toutefois, même dans l'espèce humaine, l'entendement présente encore des gradations nombreuses et sensibles, et il parvient très rarement jusqu'au degré le plus élevé, jusqu'à l'intelligence réellement éminente. Celle-ci est donc, dans son sens le plus étroit et le plus rigoureux, le produit le plus difficile, le produit suprême de la nature ; et, par suite, elle est ce que le monde peut offrir de plus rare et de plus précieux. C'est dans une telle intelligence qu'apparaît la connaissance la plus lucide et que le monde se

l'homme ordinaire ne peut prendre un vif intérêt à une chose que si elle excite sa volonté, donc si elle lui offre un intérêt personnel. Or toute excitation persistante de la volonté est, pour le moins, d'une nature mixte, par conséquent combinée avec de la douleur. Les jeux de cartes, cette occupation habituelle de la « bonne société » dans tous les pays,[3] sont un moyen d'exciter intentionnellement la volonté, et cela par des intérêts tellement minimes qu'ils ne

---

reflète, par conséquent, plus clairement et plus complètement que partout ailleurs. Aussi l'être qui en est doué possède-t-il ce qu'il y a de plus noble et de plus exquis sur terre, une source de jouissances auprès desquelles toutes les autres sont minimes, tellement qu'il n'a rien à demander au monde extérieur que du loisir afin de jouir sans trouble de son bien, et d'achever la taille de son diamant. Car tous les autres plaisirs non intellectuels sont de basse nature ; ils ont tous en vue des mouvements de la volonté tels que des souhaits, des espérances, des craintes, des désirs réalisés, quelle qu'en soit la nature ; tout cela ne peut s'accomplir sans douleurs, et, en outre, le but une fois atteint, on rencontre d'ordinaire plus ou moins de déceptions ; tandis que par les jouissances intellectuelles, la vérité devient de plus en plus claire. Dans le domaine de l'intelligence ne règne aucune douleur ! tout y est connaissance. Mais les plaisirs intellectuels ne sont accessibles à l'homme que par la voie et dans la mesure de sa propre intelligence. Car « *tout l'esprit, qui est au monde, est inutile à celui qui n'en a point.* » Toutefois il y a un désavantage qui ne manque jamais d'accompagner ce privilège : c'est que, dans toute la nature, la facilité à être impressionné par la douleur augmente en même temps que s'élève le degré d'intelligence et que, par conséquent, elle arrivera à son sommet dans l'intelligence la plus élevée. (*Note de Schopenhauer.*)

[3] La *vulgarité* consiste au fond en ceci que le *vouloir* l'emporte totalement, dans la conscience, sur l'entendement ; par quoi les choses en arrivent à un tel degré que l'entendement n'apparaît que pour le service de la volonté : quand ce service ne réclame pas d'intelligence, quand il n'existe de motifs ni petits ni grands, l'entendement cesse complètement et il survient une vacuité absolue de pensées. Or le *vouloir* dépourvu d'entendement est ce qu'il y a de plus bas ; toute souche le possède et le manifeste quand ce ne serait que lorsqu'elle tombe. C'est donc cet état qui constitue la vulgarité. Ici, les organes des sens et la minime activité intellectuelle, nécessaires à l'appréhension de leurs données, restent seuls en action ; il en résulte que l'homme vulgaire reste toujours ouvert à toutes les impressions et perçoit instantanément tout ce qui se passe autour de lui, au point que le son le plus léger, toute circonstance quelque insignifiante qu'elle soit, éveille aussitôt son attention, tout comme chez les animaux. Tout cela devient apparent sur son visage et dans tout son extérieur, et c'est de là que vient l'apparence vulgaire, apparence dont l'impression est d'autant plus repoussante que, comme c'est le cas le plus fréquent, la volonté, qui occupe à elle seule alors la conscience, est basse, égoïste et méchante. (*Note de Schopenhauer.*)

peuvent occasionner que des douleurs momentanées et légères, non pas de ces douleurs permanentes et sérieuses ; tellement qu'on peut les considérer comme de simples chatouillements de la volonté. L'homme doué des forces intellectuelles prédominantes, au contraire, est capable de s'intéresser vivement aux choses par la voie de l'*intelligence* pure, sans immixtion aucune du *vouloir* ; il en éprouve le besoin même. Cet intérêt le transporte alors dans une région à laquelle la douleur est essentiellement étrangère, pour ainsi dire, dans l'atmosphère des dieux à la vie facile, θεων ρεια ξωοντων. Pendant qu'ainsi l'existence du reste des hommes s'écoule dans l'engourdissement, et que leurs rêves et leurs aspirations sont dirigés vers les intérêts mesquins du bien-être personnel avec leurs misères de toute sorte ; pendant qu'un ennui insupportable les saisit dès qu'ils ne sont plus occupés à poursuivre ces projets et qu'ils restent réduits à eux-mêmes ; pendant que l'ardeur sauvage de la passion peut seule remuer cette masse inerte ; l'homme, au contraire, doté de facultés intellectuelles prépondérantes, possède une existence riche en pensées, toujours animée et toujours importante ; des objets dignes et intéressants l'occupent dès qu'il a le loisir de s'y adonner, et il porte en lui une source des plus nobles jouissances. L'impulsion extérieure lui est fournie par les œuvres de la nature et par l'aspect de l'activité humaine, et, en outre, par les productions si variées des esprits éminents de tous les temps et de tous les pays, productions que lui seul peut réellement goûter en entier, car lui seul est capable de les comprendre et de les sentir entièrement. C'est donc pour lui, en réalité, que ceux-ci ont vécu ; c'est donc à lui, en fait, qu'ils se sont adressés ; tandis que les autres, comme des auditeurs d'occasion, ne comprennent que par-ci par-là et à demi seulement. Il est certain que par là même l'homme supérieur acquiert un besoin de plus que les autres hommes, le besoin d'apprendre, de voir, d'étudier, de méditer, d'exercer ; le besoin aussi, par conséquent, d'avoir des loisirs disponibles. Or, ainsi que Voltaire l'a observé justement, comme « *il n'est de vrais plaisirs qu'avec de vrais besoins* », ce besoin de l'homme intelligent est précisément la condition qui met à sa portée des jouissances dont l'accès demeure à jamais interdit aux autres ; pour ceux-ci, les beautés de la nature et de l'art, les œuvres intellectuelles de toute espèce, même lorsqu'ils s'en entourent, ne sont au fond que ce que sont des courtisanes pour un vieillard. Un être ainsi privilégié, à côté de sa vie personnelle, vit d'une seconde existence, d'une existence intellectuelle qui arrive par degrés à être son véritable but, l'autre n'étant plus considérée que comme *moyen* ; pour le reste des hommes, c'est leur existence même, insipide, creuse et désolée, qui doit leur servir de but. La vie intellectuelle sera l'occupation principale de l'homme supérieur ; augmentant sans cesse son trésor de jugement et de connaissance, elle acquiert aussi constamment une liaison et une gradation, une unité et une perfection de plus en plus prononcées, comme une œuvre d'art envoie de formation. En revanche, quel pénible contraste fait avec celle-ci la vie des autres, purement pratique, dirigée uniquement vers le bien-être personnel, n'ayant d'accroissement possible qu'en longueur, sans pouvoir gagner en profondeur, et destinée néanmoins à leur servir de but pour elle-même, pendant que pour l'autre elle est un simple moyen.

Notre vie pratique, réelle, dès que les passions ne l'agitent pas, est ennuyeuse et fade ; quand elles l'agitent, elle devient bientôt douloureuse ; c'est pourquoi ceux-là seuls sont heureux qui ont reçu en partage une somme d'intellect excédant la mesure que réclamé le service de leur volonté. C'est ainsi que, à côté de leur vie effective, ils peuvent vivre d'une vie intellectuelle qui les occupe et les divertit sans douleur et cependant avec vivacité. Le simple *loisir*, c'est-à-dire un *intellect non occupé au service de la volonté*, ne suffit pas ; il faut pour cela un excédant *positif de force* qui seul nous rend apte à une occupation purement spirituelle et non attachée au service de la volonté. Au contraire, « *otium sine litteris mors est et hominis vivi sepultura* » (Sénèque, Ep. 82) (Le repos sans l'étude est une espèce de mort qui met un homme tout vivant au tombeau). Dans la mesure de cet excédant, la vie intellectuelle existant à côté de la vie réelle présentera d'innombrables gradations, depuis les travaux du collectionneur décrivant les insectes, les oiseaux, les minéraux, les monnaies, etc., jusqu'aux plus hautes productions de la poésie et de la philosophie.

Cette vie intellectuelle protège non seulement contre l'ennui, mais encore contre ses pernicieuses conséquences. Elle abrite en effet contre la mauvaise compagnie et contre les nombreux dangers, les malheurs, les pertes et les dissipations auxquels on s'expose en cherchant son bonheur tout entier dans la vie réelle. Pour parler de moi, par exemple, ma philosophie ne m'a rien rapporté, mais elle m'a beaucoup épargné.

L'homme normal au contraire est limité, pour les plaisirs de la vie, aux choses *extérieures*, telles que la richesse, le rang, la famille, les amis, la société, etc. ; c'est là-dessus qu'il fonde le bonheur de sa vie ; aussi ce bonheur s'écroule-t-il quand il les perd ou qu'il y rencontre des déceptions. Pour désigner cet état de l'individu, nous pouvons dire que *son centre de gravité tombe en dehors de lui*. C'est pour cela que ses souhaits et ses caprices sont toujours changeants : quand ses moyens le lui permettent, il achètera tantôt des villas, tantôt des chevaux, ou bien il donnera des fêtes, puis il entreprendra des voyages, mais surtout il mènera un train fastueux, tout cela précisément parce qu'il cherche n'importe où une satisfaction venant *du dehors* ; tel l'homme épuisé espère trouver dans des consommés et dans des drogues de pharmacie la santé et la vigueur dont la vraie source est la force vitale propre. Pour ne pas passer immédiatement à l'extrême opposé, prenons maintenant un homme doué d'une puissance intellectuelle qui, sans être éminente, dépasse toutefois la mesure ordinaire et strictement suffisante. Nous verrons cet homme, quand les sources extérieures de plaisirs viennent à tarir ou ne le satisfont plus, cultiver en amateur quelque branche des beaux-arts, ou bien quelque science, telle que la botanique, la minéralogie, la physique, l'astronomie, l'histoire, etc., et y trouver un grand fonds de jouissance et de récréation. À ce titre, nous pouvons dire que *son centre de gravité tombe déjà en partie en lui*. Mais le simple *dilettantisme* dans l'art est encore bien éloigné de la faculté créatrice ; d'autre part, les sciences ne dépassent pas les rapports des phénomènes entre eux, elles ne peuvent pas absorber l'homme tout entier, combler tout son être, ni par conséquent s'entrelacer si étroitement dans le tissu de son existence qu'il en devienne incapable de prendre intérêt à tout le reste. Ceci demeure réservé exclusivement à la suprême éminence intellectuelle, à celle qu'on appelle communément le génie ; elle seule prend pour thème, entièrement et absolument, l'existence et l'essence des choses ; après quoi elle tend, selon sa direction individuelle, à exprimer ses profondes conceptions, par l'art, la poésie ou la philosophie.

Ce n'est que pour un homme de cette trempe que l'occupation permanente avec soi-même, avec ses pensées et, ses œuvres est un besoin irrésistible ; pour lui, la solitude est la bienvenue, le loisir est le bien suprême ; pour le reste, il peut s'en passer, et, quand il le possède, il lui est même souvent à charge. De cet homme-là seul nous pouvons dire que *son centre de gravité tombe tout entier en dedans de lui-même*. Ceci nous explique en même temps comment il se fait que ces hommes d'une espèce aussi rare ne portent pas à leurs amis, à leur famille, au bien public, cet intérêt intime et sans borne dont beaucoup d'entre les autres sont capables, car ils peuvent en définitive se passer de tout, pourvu qu'ils se possèdent eux-mêmes. Il existe donc en eux un élément isolant en plus, dont l'action est d'autant plus énergique que les autres hommes ne peuvent pas les satisfaire pleinement ; aussi ne sauraient-ils voir dans ces autres tout à fait des égaux, et même, sentant constamment la dissemblance de leur nature en tout et partout, ils s'habituent insensiblement à errer parmi les autres humains comme des êtres d'une espèce différente, et à se servir, quand leurs méditations se portent sur eux, de la troisième au lieu de la première personne du pluriel.

Considéré à ce point de vue, l'homme le plus heureux sera donc celui que la nature a richement doté sous le rapport intellectuel, tellement ce qui est *en nous* a plus d'importance que ce qui est en dehors ; ceci, c'est-à-dire l'objectif, de quelque façon qu'il agisse, n'agit jamais que par l'intermédiaire de l'autre, c'est-à-dire du subjectif ; l'action de l'objectif est donc secondaire. C'est ce qu'expriment les beaux vers suivants :

Πλουτος ο της ψυχης πλουτος μονος εστιν αληθης, T' αλλα δ'εχει ατην πλειονα των κτεκνων.

(Lucien, *Anthol.*, I, 67.)

(La richesse de l'âme est la seule richesse ; les autres biens sont féconds en douleurs).—(Trad. E. Talbot. 12e épigr.)

Un homme riche ainsi à l'intérieur ne demande au monde extérieur qu'un don négatif, à savoir du loisir pour pouvoir perfectionner et développer les facultés de son esprit et pour pouvoir jouir de ses richesses intérieures ; il réclame donc uniquement la liberté de pouvoir, pendant toute sa vie, tous les jours et à toute heure, être lui-même. Pour l'homme appelé à imprimer la trace de son esprit sur l'humanité entière, il n'existe qu'un seul bonheur et un seul malheur ; c'est de pouvoir perfectionner ses talents, et compléter ses œuvres,—ou bien d'en être empêché. Tout le reste pour lui est insignifiant. C'est pourquoi nous voyons les grands esprits de tous les temps attacher le plus grand prix au loisir ; car, tant vaut l'homme, tant vaut le loisir. « δοκει δε η ευδκιμονικ εν τη οχολη ειναι » (Le bonheur est dans le loisir), dit Aristote (*Mor. à Nic.*, X, 7). Diogène Laërce (II, 5, 31) rapporte aussi que « Σωκρατης επηνει οχολην, ως καλλιστον κρηματων » (Socrate vantait le loisir comme étant la plus belle des richesses). C'est encore ce qu'entend Aristote (*Mor. à Nic.*, X, 7, 8, 9) quand il déclare que la vie la plus belle est celle du philosophe. Il dit pareillement dans la *Politique* (IV, 11) : « Τονευδαιμοναβιον εινχι τον χατ' αρετχν ανεμποδιστον » (exercer librement son talent, voilà le vrai bonheur). Gœthe aussi dit dans *Wilhelm Meister* : « Wer mit einem Talent, zu einem Talent geboren ist, findet in dem selben sein schoenstes Daseyn » (Celui qui est né avec un talent, pour un talent, trouve en celui-là la plus belle existence). Mais posséder du loisir n'est pas seulement en dehors de la destinée ordinaire mais aussi de la nature ordinaire de l'homme, car sa destination naturelle est d'employer son temps à acquérir le nécessaire pour son existence et pour celle de sa famille. Il est l'enfant de la misère ; il n'est pas une intelligence libre. Aussi le loisir arrive bientôt à être un fardeau, puis une torture, pour l'homme ordinaire, dès qu'il ne peut pas le remplir par des moyens artificiels et fictifs de toute espèce, par le jeu, par des passe-temps ou par des dadas de toute forme. Par là même, le loisir entraîne aussi pour lui des dangers, car on a dit avec raison : « *difficilis in otio quies.* » D'autre part, cependant, une intelligence dépassant de beaucoup la mesure normale est également un phénomène anormal, par suite contre nature. Lorsque toutefois elle est donnée, l'homme qui en est doué, pour trouver le bonheur, a précisément besoin de ce loisir qui, pour les autres, est tantôt importun et tantôt funeste ; quant à lui, sans loisir, il ne sera qu'un Pégase sous le joug ; en un mot, il sera malheureux. Si cependant ces deux anomalies, l'une extérieure et l'autre intérieure, se rencontrent réunies, leur union produit un cas de suprême bonheur, car l'homme ainsi favorisé mènera alors une vie d'un ordre supérieur, la vie d'un être soustrait aux deux sources opposées de la souffrance humaine : le besoin et l'ennui ; il est affranchi également et du soin pénible de se démener pour subvenir à son existence et de l'incapacité à supporter le loisir (c'est-à-dire l'existence libre proprement dite) ; autrement, l'homme ne peut échapper à ces deux maux que par le fait qu'ils se neutralisent et s'annulent réciproquement.

À l'encontre de tout ce qui précède, il nous faut considérer d'autre part que, par suite d'une activité prépondérante des nerfs, les grandes facultés intellectuelles produisent une surexcitation de la faculté de sentir la douleur sous toutes ses formes ; qu'en outre le tempérament passionné qui en est la condition, ainsi que la vivacité et la perfection plus grandes de toute perception, qui en sont inséparables, donnent aux émotions produites par là une violence incomparablement plus forte ; or l'on sait qu'il y a bien plus d'émotions douloureuses qu'il n'y en a d'agréables ; enfin, il faut aussi nous rappeler que les hautes facultés intellectuelles font de celui qui les possède un homme étranger aux autres hommes et à leurs agitations, vu que plus il possède en lui-même, moins il peut trouver en eux. Mille objets auxquels ceux-ci prennent un plaisir infini lui semblent insipides et répugnants. Peut-être, de cette façon, la loi de compensation qui règne partout domine-t-elle également ici. N'a-t-on pas prétendu bien souvent et non sans quelque apparence de raison, qu'au fond l'homme le plus borné d'esprit était le plus heureux ? Quoi qu'il en soit, personne ne lui enviera ce bonheur. Je ne veux pas anticiper sur le lecteur pour la solution définitive de cette controverse, d'autant plus que Sophocle même a émis là-dessus deux jugements diamétralement opposés :

Πολλω το φρονειν ευδαιμονιας υπαρχει.

(Le savoir est de beaucoup la portion la plus considérable du bonheur.) -(*Antig.*, 1328.)

Une autre fois, il dit :

Εν τω φρονειν γαρ μηδεν ηδιστος βιος.

(La vie du sage n'est pas la plus agréable). -(*Ajax*, 550.)

Les philosophes de l'Ancien Testament ne s'entendent pas davantage entre eux ; Jésus, fils de Sirah, a dit :

Του γαρμωρου υπερ θανατου ζων πονηρχ. (La vie du fou est pire que la mort), (22,12). L'Ecclésiaste au contraire (1, 18) :

Ο προστιθεις γνωσιν, προσθησει αλγημα.

(Où il y beaucoup de sagesse, il y a beaucoup de douleurs.)

En attendant, je tiens à mentionner ici que ce que l'on désigne plus particulièrement par un mot exclusivement propre à la langue allemande, celui de *Philister* (bourgeois, épicier, philistin), c'est précisément l'homme qui, par suite de la mesure étroite et strictement suffisante de ses forces intellectuelles, *n'a pas de besoins spirituels* : cette expression appartient à la vie d'étudiants et a été employée plus tard dans une acception plus élevée, mais analogue encore à son sens primitif, pour qualifier celui qui est l'opposé d'un fils des Muses (c'est-à-dire un homme qui est prosaïque). Celui-ci, en effet, est et demeure le « αμουσος ανηρ » (l'homme vulgaire). Me plaçant à un point de vue encore plus élevé, je voudrais définir les *philistins* en disant que ce sont des gens constamment occupés, et cela le plus sérieusement du monde, d'une réalité qui n'en est pas une. Mais cette définition d'une nature déjà transcendantale ne serait pas en harmonie avec le point de vue populaire auquel je me suis placé, dans cette dissertation ; elle pourrait, par conséquent, ne pas être comprise par tous les lecteurs. La première, au contraire, admet plus facilement un commentaire spécifique et désigne suffisamment l'essence et la racine de toutes les propriétés caractéristiques du *philistin*. C'est donc, ainsi que nous l'avons dit, *un homme sans besoins spirituels.*

De là découlent plusieurs conséquences : la première, *par rapport à lui-même*, c'est qu'il n'aura jamais de *jouissances spirituelles*, d'après la maxime déjà citée *qu'il n'est de vrais plaisirs qu'avec de vrais besoins*. Aucune aspiration à acquérir des connaissances et du jugement pour ces choses en elles-mêmes n'anime son existence ; aucune aspiration non plus aux plaisirs esthétiques, car ces deux aspirations sont étroitement unies. Quand la mode ou quelque autre contrainte lui impose de ces jouissances, il s'en acquitte aussi brièvement que possible, comme un galérien s'acquitte de son travail forcé. Les seuls plaisirs pour lui sont les sensuels ; c'est sur eux qu'il se rattrape. Manger des huîtres, avaler du vin de Champagne, voilà pour lui le suprême de l'existence ; se procurer tout ce qui contribue au bien-être matériel, voilà le but de sa vie. Trop heureux quand ce but l'occupe suffisamment ! Car, si ces biens lui ont déjà été octroyés par avance, il devient immédiatement la proie de l'ennui ; pour le chasser, il essaye de tout ce qu'on peut imaginer : bals, théâtres, sociétés, jeux de cartes, jeux de hasard, chevaux, femmes, vin, voyages, etc. Et cependant tout cela ne suffit pas quand l'absence de besoins intellectuels rend impossibles les plaisirs intellectuels. Aussi un sérieux morne et sec, approchant celui de l'animal, est-il propre au *philistin* et le caractérise-t-il. Rien ne le réjouit, rien ne l'émeut, rien n'éveille son intérêt. Les jouissances matérielles sont vite épuisées ; la société, composée de *philistins* comme lui, devient bientôt ennuyeuse ; le jeu de cartes finit par le fatiguer. Il lui reste à la rigueur les jouissances de la vanité à sa façon : elles consisteront à surpasser les autres en richesse, en rang, en influence ou en pouvoir, ce qui lui vaut alors leur estime ; ou bien encore il cherchera à frayer au moins avec ceux qui brillent par ces avantages et à se chauffer au reflet de leur éclat (en anglais, cela s'appelle un *snob*).

La *deuxième* conséquence résultant de la propriété fondamentale que nous avons reconnue au *philistin*, c'est que, *par rapport aux autres*, comme il est privé de besoins intellectuels, et comme il est borné aux besoins matériels, il recherchera les hommes qui pourront satisfaire ces derniers et non pas ceux qui pourraient subvenir aux premiers. Aussi n'est-ce rien moins que de hautes qualités intellectuelles qu'il leur demande ; bien au contraire, quand il les rencontre, elles excitent son antipathie, voire même sa haine, car il n'éprouve en leur présence qu'un sentiment importun d'infériorité et une envie sourde, secrète, qu'il cache avec le plus grand soin, qu'il cherche à se dissimuler à lui-même, mais qui par là justement grandit parfois jusqu'à une rage muette. Ce n'est pas sur les facultés de l'esprit qu'il songe jamais à mesurer son estime ou sa considération ; il les réserve exclusivement au rang et à la richesse, au pouvoir et à l'influence, qui passent à ses yeux pour les seules qualités vraies, les seules où il aspirerait à exceller. Tout cela dérive de ce que le *philistin* est un homme *privé de besoins intellectuels*. Son extrême souffrance vient de ce que les *idéalités* ne lui apportent aucune récréation et que, pour échapper à l'ennui, il doit toujours recourir aux réalités. Or celles-ci, d'une part, sont bientôt épuisées, et alors, au lieu de divertir, elles fatiguent ; d'autre part, elles entraînent après elles des désastres de toute espèce, tandis que les idéalités sont inépuisables et, en elles-mêmes, innocentes.

Dans toute cette dissertation sur les conditions personnelles qui contribuent à notre bonheur, j'ai eu en vue les qualités physiques et principalement les qualités intellectuelles. C'est dans mon Mémoire sur *le fondement de la morale* (§ 22) que j'ai exposé comment la perfection morale, à son tour, influe directement sur le bonheur : c'est à cet ouvrage que je renvoie le lecteur.[4]

---

[4] *Le fondement de la morale*, traduit par M. Burdeau, in 18 (Bibliothèque de philosophie contemporaine)

CHAPITRE III

DE CE QUE L'ON A

Épicure, le grand docteur en félicité, a admirablement et judicieusement divisé les besoins humains en trois classes. *Premièrement*, les besoins *naturels et nécessaires* : ce sont ceux qui, non satisfaits, produisent la douleur ; ils ne comprennent donc que le « victus » et l' » amictus » (nourriture et vêtement). Ils sont faciles à satisfaire.— *Secondement*, les besoins *naturels mais non nécessaires* : c'est le besoin de la satisfaction sexuelle, quoique Épicure ne l'énonce pas dans le rapport de Laërce (du reste, je reproduis ici, en général, toute cette doctrine légèrement modifiée et corrigée). Ce besoin est déjà plus difficile à satisfaire.—*Troisièmement*, ceux qui ne sont *ni naturels ni nécessaires* : ce sont les besoins du luxe, de l'abondance, du faste et de l'éclat ; leur nombre est infini et leur satisfaction très difficile (voy. Diog. Laërce, l. X, ch. 27, § 149 et 127 ;—Cicéron, *De fin.*, I,13).

La limite de nos désirs raisonnables se rapportant à la fortune est difficile, sinon impossible à déterminer. Car le contentement de chacun à cet égard ne repose pas sur une quantité absolue, mais relative, savoir sur le rapport entre ses souhaits et sa fortune ; aussi cette dernière, considérée en elle-même, est-elle aussi dépourvue de sens que le numérateur d'une fraction sans dénominateur. L'absence des biens auxquels un homme n'a jamais songé à aspirer ne peut nullement le priver, il sera parfaitement satisfait sans ces biens, tandis que tel autre qui possède cent fois plus que le premier se sentira malheureux, parce qu'il lui manque un seul objet qu'il convoite. Chacun a aussi, à l'égard des biens qu'il lui est permis d'atteindre, un horizon propre, et ses prétentions ne vont que jusqu'aux limites de cet horizon. Lorsqu'un objet, situé en dedans de ces limites, se présente à lui de telle façon qu'il puisse être certain de l'atteindre, il se sentira heureux ; il se sentira malheureux, au contraire, si, des obstacles survenant, cette perspective lui est enlevée. Ce qui est placé au delà n'a aucune action sur lui. C'est pourquoi la grande fortune du riche ne trouble pas le pauvre, et c'est pour cela aussi, d'autre part, que toutes les richesses qu'il possède déjà ne consolent pas le riche quand il est déçu dans une attente (La richesse est comme l'eau salée : plus on en boit, plus elle altère ; il en est de même aussi de la gloire).

Ce fait qu'après la perte de la richesse ou de l'aisance, et aussitôt la première douleur surmontée, notre humeur habituelle ne différera pas beaucoup de celle qui nous était propre auparavant, s'explique par là que, le facteur de notre avoir ayant été diminué par le sort, nous réduisons aussitôt après, de nous-mêmes, considérablement le facteur de nos prétentions. C'est là ce qu'il y a de proprement douloureux dans un malheur ; cette opération une fois accomplie, la douleur devient de moins en moins sensible et finit par disparaître ; la blessure se cicatrise. Dans l'ordre inverse, en présence d'un événement heureux, la charge qui comprime nos prétentions remonte et leur permet de se dilater : c'est en cela que consiste le plaisir. Mais celui-ci également ne dure que le temps nécessaire pour que cette opération s'achève ; nous nous habituons à l'échelle ainsi augmentée des prétentions, et nous devenons indifférents à la possession correspondante de richesses. C'est là ce qu'exprime un passage d'Homère (*Od.*, XVIII, 130-137) dont voici les deux derniers vers :

Τοιος γαρ νοος εστιν επιχθονιων ανθρωπων Ο :ον εφ' ημαρ αγει πατηρ ανδρων τε, θεων τε.

(Tel est l'esprit des hommes terrestres, semblables aux jours changeants qu'amène le Père des hommes et des dieux.)—(Tr. Leconte de Lisle.)

La source de nos mécontentements est dans nos efforts toujours renouvelés pour élever le facteur des prétentions pendant que l'autre facteur s'y oppose par son immobilité.

Il ne faut pas s'étonner de voir, dans l'espèce humaine pauvre et remplie de besoins, la richesse plus hautement et plus sincèrement prisée, vénérée même, que toute autre chose ; le pouvoir lui-même n'est considéré que parce qu'il conduit à la fortune ; il ne faut pas être surpris non plus de voir les hommes passer à côté ou par-dessus toute autre considération quand il s'agit d'acquérir des richesses, de voir par exemple les professeurs de philosophie faire bon marché de la philosophie pour gagner de l'argent. On reproche fréquemment aux hommes de tourner leurs vœux principalement vers l'argent et de l'aimer plus que tout au monde. Pourtant il est bien naturel, presque inévitable d'aimer ce qui, pareil à un protée infatigable, est prêt à tout instant à prendre la forme de l'objet actuel de nos souhaits si mobiles ou de nos besoins si divers. Tout autre bien, en effet, ne peut satisfaire qu'un seul désir, qu'un seul besoin : les aliments ne valent que pour celui qui a faim, le vin pour le bien portant, les médicaments pour le malade, une fourrure pendant l'hiver, les femmes pour la jeunesse, etc. Toutes ces choses ne sont donc que $\alpha\gamma\alpha\theta\alpha\ \pi\varrho o\varsigma\ \tau\iota$, c'est-à-dire relativement bonnes. L'argent seul est le bon absolu, car il ne pourvoit pas uniquement à *un seul besoin* « *in concreto* », mais *au besoin* en général, « *in abstracto* ».

La fortune dont on dispose doit être considérée comme un rempart contre le grand nombre des maux et des malheurs possibles, et non comme une permission et encore moins comme une obligation d'avoir à se procurer les plaisirs du monde. Les gens qui, sans avoir de fortune patrimoniale, arrivent par leurs talents, quels qu'ils soient, en position de gagner beaucoup d'argent, tombent presque toujours dans cette illusion de croire que leur talent est un capital stable et que l'argent que leur rapporte ce talent est par conséquent l'intérêt dudit capital. Aussi ne réservent-ils rien de ce qu'ils gagnent pour en constituer un capital à demeure, mais ils dépensent dans la même mesure qu'ils acquièrent. Il s'ensuit qu'ils tombent d'ordinaire dans la pauvreté, lorsque leurs gains s'arrêtent ou cessent complètement ; en effet, leur talent lui-même, passager de sa nature comme l'est par exemple le talent pour presque tous les beaux-arts, s'épuise, ou bien encore les circonstances spéciales ou les conjonctures qui le rendaient productif ont disparu. Des artisans peuvent à la rigueur mener cette existence, car les capacités exigées pour leur métier ne se perdent pas facilement ou peuvent être suppléées par le travail de leurs ouvriers ; de plus, leurs produits sont des objets de nécessité dont l'écoulement est toujours assuré ; un proverbe allemand dit avec raison : « Ein Handwerk hat einen goldenen Boden, » c'est-à-dire un bon métier vaut de l'or.

Il n'en est pas de même des artistes et des *virtuosi* de toute espèce. C'est justement pour cela qu'on les paye si cher, mais aussi et par la même raison devraient-ils placer en capital l'argent qu'ils gagnent ; dans leur présomption, ils le considèrent comme n'en étant que les intérêts et courent ainsi à leur perte.

En revanche, les gens qui possèdent une fortune patrimoniale savent très bien, dès le principe, distinguer entre un capital et des intérêts. Aussi la plupart chercheront à placer sûrement leur capital, ne l'entameront en aucun cas et réserveront même, si possible, un huitième au moins sur les intérêts, pour obvier à une crise éventuelle. Ils se maintiennent ainsi le plus souvent dans l'aisance. Rien de tout ce que nous venons de dire ne s'applique aux commerçants ; pour eux, l'argent est en lui-même l'instrument du gain, l'outil professionnel pour ainsi dire : d'où il suit que, même alors qu'ils l'ont acquis par leur propre travail, ils chercheront dans son emploi les moyens de le conserver ou de l'augmenter. Aussi la richesse est habituelle dans cette classe plus que dans aucune autre.

En général, on trouvera que, d'ordinaire, ceux qui se sont déjà colletés avec la vraie misère et le besoin, les redoutent incomparablement moins et sont plus enclins à la dissipation que ceux qui ne connaissent ces maux que par ouï-dire. À la première catégorie appartiennent tous ceux qui, par n'importe quel coup de fortune ou par des talents spéciaux quelconques, ont passé rapidement de la pauvreté à l'aisance ; à l'autre, ceux qui sont nés avec de la fortune et qui l'ont conservée. Tous ceux-ci s'inquiètent plus de l'avenir que les premiers et sont plus économes. On pourrait en conclure que le besoin n'est pas une aussi mauvaise chose qu'il paraît l'être, vu de loin. Cependant la véritable raison doit être plutôt la suivante : c'est que pour l'homme né avec une fortune patrimoniale la richesse apparaît comme quelque chose d'indispensable, comme l'élément de la seule existence possible, au même titre que l'air ; aussi la soignera-t-il comme sa propre vie et sera-t-il généralement rangé, prévoyant et économe. Au contraire, pour celui qui dès sa naissance a vécu dans la pauvreté, c'est celle-ci qui semblera la condition naturelle ; la richesse, qui, par n'importe quelle voie, pourra lui échoir plus tard, lui paraîtra un superflu, bon seulement pour en jouir et la gaspiller ; il se dit que, lorsqu'elle aura disparu de nouveau, il saura se tirer d'affaire sans elle tout comme auparavant, et que, de plus, il sera délivré d'un souci. C'est le cas de dire avec Shakespeare :

The adage must be verified, That beggars mounted run their horse to death. (*Henry VI*, P. 3, A. 1.)

(Il faut que le proverbe se vérifie : Le mendiant à cheval fait galoper sa bête à mort.)

Ajoutons encore que ces gens-là possèdent non pas tant dans leur tête que dans le cœur une ferme et excessive confiance d'une part dans leur chance et d'autre part dans leurs propres ressources, qui les ont déjà aidés à se tirer du besoin et de l'indigence ; ils ne considèrent pas la misère, ainsi que le font les riches de naissance, comme un abîme sans fond, mais comme un bas-fond qu'il leur suffit de frapper du pied pour remonter à la surface. C'est par cette même particularité humaine qu'on peut expliquer comment des femmes, pauvres avant leur mariage, sont très souvent plus exigeantes et plus dépensières que celles qui ont fourni une grosse dot ; en effet, la plupart du temps, les filles riches n'apportent pas seulement de la fortune, mais aussi plus de zèle, pour ainsi dire plus d'instinct héréditaire à la conserver que les pauvres. Toutefois ceux qui voudraient soutenir la thèse contraire trouveront une autorité dans la première satire de l'Arioste ; en revanche, le docteur Johnson se range à mon avis : « A woman of fortune being used to the handling of money, spends it judiciously : but a woman who gets the command of money for the first time upon her marriage, has such a gust in spending it, that she throws it away with great profusion » (voir Boswell, *Life of Johnson*, vol. III, p. 199, édit. 1821) (Une femme riche, étant habituée à manier de l'argent, le dépense judicieusement ; mais celle qui par son mariage se trouve placée pour la première fois à la tête d'une fortune, trouve tant de goût à dépenser qu'elle jette l'argent avec une grande profusion). Je conseillerais, en tout cas, à qui épouse une fille pauvre, de lui léguer non pas un capital, mais une simple rente, et surtout de veiller à ce que la fortune des enfants ne tombe pas entre ses mains.

Je ne crois nullement faire quelque chose qui soit indigne de ma plume en recommandant ici le soin de conserver sa fortune, gagnée ou héritée ; car c'est un avantage inappréciable de posséder tout acquise une fortune, quand elle ne suffirait même qu'à permettre de vivre aisément, seul et sans famille, dans une véritable indépendance, c'est-à-dire sans avoir besoin de travailler ; c'est là ce qui constitue l'immunité qui exempte des misères et des tourments attachés à la vie humaine ; c'est l'émancipation de la corvée générale qui est le destin propre des enfants de la terre. Ce n'est que par cette faveur du sort que nous sommes vraiment *homme né libre* ; à cette seule condition, on est réellement *sui juris*, maître de son temps et de ses forces, et l'on dira chaque matin : « *La journée m'appartient.* » Aussi, entre celui qui a mille écus de rente et celui qui en a cent mille, la différence est-elle infiniment moindre qu'entre le premier et celui qui n'a rien. Mais la fortune patrimoniale atteint sa plus haute valeur lorsqu'elle échoit à celui qui, doué de forces intellectuelles supérieures, poursuit des dessins dont la réalisation ne s'accommode pas à un travail pour vivre : placé dans ces conditions, cet homme est doublement doté par le sort ; il peut maintenant vivre tout à son génie, et il payera au centuple sa dette envers l'humanité en produisant ce que nul autre ne pourrait produire et en créant ce qui constituera le bien et en même temps l'honneur de la communauté humaine. Tel autre, placé dans une situation aussi favorisée, méritera bien de l'humanité par ses œuvres philanthropiques. Quant à celui qui, possédant un patrimoine, ne produit rien de semblable, dans quelque mesure que ce soit, fût-ce à titre d'essai, ou qui par des études sérieuses ne se crée pas au moins la possibilité de faire progresser une science, celui-là n'est qu'un fainéant méprisable. Il ne sera pas heureux non plus, car le fait d'être affranchi du besoin le transporte à l'autre pôle de la misère humaine, l'ennui, qui le torture tellement qu'il serait bien plus heureux si le besoin lui avait imposé une occupation. Cet ennui le fera se jeter facilement dans des extravagances qui lui raviront cette fortune dont il n'était pas digne. En réalité, une foule de gens ne sont dans l'indigence que pour avoir dépensé leur argent pendant qu'ils en avaient, afin de procurer un soulagement momentané à l'ennui qui les oppressait.

Les choses se passent tout autrement quand le but qu'on poursuit est de s'élever haut dans le service de l'État ; quand il s'agit, par conséquent, d'acquérir de la faveur, des amis, des relations, au moyen desquels on puisse monter de degré en degré et arriver peut-être un jour aux postes les plus élevés : en pareil cas, il vaut mieux, au fond, être venu au monde sans la moindre fortune. Pour un individu surtout qui n'est pas de la noblesse et qui a quelque talent, être un pauvre gueux constitue un avantage réel et une recommandation. Car ce que chacun recherche et aime avant tout, non seulement dans la simple conversation, mais encore, *a fortiori* dans le service public, c'est l'infériorité de l'autre. Or il n'y a qu'un gueux qui soit convaincu et pénétré de son infériorité profonde, entière, indiscutable, omnilatérale, de sa totale insignifiance et de sa nullité, au degré voulu par la circonstance. Un gueux seul s'incline assez souvent et assez longtemps, et sait courber son échine en révérences de 90 degrés bien comptés : lui seul endure tout avec le sourire aux lèvres, seul il reconnaît que les mérites n'ont aucune valeur ; seul il vante comme chefs-d'œuvre, publiquement, à haute voix ou en gros caractères d'impression, les inepties littéraires de ses supérieurs ou des hommes influents en général ; seul il s'entend à mendier ; par suite, lui seul peut être initié à temps, c'est-à-dire dès sa jeunesse, à cette vérité cachée que Gœthe nous a dévoilée en ces termes :

Ueber's Niederträchlige Niemand sich beklage : Deim es ist das Mächtige, Wos raan dir auch sage.

(W. O., *Divan*.)

(Que nul ne se plaigne de la bassesse, car c'est la puissance, quoi que l'on vous dise.) -(Trad. Porchat.)

Celui-là, au contraire, qui tient de ses parents une fortune suffisante pour vivre sera d'ordinaire récalcitrant ; il est habitué à marcher *tête levée* ; il n'a pas appris tous ces tours de souplesse ; peut-être même s'avise-t-il de se prévaloir de certains talents qu'il possède et dont il devrait plutôt comprendre l'insuffisance en lace de ce qui se passe avec le *médiocre et rampant* ;[5] il est capable aussi de remarquer l'infériorité de ceux qui sont placés au-dessus de lui, et enfin, quand les choses en arrivent à être indignes, il devient rétif et ombrageux. On ne se pousse pas avec cela dans le monde, et il pourra lui arriver finalement de dire avec cet impudent Voltaire : « *Nous n'avons que deux jours à vivre ; ce n'est pas la peine de les passer à ramper sous des coquins méprisables.* » Malheureusement, soit dit en passant, *coquin méprisable* est un *attribut* pour lequel il existe diantrement de *sujets* dans ce monde. Nous pouvons donc voir que ce que dit Juvénal :

Haud facile emergunt, quorum virtutibus obstat Res angusta domi.

(Sat. II, v. 164.)

(Difficilement le mérite se fait jour, quand il est aux prises avec le besoin.) -(Trad. éd. Dubochet.) s'applique plutôt à la carrière des gens éminents qu'à celle des gens du monde.

Parmi les choses *que l'on possède*, je n'ai pas compté femme et enfants, car on est plutôt possédé par eux. On pourrait avec plus de raison y comprendre les amis ; mais ici également le propriétaire doit, dans la même mesure, être aussi la propriété de l'autre.

---

[5] En français dans l'original.

Chapitre IV

DE CE QUE L'ON REPRÉSENTE

De l'opinion d'autrui

Ce que nous représentons, ou, en d'autres termes, notre existence dans l'opinion d'autrui, est, par suite d'une faiblesse particulière de notre nature, généralement beaucoup trop prisé, bien que la moindre réflexion puisse nous apprendre qu'en soi cela est de nulle importance pour notre bonheur. Aussi a-t-on peine à s'expliquer la grande satisfaction intérieure qu'éprouve tout homme des qu'il aperçoit une marque de l'opinion favorable des autres et dès qu'on flatte sa vanité, n'importe comment. Aussi infailliblement que le chat se met à filer quand on lui caresse le dos, aussi sûrement on voit une douce extase se peindre sur la figure de l'homme qu'on loue, surtout quand la louange porte sur le domaine de ses prétentions, et quand même elle serait un mensonge palpable. Les marques de l'approbation des autres le consolent souvent d'un malheur réel ou de la parcimonie avec laquelle coulent pour lui les deux sources principales de bonheur dont nous avons traité jusqu'ici. Réciproquement, il est étonnant de voir combien il est infailliblement chagriné, et bien des fois douloureusement affecté par toute lésion de son ambition, en quelque sens, à quelque degré ou sous quelque rapport que ce soit, par tout dédain, par toute négligence, par le moindre manque d'égards. En tant que servant de base au sentiment de l'honneur, cette propriété peut avoir une influence salutaire sur la bonne conduite de beaucoup de gens, en guise de succédané de leur moralité ; mais quant à son action sur le bonheur réel de l'homme et surtout sur le repos de l'âme et sur l'indépendance, ces deux conditions si nécessaires au bonheur, elle est plutôt perturbatrice et nuisible que favorable. C'est pourquoi, à notre point de vue, il est prudent de lui poser des limites et, par de sages réflexions et une juste appréciation de la valeur des biens, de modérer cette grande susceptibilité à l'égard de l'opinion d'autrui, aussi bien pour le cas où on la caresse que pour celui où on la froisse, car les deux tiennent au même fil. Autrement, nous restons esclaves de l'opinion et du sentiment des autres :

Sic leve, sic parvum est, animum quod laudis avarum
Subruit ac reficit.

(Tellement ce qui abat ou réconforte une âme avide de louange peut être frivole et petit.)

Par conséquent, une juste appréciation de la valeur de *ce que l'on est en soi-même et par soi-même*, comparée à *ce qu'on est seulement aux yeux d'autrui*, contribuera beaucoup à notre bonheur. Le premier terme de la comparaison comprend tout ce qui remplit le temps de notre propre existence, le contenu intime de celle-ci et, partant, tous les biens que nous avons examinés dans les chapitres intitulés *De ce que l'on est* et *De ce que l'on a*. Car *le lieu* où se trouve la sphère d'action de tout cela, c'est la propre conscience de l'homme. Au contraire, le *lieu* de tout ce que nous sommes *pour les autres*, c'est la conscience d'autrui ; c'est la figure sous laquelle nous y apparaissons, ainsi que les notions qui s'y réfèrent.[6] Or ce sont là des choses qui, directement, n'existent pas du tout

---

[6] Les classes les plus élevées, dans leur éclat, leur splendeur et leur faste, dans leur magnificence et leur ostentation de toute nature, peuvent se dire : Notre bonheur est placé entièrement en dehors de nous ; son lieu, ce sont les têtes des autres. (*Note de Schopenhauer.*)

pour nous ; tout cela n'existe qu'indirectement, c'est-à-dire qu'autant qu'il détermine la conduite des autres envers nous. Et ceci même n'entre réellement en considération qu'autant que cela influe sur ce qui pourrait modifier ce que *nous sommes en et par nous-mêmes.* À part cela, ce qui se passe dans une conscience étrangère nous est, à ce titre, parfaitement indifférent, et, à notre tour, nous y deviendrons indifférent à mesure que nous connaîtrons suffisamment la superficialité et la futilité des pensées, les bornes étroites des notions, la petitesse des sentiments, l'absurdité des opinions et le nombre considérable d'erreurs que l'on rencontre dans la plupart des cervelles ; à mesure aussi que nous apprendrons par expérience avec quel mépris l'on parle, à l'occasion, de chacun de nous, dès qu'on ne nous craint pas ou quand on croit que nous ne le saurons pas ; mais surtout quand nous aurons entendu une fois avec quel dédain une demi-douzaine d'imbéciles parlent de l'homme le plus distingué. Nous comprendrons alors qu'attribuer une haute valeur à l'opinion des hommes, c'est leur faire trop d'honneur.

En tout cas, c'est être réduit à une misérable ressource que de ne pas trouver le bonheur dans les classes de biens dont nous avons déjà parlé et de devoir le chercher dans cette troisième, autrement dit, dans ce qu'on est non dans la réalité, mais dans l'imagination d'autrui. En thèse générale, c'est notre nature animale qui est la base de notre être, et par conséquent aussi de notre bonheur. L'essentiel pour le bien-être, c'est donc la santé et ensuite les moyens nécessaires à notre entretien, et par conséquent une existence libre de soucis. L'honneur, l'éclat, la grandeur, la gloire, quelque valeur qu'on leur attribue, ne peuvent entrer en concurrence avec ces biens essentiels ni les remplacer ; bien au contraire, le cas échéant, on n'hésiterait pas un instant à les échanger contre les autres. Il sera donc très utile pour notre bonheur, de connaître à temps ce fait si simple que chacun vit d'abord et effectivement dans sa propre peau et non dans l'opinion des autres, et qu'alors naturellement notre condition réelle et personnelle, telle qu'elle est déterminée par la santé, le tempérament, les facultés intellectuelles, le revenu, la femme, les enfants, le logement, etc., est cent fois plus importante pour notre bonheur que ce qu'il plaît aux autres de faire de nous. L'illusion contraire rend malheureux. S'écrier avec emphase :

« L'honneur passe avant la vie, » c'est dire en réalité :

« La vie et la santé ne sont rien ; ce que les autres pensent de nous, voilà l'affaire. » Tout au plus cette maxime peut-elle être considérée comme une hyperbole au fond de laquelle se trouve cette prosaïque vérité que, pour avancer et se maintenir parmi les hommes, l'*honneur*, c'est-à-dire leur opinion à notre égard, est souvent d'une utilité indispensable : je reviendrai plus loin sur ce sujet. Lorsqu'on voit, au contraire, comment presque tout ce que les hommes poursuivent pendant leur vie entière, au prix d'efforts incessants, de mille dangers et de mille amertumes, a pour dernier objet de les élever dans l'opinion, car non seulement les emplois, les titres et les cordons, mais encore la richesse et même la science[7] et les arts sont, au fond, recherchés principalement dans ce seul but, lorsqu'on voit que le résultat définitif auquel on travaille à arriver est d'obtenir plus de respect de la part des autres, tout cela ne prouve, hélas ! que la grandeur de la folie humaine.

Attacher beaucoup trop de valeur à l'opinion est une superstition universellement dominante ; qu'elle ait ses racines dans notre nature même, ou qu'elle ait suivi la naissance des sociétés et de la civilisation, il est certain qu'elle exerce en tout cas sur toute notre conduite une influence démesurée et hostile à notre bonheur. Cette

---

[7] Scire tuum nihil est, nisi te scire hoc sciat alter (Ton savoir n'est rien, si tu ne sais pas que les autres le savent.) (*Note de l'auteur*.)

influence, nous pouvons la poursuivre depuis le point où elle se montre sous la forme d'une déférence anxieuse et servile pour le *qu'en-dira-t-on* jusqu'à celui où elle plonge le poignard de Virginius dans le sein de sa fille, ou bien où elle entraîne l'homme à sacrifier à sa gloire posthume son repos, sa fortune, sa santé et jusqu'à sa vie. Ce préjugé offre, il est vrai, à celui qui est appelé à régner sur les hommes ou en général à les guider, une ressource commode ; aussi le précepte d'avoir à tenir en éveil ou à stimuler le sentiment de l'honneur occupe-t-il une place principale dans toutes les branches de l'art de dresser les hommes ; mais, à l'égard du bonheur propre de l'individu, et c'est là ce qui nous occupe ici, il en est tout autrement, et nous devons au contraire le dissuader d'attacher trop de prix à l'opinion des autres. Si, néanmoins, ainsi que nous l'apprend l'expérience, le fait se présente chaque jour ; si ce que la plupart des gens estiment le plus est précisément l'opinion d'autrui à leur égard, et s'ils s'en préoccupent plus que de ce qui, *se passant dans leur propre conscience*, existe immédiatement pour eux ; si donc, par un renversement de l'ordre naturel, c'est l'opinion qui leur semble être la partie réelle de leur existence, l'autre ne leur paraissant en être que la partie idéale ; s'ils font de ce qui est dérivé et secondaire l'objet principal, et si l'image de leur être dans la tête des autres leur tient plus à cœur que leur être lui-même ; cette appréciation directe de ce qui, directement, n'existe pour personne, constitue cette folie à laquelle on a donné le nom de *vanité*, « *vanitas* », pour indiquer par là le vide et le chimérique de cette tendance. On peut facilement comprendre aussi, par ce que nous avons dit plus haut, qu'elle appartient à cette catégorie d'erreurs qui consistent à oublier le but pour les moyens, comme l'avarice.

En effet, le prix que nous mettons à l'opinion et notre constante préoccupation à cet égard dépassent presque toute portée raisonnable, tellement que cette préoccupation peut être considérée comme une espèce de *manie* répandue généralement, ou plutôt innée. Dans tout ce que nous faisons comme dans tout ce que nous nous abstenons de faire, nous considérons l'opinion des autres avant toute chose presque, et c'est de ce souci qu'après un examen plus approfondi nous verrons naître environ la moitié des tourments et des angoisses que nous ayons jamais éprouvés. Car c'est cette préoccupation que nous retrouvons au fond de tout notre amour-propre, si souvent lésé, parce qu'il est si maladivement susceptible, au fond de toutes nos vanités et de toutes nos prétentions, comme au fond de notre somptuosité et de notre ostentation. Sans cette préoccupation, sans cette rage, le luxe ne serait pas le dixième de ce qu'il est. Sur elle repose tout notre orgueil, *point d'honneur* et « *puntiglio* », de quelque espèce qu'il soit et à quelque sphère qu'il appartienne,—et que de victimes ne réclame-t-elle pas souvent ! Elle se montre déjà dans l'enfant, puis à chaque âge de la vie ; mais elle atteint toute sa force dans l'âge avancé, parce qu'à ce moment l'aptitude aux jouissances sensuelles ayant tari, vanité et orgueil n'ont plus à partager l'empire qu'avec l'avarice. Cette fureur s'observe le plus distinctement dans les Français, chez lesquels elle règne endémiquement et se manifeste souvent par l'ambition la plus sotte, par la vanité nationale la plus ridicule et la fanfaronnade la plus éhontée ; mais leurs prétentions s'annulent par là même, car elles les livrent à la risée des autres nations et ont fait un sobriquet du nom de *grande nation*.[8]

Pour expliquer plus clairement tout ce que nous avons exposé jusqu'ici sur la démence qu'il y a à se préoccuper démesurément de l'opinion d'autrui, je veux rapporter un exemple bien frappant de cette folie enracinée dans la nature humaine ; cet exemple est favorisé d'un effet de lumière résultant de la rencontre de circonstances propices et d'un

---

[8] En français, dans l'original.

caractère approprié ; cela nous permettra de bien évaluer la force de ce bizarre moteur des actions humaines. C'est le passage suivant du rapport détaillé publié par le *Times* du 31 mars 1846, sur l'exécution récente du nommé Thomas Wix, un ouvrier qui avait assassiné son patron par vengeance : « Dans la matinée du jour fixé pour l'exécution, le révérend chapelain de la prison se rendit auprès de lui. Mais Wix, quoique très calme, n'écoutait pas ses exhortations ; sa seule préoccupation était de réussir à montrer un courage extrême en présence de la foule qui allait assister à sa honteuse fin. Et il y est parvenu. Arrivé dans le préau qu'il avait à traverser pour atteindre le gibet élevé tout contre la prison, il s'écria : « Eh bien, comme disait le Dr Dodd, je vais connaître bientôt le grand mystère ! »—Quoique ayant les bras attachés, il monta sans aide l'échelle de la potence ; arrivé au sommet, il fit à droite et à gauche des saints aux spectateurs, et la multitude rassemblée y répondit, en récompense, par des acclamations formidables, etc. » Avoir la mort, sous sa forme la plus effrayante, devant les yeux avec l'éternité derrière elle, et ne se préoccuper uniquement que de l'effet que l'on produira sur la masse des badauds accourus et de l'opinion qu'on laissera après soi dans leurs têtes, n'est-ce pas là un échantillon unique d'ambition ? Lecomte qui, dans la même année, fut guillotiné à Paris pour tentative de régicide, regrettait principalement, pendant son procès, de ne pouvoir se présenter vêtu convenablement devant la Chambre des pairs, et même, au moment de l'exécution, son grand chagrin était qu'on ne lui eût pas permis de se raser avant. Il en était de même jadis ; c'est ce que nous pouvons voir dans l'introduction (*déclaration*) dont Mateo Aleman fait précéder son célèbre roman *Guzman d'Alfarache*, où il rapporte que beaucoup de criminels égarés dérobent leurs dernières heures au soin du salut de leur âme, auquel ils devraient les employer exclusivement, pour terminer et apprendre par cœur un petit sermon qu'ils voudraient débiter du haut du gibet.

Nous pouvons retrouver notre propre image dans des traits pareils ; car ce sont les exemples de taille colossale qui fournissent les explications les plus évidentes en toute matière. Pour nous tous, le plus souvent, nos préoccupations, nos chagrins, les soucis rongeurs, nos colères, nos inquiétudes, nos efforts, etc., ont en vue presque entièrement l'opinion des autres et sont aussi, absurdes que ceux des pauvres diables cités plus haut. L'envie et la haine partent également, en grande partie, de la même racine.

Rien évidemment ne contribuerait davantage à notre bonheur, composé principalement de calme d'esprit et de contentement, que de limiter la puissance de ce mobile, de l'abaissera un degré que la raison puisse justifier (au 1/50 par exemple) et d'arracher ainsi de nos chairs cette épine qui les déchire. Néanmoins la chose est bien difficile ; nous avons affaire ici à un travers naturel et inné : « *Etiam sapientibus cupido gloriæ novissima exuitur,* » dit Tacite (*Hist.* IV, 6) (La passion de la gloire est la dernière dont les sages mêmes se dépouillent ; trad. édition Dubochet, Paris ; 1850). Le seul moyen de nous délivrer de cette folie universelle, serait de la reconnaître distinctement pour une folie, et, à cet effet, de nous rendre bien clairement compte à quel point la plupart des opinions, dans les têtes des hommes, sont le plus souvent fausses, de travers, erronées et absurdes ; combien l'opinion des autres a peu d'influence réelle sur nous dans la plupart des cas et des choses ; combien en général elle est méchante, tellement qu'il n'est personne qui ne tombât malade de colère s'il entendait sur quel ton on parle et tout ce qu'on dit de lui ; combien enfin l'honneur lui-même n'a, à proprement parler, qu'une valeur indirecte et non immédiate, etc. Si nous pouvions réussir à opérer la guérison de cette folie générale, nous gagnerions infiniment en calme d'esprit et en contentement, et nous acquerrions en même temps une contenance plus ferme et plus sûre, une allure beaucoup plus dégagée et plus naturelle. L'influence toute bienfaisante d'une vie retirée sur notre tranquillité d'âme et sur notre satisfaction, provient en grande partie de ce qu'elle nous soustrait à l'obligation de vivre constamment sous les regards des autres et, par suite, nous enlève à la préoccupation incessante de leur opinion possible : ce qui a pour effet de nous rendre à nous-mêmes. De cette façon, nous échapperons également à beaucoup de malheurs réels dont la cause unique est cette aspiration purement idéale ou, plus correctement dit, cette déplorable folie ; il nous restera aussi la faculté de donner plus de soin aux biens réels que nous pourrons goûter alors sans en être distrait. Mais, « Χαλεπα πα χαλα », nous l'avons déjà dit.

Cette folie de notre nature, que nous venons de décrire, pousse trois rejetons principaux : l'ambition, la vanité et l'orgueil. Entre ces deux derniers, la différence consiste en ce que *l'orgueil* est la conviction déjà fermement acquise de notre propre haute valeur sous tous les rapports ; la *vanité*, au contraire, est le désir de faire naître cette conviction chez les autres et, d'ordinaire, avec le secret espoir de pouvoir par la suite nous l'approprier aussi. Ainsi l'orgueil est la haute estime de soi-même, procédant *de l'intérieur*, donc directe ; la vanité, au contraire, est la tendance à l'acquérir *du dehors*, donc indirectement. C'est pourquoi la vanité rend causeur ; l'orgueil, taciturne. Mais le vaniteux devrait savoir que la haute opinion d'autrui, à laquelle il aspire, s'obtient beaucoup plus vite et plus sûrement en gardant un silence continu qu'en parlant, quand on aurait les plus belles choses du monde à dire. N'est pas orgueilleux qui veut ; tout au plus peut affecter l'orgueil qui veut ; mais ce dernier sortira bientôt de son rôle, comme de tout rôle emprunté. Car ce qui rend réellement orgueilleux, c'est uniquement la ferme, l'intime, l'inébranlable conviction de mérites supérieurs et d'une valeur à part. Cette conviction peut être erronée, ou bien reposer sur des mérites simplement extérieurs et conventionnels ; peu importe à l'orgueil, pourvu qu'elle soit réelle et sérieuse. Puisque l'orgueil a sa racine dans la *conviction*, il sera, comme toute notion, en dehors de notre *volonté libre*. Son pire ennemi, je veux dire son plus grand obstacle, est la *vanité* qui brigue l'approbation d'autrui pour fonder ensuite sur celle-ci la propre haute opinion de soi-même, tandis que l'orgueil suppose une opinion déjà fermement assise.

Quoique l'orgueil soit généralement blâmé et décrié, je suis néanmoins tenté, de croire que cela vient principalement de ceux qui n'ont rien dont ils puissent s'enorgueillir. Vu l'impudence et la stupide arrogance de la plupart des hommes, tout être qui possède des mérites quelconques fera très bien de les mettre en vue lui-même, afin de ne pas les laisser tomber dans un oubli complet ; car celui qui, bénévolement, ne cherche pas à s'en prévaloir et se conduit avec les gens comme s'il était en tout leur semblable, ne tardera pas à être en toute sincérité considéré par eux comme de leurs égaux. Je voudrais recommander d'en agir ainsi à ceux-là surtout dont les mérites sont de l'ordre le plus élevé, des mérites réels, par conséquent purement personnels, attendu que ceux-ci ne peuvent pas, comme les décorations et les titres, être rappelés à tout instant à la mémoire par une impression des sens ; autrement, ils verront trop souvent se réaliser le *sus Minervam* (le pourceau qui en remontre à Minerve).

Un excellent proverbe arabe dit : « *Plaisante avec l'esclave, il te montrera bientôt le derrière.* » La maxime d'Horace : « *Sume superbiam quæsitam meritis* » (Conserve le noble orgueil qui revient au mérite) n'est pas non plus à dédaigner. La modestie est bien une vertu inventée principalement à l'usage des coquins, car elle exige que chacun parle de soi comme s'il en était un : cela établit une égalité de niveau admirable et produit la même apparence que s'il n'y avait en général que des coquins.

Cependant l'orgueil au meilleur marché, c'est l'orgueil national. Il trahit chez celui qui en est atteint l'absence de qualités *individuelles* dont il puisse être fier, car, sans cela, il n'aurait pas recours à celles qu'il partage avec tant de millions d'individus. Quiconque possède des mérites personnels distingués reconnaîtra, au contraire, plus clairement les défauts de sa propre nation, puisqu'il l'a toujours présente à la vue. Mais tout piteux imbécile, qui n'a rien au monde dont il puisse s'enorgueillir, se rejette sur cette dernière ressource, d'être fier de la nation à laquelle il se trouve appartenir par hasard ; c'est là-dessus qu'il se rattrape, et, dans sa gratitude, il est prêt à défendre πυξ και λαξ (du poing et du pied) tous les défauts et toutes les sottises propres à cette nation.

Ainsi, sur cinquante Anglais, par exemple, on en trouvera à peine un seul qui élève la voix pour vous approuver quand vous parlerez avec un juste mépris du bigotisme stupide et dégradant de sa nation ; mais ce seul individu sera certainement un homme de tête. Les Allemands n'ont pas l'orgueil national[9] et prouvent ainsi cette honnêteté dont ils ont la réputation ; en revanche, c'est tout le contraire que prouvent ceux d'entre les Allemands qui professent et affectent ridiculement cet orgueil, comme le font principalement les *deutschen Brüder* et les démocrates, qui flattent le peuple afin de le séduire. On prétend bien que les Allemands auraient inventé la poudre ; mais je ne suis pas de cet avis. Lichtenberg pose aussi la question suivante :

« Pourquoi un homme qui n'est pas un Allemand se fera-t-il rarement passer pour tel ? et pourquoi, quand il veut

---

[9] Je trouve dans la traduction roumaine des *Aphorismes* par T. Maioresco (voy. *Convorbirile Literare*, 10e année, page 130 ; Jassy, 1876) une note relative à ce passage et rappelant que « Schopenhauer a publié ses *Aphorismes* en 1851. » J'ai cru de mon devoir de la mentionner ici, car cette date a une haute importance : elle dégage l'impartialité du philosophe allemand que les passages concernant la « vanité française » et le « bigotisme anglais » auraient pu compromettre quelque peu aux yeux des lecteurs. C'est à ce titre que j'ai voulu donner aussi la date dont il est question, rappelée, avec une intention si manifeste, par M. Maioresco. (*Note du trad.*)

se faire passer pour quelque chose, se fera-t-il passer d'ordinaire pour Français ou Anglais ? Au reste, l'individualité, dans tout homme, est chose autrement importante que la nationalité et mérite mille fois plus que cette dernière d'être prise en considération. Honnêtement, on ne pourra jamais dire grand bien d'un caractère national, puisque « national » veut dire qu'il appartient à une foule. C'est plutôt la petitesse d'esprit, la déraison et la perversité de l'espèce humaine qui seules ressortent dans chaque pays, sous une forme différente, et c'est celle-ci que l'on appelle le caractère national. Dégoûté de l'un, nous en louons un autre, jusqu'au moment où celui-ci nous inspire le même sentiment. Chaque nation se moque de l'autre, et toutes ont raison.

La matière de ce chapitre peut être classée, nous l'avons dit, en *honneur*, *rang* et *gloire*.

LE RANG

Quant au *rang*, quelque important qu'il paraisse aux yeux de la foule et des « *philistins*, » et quelque grande que puisse être son utilité comme rouage dans la machine de l'État, nous en aurons fini avec lui en peu de mots, pour atteindre notre but. C'est une valeur de convention, ou, plus correctement, une valeur simulée ; son action a pour résultat une considération simulée, et le tout est une comédie pour la foule. Les décorations sont des lettres de change tirées sur l'opinion publique ; leur valeur repose sur le crédit du tireur. En attendant, et sans parler de tout l'argent qu'elles épargnent à l'État en remplaçant les récompenses pécuniaires, elles n'en sont pas moins une institution des plus heureuses, supposé que leur distribution se fasse avec discernement et équité. En effet, la foule a des yeux et des oreilles, mais elle n'a guère davantage ; elle a surtout infiniment peu de jugement, et sa mémoire même est courte.

Certains mérites sont tout à fait hors de la portée de sa compréhension ; il y en a d'autres qu'elle comprend et acclame à leur apparition, mais qu'elle a bien vite fait d'oublier. Cela étant, je trouve tout à fait convenable, partout et toujours, de crier à la foule, par l'organe d'une croix ou d'une étoile : « Cet homme que vous voyez n'est pas de vos pareils ; il a des mérites ! » Cependant, par une distribution injuste, déraisonnable ou excessive, les décorations perdent leur prix ; aussi un prince devrait-il apporter autant de circonspection à en accorder qu'un commerçant à signer des lettres de change. L'inscription : « *Pour le mérite,* » sur une croix, est un pléonasme ; toute décoration devrait être « pour le mérite, ça va sans dire ».[10]

L'HONNEUR

La discussion de l'*honneur* sera beaucoup plus difficile et plus longue que celle du rang. Avant tout, nous aurons à le définir. Si à cet effet je disais :

« L'honneur est la conscience extérieure, et la conscience est l'honneur intérieur », cette définition pourrait peut-être plaire à quelques-uns ; mais ce serait là une explication brillante plutôt que nette et bien fondée. Aussi dirai-je : « L'honneur est, objectivement, l'opinion qu'ont les autres de notre valeur, et, subjectivement, la crainte que nous inspire cette opinion. En cette dernière qualité, il a souvent une action très salutaire, quoique nullement fondée en morale pure, sur l'homme d'honneur. »

La racine et l'origine de ce sentiment de l'honneur et de la honte, inhérent à tout homme qui n'est pas encore entièrement corrompu, et le motif de la haute valeur

---

[10] En français dans l'original.

attribuée à l'honneur, vont être exposés dans les considérations qui suivent. L'homme ne peut, à lui seul, que très peu de chose : il est un Robinson abandonné ; ce n'est qu'en communauté avec les autres qu'il est et peut beaucoup. Il se rend compte de cette condition dès l'instant où sa conscience commence tant soit peu à se développer, et aussitôt s'éveille en lui le désir d'être compté comme un membre utile de la société, capable de concourir « pro parte virili » à l'action commune, et ayant droit ainsi à participer aux avantages de la communauté humaine. Il y réussit en s'acquittant d'abord de ce qu'on exige et attend de tout homme en toute position, et ensuite de ce qu'on exige et attend de lui dans la position spéciale qu'il occupe. Mais il reconnaît tout aussi vite que ce qui importe, ce n'est pas d'être un homme de cette trempe dans sa propre opinion, mais dans celle des autres. Voilà l'origine de l'ardeur avec laquelle il brigue l'*opinion* favorable d'autrui et du prix élevé qu'il y attache.

Ces deux tendances se manifestent avec la spontanéité d'un sentiment inné, que l'on appelle le sentiment de l'honneur et, dans certaines circonstances, le sentiment de la pudeur (*verecundia*). C'est là le sentiment qui lui chasse le sang aux joues dès qu'il se croit menacé de perdre dans l'opinion des autres, bien qu'il se sache innocent, et alors même que la faute dévoilée n'est qu'une infraction relative, c'est-à-dire ne concerne qu'une obligation bénévolement assumée. D'autre part, rien ne fortifie davantage en lui le courage de vivre que la certitude acquise ou renouvelée de la bonne opinion des hommes, car elle lui assure la protection et le secours des forces réunies de l'ensemble qui constitue un rempart infiniment plus puissant contre les maux de la vie que ses seules forces.

Des relations diverses, dans lesquelles un homme peut se trouver avec d'autres individus et qui mettent ceux-ci dans le cas de lui accorder de la confiance, par conséquent d'avoir, comme on dit, bonne opinion de lui, naissent plusieurs espèces d'honneur. Les principales de ces relations sont le mien et le tien, les devoirs auxquels on s'oblige, enfin le rapport sexuel, auxquelles correspondent l'*honneur bourgeois*, l'*honneur de la fonction* et l'*honneur sexuel*, dont chacun présente encore des sous-genres.

L'*honneur bourgeois*[11] possède la sphère la plus étendue : il consiste dans la présupposition que nous respecterons absolument les droits de chacun et que, par conséquent, nous n'emploierons jamais, à notre avantage, des moyens injustes ou illicites. Il est la condition de la participation à tout commerce pacifique avec les hommes. Il suffit, pour le perdre, d'une seule action qui lui soit fortement et manifestement contraire ; comme conséquence, toute peine criminelle nous le ravit également, à la seule condition que la peine ait été juste. L'honneur repose cependant toujours, en dernière analyse, sur la conviction de l'immutabilité du caractère moral, en vertu de laquelle une seule mauvaise action garantit une qualité identique de moralité pour toutes les actions ultérieures, dès que des circonstances semblables se présenteront encore : c'est ce qu'indique aussi l'expression anglaise « *character* », qui signifie renom, réputation, honneur. Voilà pourquoi aussi la perte de l'honneur est irréparable, à moins qu'elle ne soit due à une calomnie ou à de fausses apparences. Aussi y a-t-il des lois contre la calomnie, les libelles et contre les injures également ; car l'injure, la simple insulte, est une calomnie sommaire, sans indication de motifs : en grec, on pourrait très bien rendre cette pensée ainsi : « Εστι η λοιδορια διαβολη » (L'injure est une calomnie abrégée) ; cette maxime ne se trouve cependant exprimée nulle part. Il est de fait que celui qui injurie n'a rien de réel ni de vrai à produire contre l'autre, sans quoi il l'énoncerait

---

[11] Schopenhauer va justifier cette qualification quelques lignes plus bas. (*Note du trad.*)

comme prémisses et abandonnerait tranquillement, à ceux qui l'écoutent, le soin de tirer la conclusion ; mais au contraire, il donne la conclusion et reste devoir les prémisses ; il compte sur la supposition dans l'esprit des auditeurs qu'il procède ainsi pour abréger seulement.

L'honneur bourgeois tire, il est vrai, son nom de la classe bourgeoise, mais son autorité s'étend sur toutes les classes indistinctement, sans en excepter même les plus élevées : nul ne peut s'en passer ; c'est une affaire des plus sérieuses, que l'on doit bien se garder de prendre à la légère. Quiconque viole la foi et la loi demeure à jamais un homme sans foi ni loi, quoi qu'il fasse et quoi qu'il puisse être ; les fruits amers que la perte de l'honneur apporte avec soi ne tarderont pas à se produire.

L'*honneur* a, dans un certain sens, un caractère *négatif*, par opposition à la *gloire* dont le caractère est *positif*, car l'honneur n'est pas cette opinion qui porte sur certaines qualités spéciales, n'appartenant qu'à un seul individu ; mais c'est celle qui porte sur des qualités d'ordinaire présupposées, que cet individu est tenu de posséder également. L'honneur se contente donc d'attester que ce sujet ne fait pas exception, tant que la gloire affirme qu'il en est une. La gloire doit donc s'acquérir ; l'honneur au contraire n'a besoin que de ne pas se perdre. Par conséquent absence de gloire, c'est de l'obscurité, du *négatif* ; absence d'honneur, c'est de la honte, du *positif*. Mais il ne faut pas confondre cette condition négative avec la passivité ; tout au contraire, l'honneur a un caractère tout actif. En effet, il procède uniquement de *son sujet* : il est fondé sur la *propre* conduite de celui-ci et non sur les actions d'autrui ou sur des faits extérieurs ; il est donc « των εφ'ημιν » (une qualité intérieure). Nous verrons bientôt que c'est là une marque distinctive entre le véritable honneur et l'honneur chevaleresque ou faux honneur. Du dehors, il n'y a d'attaque possible contre l'honneur que par la calomnie ; le seul moyen de défense, c'est une réfutation accompagnée de la publicité nécessaire pour démasquer le calomniateur.

Le respect que l'on accorde à l'âge semble reposer sur ce que l'honneur des jeunes gens, quoique admis par supposition, n'est pas encore mis à l'épreuve et par conséquent n'existe à proprement parler qu'à crédit, tandis que pour les hommes plus âgés on a pu constater dans le cours de leur vie si par leur conduite ils ont su garder leur honneur. Car ni les années par elles-mêmes,—les animaux atteignant eux aussi un âge avancé et souvent plus avancé que l'homme,—ni l'expérience non plus comme simple connaissance plus intime de la marche de ce monde, ne justifient suffisamment le respect des plus jeunes pour les plus âgés, respect que l'on exige pourtant universellement ; la simple faiblesse sénile donnerait droit au ménagement plutôt qu'à la considération. Il est remarquable néanmoins qu'il y a dans l'homme un certain respect inné, réellement instinctif, pour les cheveux blancs. Les rides, signe bien plus certain de la vieillesse, ne l'inspirent nullement. On n'a jamais fait mention de rides respectables ; l'on dit toujours : de vénérables cheveux blancs.

L'honneur n'a qu'une valeur indirecte. Car, ainsi que je l'ai développé au commencement de ce chapitre, l'opinion des autres à notre égard ne peut avoir de valeur pour nous qu'en tant qu'elle détermine ou peut déterminer éventuellement leur conduite envers nous. Il est vrai que c'est ce qui arrive toujours aussi longtemps que nous vivons avec les hommes ou parmi eux. En effet, comme dans l'état de civilisation c'est à la société seule que nous devons notre sûreté et notre avoir, comme en outre nous avons, dans toute entreprise, besoin des autres, et qu'il nous faut avoir leur confiance pour qu'ils entrent en relation avec nous, leur opinion sera d'un grand prix à nos yeux ; mais ce prix sera toujours indirect, et je ne saurais admettre qu'elle puisse avoir une valeur directe. C'est aussi l'avis de Cicéron (*Fin.*,

III, 17) : *De bona autem fama Chrysippus quidem et Diogenes, detracta utilitate, ne digitum quidem, ejus causa, porrigendum esse dicebant. Quibus ego vehementer assentior* (Quant à la bonne renommée, Chrysippe et Diogène disaient que, si l'on retranchait l'utilité qui en revient, elle ne vaudrait pas la peine qu'on remuât pour elle le bout du doigt, et pour moi je suis fort de leur sentiment). Helvetius aussi, dans son chef-d'œuvre *De l'esprit* (disc. III, chap. 13), développe longuement cette vérité et arrive à la conclusion suivante : *Nous n'aimons pas l'estime pour l'estime, mais uniquement pour les avantages qu'elle procure*. Or, le moyen ne pouvant valoir plus que la fin, cette maxime pompeuse : *L'honneur avant la vie*, ne sera jamais, comme nous l'avons déjà dit, qu'une hyperbole.

Voilà pour ce qui concerne l'honneur bourgeois.

* * * * *

L'honneur de la fonction, c'est l'opinion générale qu'un homme revêtu d'un emploi possède effectivement toutes les qualités requises et s'acquitte ponctuellement et en toutes circonstances des obligations de sa charge. Plus, dans l'État, la sphère d'action d'un homme est importante et étendue, plus le poste qu'il occupe est élevé et influent, et plus grande doit être aussi l'opinion que l'on a des qualités intellectuelles et morales qui l'en rendent digne ; par conséquent, le degré d'honneur qu'on lui accorde et qui se manifeste par des titres, par des décorations, etc., devra s'élever, et l'humilité dans la conduite des autres envers lui s'accentuer progressivement. C'est la position d'un homme qui détermine constamment, mesuré à la même échelle, le degré particulier d'honneur qui lui est dû ; ce degré peut néanmoins être modifié par la facilité plus ou moins grande des masses à comprendre l'importance de cette position. Mais on attribuera toujours plus d'honneur à celui qui a des obligations toutes spéciales à remplir, comme celles d'une fonction, par exemple, qu'au simple bourgeois dont l'honneur repose principalement sur des qualités négatives.

L'honneur de la fonction exige, en outre, que celui qui occupe une charge la fasse respecter, à cause de ses collègues et de ses successeurs ; pour y parvenir, il doit, comme nous l'avons dit, s'acquitter ponctuellement de ses devoirs ; mais, de plus, il ne doit laisser impunie aucune attaque contre le poste ou contre lui-même, en tant que fonctionnaire : il ne permettra donc jamais qu'on vienne dire qu'il ne remplit pas scrupuleusement les devoirs de sa fonction, ou que celle-ci n'est d'aucune utilité pour le pays ; il devra, au contraire, en faisant châtier le coupable par les tribunaux, prouver que ces attaques étaient injustes.

Comme sous-ordres de cet honneur, nous trouvons celui de l'employé, du médecin, de l'avocat, de tout professeur public, de tout gradué même, bref, de quiconque, en vertu d'une déclaration officielle, a été proclamé capable de quelque travail intellectuel et qui, par là même, s'est obligé à l'exécuter ; en un mot, l'honneur en cette qualité même de tous ceux que l'on peut comprendre sous la désignation d'*engagés publics*. Dans cette catégorie il faut donc mettre aussi le véritable *honneur militaire*, qui consiste en ce que tout homme qui s'est engagé à défendre la patrie commune possède réellement les qualités voulues, ainsi avant tout le courage, la bravoure et la force, et qu'il est résolument prêt à la défendre jusqu'à la mort et à n'abandonner à aucun prix le drapeau auquel il a prêté serment. J'ai donné ici à l'*honneur* de la fonction une signification très large, car, dans l'acception ordinaire, cette expression désigne le respect dû par les citoyens à la fonction elle-même.

* * * * *

L'*honneur sexuel* me semble demander à être examiné de plus près, et les principes en doivent être recherchés jusqu'à sa racine ; cela viendra confirmer en même temps que tout honneur repose, en définitive, sur des considérations d'utilité. Envisagé dans sa nature, l'honneur sexuel se divise en honneur des femmes et honneur des hommes, et constitue, des deux parts, un *esprit de corps* bien entendu. Le premier est de beaucoup le plus important des deux, car, dans la vie des femmes, le rapport sexuel est l'affaire principale. Ainsi donc, l'*honneur féminin* est, quand on parle d'une fille, l'opinion générale qu'elle ne s'est donnée à aucun homme, et, pour une femme mariée, qu'elle ne s'est donnée qu'à celui auquel elle est unie par mariage.

L'importance de cette opinion se fonde sur les considérations suivantes. Le sexe féminin réclame et attend du sexe masculin absolument tout, tout ce qu'il désire et tout ce qui lui est nécessaire ; le sexe masculin ne demande à l'autre, avant tout et directement, qu'une unique chose. Il a donc fallu s'arranger de telle façon que le sexe masculin ne pût obtenir cette unique chose qu'à la charge de prendre soin de tout, et par-dessus le marché aussi des enfants à naître ; c'est sur cet arrangement que repose le bien-être de tout le sexe féminin. Pour que l'arrangement puisse s'exécuter, il faut nécessairement que toutes les femmes tiennent ferme ensemble et montrent de l'*esprit de corps*. Elles se présentent alors comme un seul tout, en rangs serrés, devant la masse entière du sexe masculin, comme devant un ennemi commun qui, ayant, de par la nature et en vertu de la prépondérance de ses forces physiques et intellectuelles, la possession de tous les biens terrestres, doit être vaincu et conquis, afin d'arriver, par sa possession, à posséder en même temps les biens terrestres. Dans ce but, la maxime d'honneur de tout le sexe féminin est que toute cohabitation en dehors du mariage sera absolument interdite aux hommes, afin que chacun de ceux-ci soit contraint au mariage comme à une espèce de capitulation et qu'ainsi toutes les femmes soient pourvues. Ce résultat ne peut être obtenu en entier que par l'observation rigoureuse de la maxime ci-dessus ; aussi le sexe féminin tout entier veille-t-il avec un véritable « esprit de corps » à ce que tous ses membres l'exécutent fidèlement. En conséquence, toute fille qui, par le concubinage, se rend coupable de trahison envers son sexe, est repoussée par le corps entier et notée d'infamie, car le bien-être de la communauté péricliterait si le procédé se généralisait ; on dit alors : Elle a perdu son honneur. Aucune femme ne doit plus la fréquenter ; on l'évite comme une pestiférée. Le même sort attend la femme adultère, parce qu'elle a violé la capitulation consentie par le mari, et qu'un tel exemple rebute les hommes de conclure de ces conventions, alors que cependant le salut de toutes les femmes en dépend. Mais, de plus, comme une pareille action comprend une tromperie et un grossier manquement de parole, la femme adultère perd non seulement l'honneur sexuel, mais encore l'honneur bourgeois. C'est pourquoi l'on peut bien dire, comme pour l'excuser : « une fille tombée » ; on ne dira jamais : « une femme tombée » ; le séducteur peut rendre l'honneur à la première par le mariage, mais jamais l'adultère à sa complice, après divorce. Après cet exposé si clair, on reconnaîtra que la base du principe de l'honneur féminin est un « esprit de corps » salutaire, nécessaire même, mais néanmoins bien calculé et fondé sur l'intérêt ; on pourra bien lui attribuer la plus haute importance dans la vie de la femme, on pourra lui accorder une grande valeur relative, mais jamais une valeur absolue, dépassant celle de la vie avec ses destinées ; on n'admettra jamais, non plus, que cette valeur aille jusqu'à devoir être payée au prix même de l'existence. On ne pourra donc approuver ni Lucrèce ni Virginius, avec leur exaltation dégénérant en farces tragiques. La péripétie, dans le drame d'Emilia Galotti,[12] pour la même raison a quelque chose de tellement révoltant que l'on sort du spectacle, tout à fait mal disposé. En revanche, et en dépit de l'honneur sexuel, on ne peut s'empêcher de

---

[12] De W. Lessing. (*Note du trad.*)

sympathiser avec *la Clärchen* dans *Egmont*. Cette façon de pousser à l'extrême le principe de l'honneur féminin appartient, comme tant d'autres, à l'oubli de la fin pour les moyens ; on attribue à l'honneur sexuel, par de telles exagérations, une valeur absolue, alors que, plus que tout autre honneur, il n'en a qu'une relative ; on est même porté à dire qu'elle est purement conventionnelle quand on lit Thomasius, « *De concubinatu* » ; on y voit que, jusqu'à la réformation de Luther, dans presque tous les pays et de tout temps, le concubinage a été un état permis et reconnu par la loi, et où la concubine ne cessait pas d'être honorable : sans parler de la Mylitta de Babylone (voy. Hérodote, I, 199), etc. Il est aussi telles convenances sociales qui rendent impossible la formalité extérieure du mariage, surtout dans les pays catholiques où le divorce n'existe pas ; mais, dans tous les pays, cet obstacle existe pour les souverains ; à mon avis cependant, entretenir une maîtresse est, de leur part, une action bien plus morale qu'un mariage morganatique ; les enfants issus de semblables unions peuvent élever des prétentions dans le cas où la descendance légitime viendrait à s'éteindre, d'où résulte la possibilité, bien que très éloignée, d'une guerre civile. Au surplus, le mariage morganatique, c'est-à-dire conclu en dépit de toutes les convenances extérieures, est, en définitive, une concession faite aux femmes et aux prêtres, deux classes auxquelles il faut se garder, autant qu'on le peut, de concéder quelque chose. Considérons encore que tout homme, dans son pays, peut épouser la femme de son choix ; il en est un seul à qui ce droit naturel est ravi ; ce pauvre homme, c'est le souverain. Sa main appartient au pays ; on ne l'accorde qu'en vue de la raison d'État, c'est-à-dire de l'intérêt de la nation. Et cependant ce prince est homme ; il aimerait aussi à suivre une fois le penchant de son cœur. Il est injuste et ingrat autant que bourgeoisement vulgaire de défendre ou de reprocher au souverain de vivre avec sa maîtresse, bien entendu aussi longtemps qu'il ne lui accorde aucune influence sur les affaires. De son côté aussi, cette maîtresse, par rapport à l'honneur sexuel, est pour ainsi dire une femme exceptionnelle, en dehors de la règle commune ; elle ne s'est donnée qu'à un seul homme ; elle l'aime, elle en est aimée, et il ne pourra jamais la prendre pour femme. Ce qui prouve surtout que le principe de l'honneur féminin n'a pas une origine purement naturelle, ce sont les nombreux et sanglants sacrifices qu'on lui apporte par l'infanticide et par le suicide des mères. Une fille qui se donne illégitimement viole, il est vrai, sa foi envers son sexe entier ; mais cette foi n'a été qu'acceptée tacitement, elle n'a pas été jurée. Et comme, dans la plupart des cas, c'est son propre intérêt qui en souffre le plus directement, sa folie est alors infiniment plus grande que sa dépravation.

L'honneur sexuel des hommes est provoqué par celui des femmes, à titre d'esprit de corps opposé ; tout homme qui se soumet au mariage, c'est-à-dire à cette capitulation si avantageuse pour la partie adverse, contracte l'obligation de veiller désormais à ce qu'on respecte la capitulation, afin que ce pacte lui-même ne vienne à perdre de sa solidité si l'on prenait l'habitude de ne le garder que négligemment ; il ne faut pas que les hommes, après avoir tout livré, arrivent à ne pas même être assurés de l'unique chose qu'ils ont stipulée en retour ; savoir la possession exclusive de l'épouse. L'honneur du mari exige alors qu'il venge l'adultère de sa femme, et le punisse au moins par la séparation. S'il le supporte, bien qu'il en ait connaissance, la communauté masculine le couvre de honte ; mais celle-ci n'est, à beaucoup près, pas aussi pénétrante que celle de la femme qui a perdu son honneur sexuel. Elle est, tout au plus, une *levioris notæ macula* (une souillure de moindre importance), car les relations sexuelles sont une affaire secondaire pour l'homme, vu la multiplicité et l'importance de ses autres relations. Les deux grands poètes dramatiques des temps modernes ont chacun pris deux fois pour sujet cet honneur masculin : Shakespeare dans *Othello* et le *Conte d'une nuit d'hiver* et Calderon dans *El medico de su honora* (Le médecin de son honneur) et dans *A secreto agravio secreta venganza* (À outrage secret, secrète vengeance). Du reste, cet honneur ne demande que le châtiment de la femme et non celui de l'amant ; la punition de ce dernier n'est que *opus supererogationis* (par-dessus le marché) ce qui confirme bien que son origine est dans « l'esprit *de corps* » des maris.

L'honneur, tel que je l'ai considéré jusqu'ici dans ses genres et dans ses principes, se trouve régner généralement chez tous les peuples et à toutes les époques, quoiqu'on puisse découvrir quelques modifications locales et temporaires des principes de l'honneur féminin. Mais il existe un genre d'honneur entièrement différent de celui qui a cours généralement et partout, dont ni les Grecs ni les Romains n'avaient la moindre idée, pas plus que les Chinois, les Hindous ni les mahométans jusqu'aujourd'hui encore. En effet, il est né au moyen âge et ne s'est acclimaté que dans l'Europe chrétienne ; ici même, il n'a pénétré que dans une fraction minime de la population, savoir, parmi les classes supérieures de la société et parmi leurs émules. C'est l'*honneur chevaleresque* ou le *point d'honneur*. Sa base diffère totalement de celle de l'honneur dont nous avons traité jusqu'ici ; sur quelques points, elle en est même l'opposé, puisque l'un fait l'*homme honorable*, et l'autre, par contre, l'*homme d'honneur*. Je vais donc exposer ici, séparément, leurs principes, sous forme de code ou miroir de l'honneur chevaleresque.

1° L'honneur ne consiste pas dans l'opinion d'autrui sur notre mérite, mais uniquement dans les *manifestations* de cette opinion ; peu importe que l'opinion manifestée existe réellement ou non, et encore moins qu'elle soit, ou non, fondée. Par conséquent, le monde peut avoir la pire opinion sur notre compte à cause de notre conduite ; il peut nous mépriser tant que bon lui semble ; cela ne nuit en rien à notre honneur, aussi longtemps que personne ne se permet de le dire à haute voix. Mais, à l'inverse, si même nos qualités et nos actions forçaient tout le monde à nous estimer hautement (car cela ne dépend pas de son libre arbitre), il suffira d'un seul individu—fût-ce le plus méchant ou le plus bête—qui énonce son dédain à notre égard, et voilà du coup notre honneur endommagé, perdu même à jamais, si nous ne le réparons. Un fait qui démontre surabondamment qu'il ne s'agit nullement de l'opinion elle-même, mais uniquement de sa manifestation extérieure, c'est que les paroles offensantes peuvent être retirées, qu'au besoin on peut en demander le pardon, et alors elles sont comme si elles n'avaient jamais été prononcées ; la question de savoir si l'opinion qui les avait provoquées a changé en même temps et pourquoi elle se serait modifiée ne fait rien à l'affaire ; on n'annule que la manifestation, et alors tout est en règle. Le résultat que l'on a en vue n'est donc pas de mériter le respect, mais de l'extorquer.

2° L'honneur d'un homme ne dépend pas de *ce qu'il fait*, mais de *ce qu'on lui fait*, de ce qui lui arrive. Nous avons étudié plus haut l'honneur qui règne partout ; ses principes nous ont démontré qu'il dépend exclusivement de ce qu'un homme dit ou fait lui-même ; en revanche, l'honneur chevaleresque résulte de ce qu'un autre dit ou fait. Il est donc placé dans la main, ou simplement suspendu au bout de la langue du premier venu : pour peu que celui-ci y porte la main, l'honneur est, à tout instant, en danger de se perdre pour toujours, à moins que l'offensé ne le reprenne par la violence. Nous parlerons tout à l'heure des formalités à accomplir pour le remettre en place. Toutefois cette procédure ne peut être suivie qu'au péril de la vie, de la liberté, de la fortune et du repos de l'âme. La conduite d'un homme fût-elle la plus honorable et la plus noble, son âme la plus pure et sa tête la plus éminente, tout cela n'empêchera pas que son honneur ne puisse être perdu, sitôt qu'il plaira à un individu quelconque de l'injurier ; et, sous la seule réserve de n'avoir pas encore violé les préceptes de l'honneur en question, cet individu pourra être le plus vil coquin, la brute la plus stupide, un fainéant, un joueur, un homme perdu de dettes, bref un être qui n'est pas digne que l'autre le regarde. C'est même d'ordinaire à une créature de cette espèce qu'il plaira d'insulter, car Sénèque (*De constantia*, 11) ajustement observé que « ut quisque contemptissimus et ludibrio est, ita solutissimæ linguæ est » (Plus un homme est méprisé, plus il sert de jouet, plus sa langue est sans frein) ; et c'est contre l'homme éminent que nous avons décrit plus haut qu'un être vil s'acharnera de préférence, parce que les contraires se haïssent et que l'aspect de qualités supérieures éveille habituellement une sourde rage dans l'âme des misérables ; c'est pourquoi Gœthe dit :

Was Klagst du über Feinde ? Sollten Solche je worden Freunde, Denen das Wesen, wie du bist, Im Stillen ein ewiger Vorwurf ist ?

(Pourquoi te plaindre de tes ennemis ? Pourraient-ils jamais être tes amis, des hommes pour lesquels une nature comme la tienne est, en secret, un reproche éternel ?)— (Trad. Porchat, vol. I, p. 564.)

On voit combien les gens de cette espèce doivent de reconnaissance au principe de l'honneur qui les met de niveau avec ceux qui leur sont supérieurs à tous égards. Qu'un pareil individu lance une injure, c'est-à-dire attribue à l'autre quelque vilaine qualité ; si celui-ci n'efface pas bien vite l'insulte avec du sang, elle passera, provisoirement, pour un jugement objectivement vrai et fondé, pour un décret ayant force de loi ; l'affirmation pourra même rester à jamais vraie et valable. En d'autres termes, l'insulté reste (aux yeux de tous les « hommes d'honneur ») ce que l'insulteur (fût-il le dernier des hommes) a dit qu'il était, car il a « empoché l'affront » (c'est là le « terminus technicus »). Dès lors, les « hommes d'honneur » le mépriseront profondément ; ils le fuiront comme s'il avait la peste ; ils refuseront, par exemple, hautement et publiquement d'aller dans une société où on le reçoit, etc. Je crois pouvoir avec certitude faire remonter au moyen âge l'origine de ce louable sentiment. En effet, C. W. de Wachter (vid. *Beiträge zur deutschen Geschichte, besonders des deutschen Strafrechts*, 1845) nous apprend que jusqu'au XVe siècle, dans les procès criminels, ce n'était pas au dénonciateur à prouver la culpabilité, c'était au dénoncé à prouver son innocence. Cette preuve pouvait se faire par le serment de purgation, pour lequel il lui fallait des assistants (*consacramentales*) qui jurassent être convaincus qu'il était incapable d'un parjure. S'il ne pouvait pas trouver d'assistants, ou si l'accusateur les récusait, alors intervenait le jugement de Dieu, qui consistait d'ordinaire dans le duel. Car le « dénoncé » devenait alors un « insulté » et devait se purger de l'insulte. Voilà donc l'origine de cette notion de « l'insulte » et de toute cette procédure telle qu'elle est pratiquée encore aujourd'hui parmi les « hommes d'honneur », sauf le serment.

Cela nous explique aussi la profonde indignation obligée qui saisit les « hommes d'honneur » quand ils s'entendent accuser de mensonge, ainsi que la vengeance sanglante qu'ils en tirent ; ce qui semble d'autant plus étrange que le mensonge est une chose de tous les jours. En Angleterre surtout, le fait s'est élevé à la hauteur d'une superstition profondément enracinée (quiconque menace de mort celui qui l'accuse de mensonge devrait, en réalité, n'avoir jamais menti de sa vie). Dans ces procès criminels du moyen âge, il y avait une procédure plus sommaire encore ; elle consistait en ce que l'accusé répliquait à l'accusateur : « Tu en as menti ; » après quoi, on en appelait immédiatement au jugement de Dieu : de là dérive, dans le code de l'honneur chevaleresque, l'obligation d'avoir sur l'heure à en appeler aux armes, quand on vous a adressé le reproche d'avoir menti. Voilà pour ce qui concerne l'injure. Mais il existe quelque chose de pire que l'injure, quelque chose de tellement horrible que je dois demander pardon aux « hommes d'honneur » d'oser seulement le mentionner dans ce code de l'honneur chevaleresque ; je n'ignore pas que, rien que d'y penser, ils auront la chair de poule, et que leurs cheveux se dresseront sur leurs têtes, car cette chose est le *Summum malum*, de tous les maux le plus grand sur terre, plus redoutable que la mort et la damnation. Il peut arriver, en effet, *horribile dictu*, il peut arriver qu'un individu applique à un autre une claque ou un coup. C'est là une épouvantable catastrophe ; elle amène une mort si complète de l'honneur que, si l'on peut à la rigueur guérir par de simples saignées toutes les autres lésions de l'honneur, celle-ci, pour sa guérison radicale, exige que l'on tue complètement.

3° L'honneur ne s'inquiète pas de ce que peut être l'homme en soi et par soi, ni de la question de savoir si la condition morale d'un être ne peut pas se modifier quelque jour, et autres semblables pédanteries d'école. Lorsque l'honneur a été endommagé ou perdu pour un moment, il peut être promptement et entièrement rétabli, mais à la condition qu'on s'y prenne au plus vite ; cette unique panacée, c'est le duel. Si, toutefois, l'auteur du dommage n'appartient pas aux classes sociales qui professent le code de l'honneur chevaleresque, ou s'il a violé ce code en quelque occasion, il y a, surtout quand le dommage a été causé par des voies de fait, mais alors même qu'il ne l'a été que par des paroles, il y a, disons-nous, une opération infaillible à entreprendre : c'est, si l'on est armé, de lui passer sur-le-champ ou encore, à la rigueur, une heure après, son arme au travers du corps ; de cette façon, l'honneur est rétabli. Mais parfois l'on veut éviter cette opération, parce que l'on appréhende les désagréments qui en pourraient résulter ; alors si l'on n'est pas bien sûr que l'offenseur se soumette aux lois de l'honneur chevaleresque, on a recours à un remède palliatif qui s'appelle l'*avantage*. Celui-ci consiste, lorsque l'adversaire a été grossier, à l'être notablement plus que lui ; si pour cela les injures ne suffisent pas, on a recours aux coups : et même ici il y a encore un *climax*, une gradation dans le traitement de l'honneur : on guérit les soufflets par des coups de bâton, ceux-ci par des coups de fouet de chasse ; contre ces derniers mêmes, il y a des gens qui recommandent, comme d'une efficacité éprouvée, de cracher au visage. Mais, dans le cas où l'on n'arrive pas à temps avec ces remèdes-là, il faut sans faute procéder aux opérations sanglantes. Cette méthode de traitement palliatif se base, au fond, sur la maxime suivante :

4° De même qu'être insulté est une honte, de même insulter est un honneur. Ainsi, que la vérité, le droit et la raison soient du côté de mon adversaire, mais que je l'injurie ; aussitôt il n'a plus qu'à aller au diable avec tous ses mérites ; le droit et l'honneur sont de mon côté, et lui, par contre, a provisoirement perdu l'honneur, jusqu'à ce qu'il le rétablisse ; par le droit et la raison, croyez-vous ? non pas, par le pistolet ou l'épée. Donc, au point de vue de l'honneur, la grossièreté est une qualité qui supplée ou domine toutes les autres ; le plus grossier a toujours raison : *quid multa ?* Quelque bêtise, quelque inconvenance, quelque infamie qu'on ait pu commettre, une grossièreté leur enlève ce caractère et les légitime séance tenante. Que dans une discussion, ou dans une simple conversation, un autre déploie une connaissance plus exacte de la question, un amour plus sévère de la vérité, un jugement plus sain, plus de raison, en un mot qu'il mette en lumière des mérites intellectuels qui nous mettent dans l'ombre, nous n'en pouvons pas moins effacer d'un coup toutes ces supériorités, voiler notre indigence d'esprit et être supérieur à notre tour en devenant grossier et offensant. Car une grossièreté terrasse tout argument et éclipse tout esprit. Si donc notre adversaire ne se met pas aussi de la partie et ne réplique pas par une grossièreté encore plus grande, auquel cas nous en arrivons au noble assaut pour *l'avantage*, c'est nous qui sommes victorieux, et l'honneur est de notre côté : vérité, instruction, jugement, intelligence, esprit, tout cela doit plier bagage et fuir devant la divine grossièreté. Aussi les « hommes d'honneur », dès que quelqu'un émet une opinion différente de la leur ou déploie plus de raison qu'ils n'en peuvent mettre en campagne, feront-ils mine immédiatement d'enfourcher ce cheval de combat ; lorsque, dans une controverse, ils manquent d'arguments à vous opposer, ils chercheront quelque grossièreté, ce qui fait le même office et est plus facile à trouver : après quoi ils s'en vont triomphants. Après ce que nous venons d'exposer, n'a-t-on pas raison de dire que le principe de l'honneur ennoblit le ton de la société ?

La maxime dont nous venons de nous occuper repose à son tour sur la suivante, qui est à proprement dire le fondement et l'âme du présent code.

5° La cour suprême de justice, celle devant laquelle, dans tous les différends touchant l'honneur, on peut en appeler de toute autre instance, c'est la force physique, c'est-à-dire l'animalité. Car toute grossièreté est à vrai dire un appel à l'animalité, en ce sens qu'elle prononce l'incompétence de la lutte des forces intellectuelles ou du droit moral, et qu'elle la remplace par celle des forces physiques ; dans l'espèce *homme*, que Franklin définit *a toolmaking animal* (un animal qui confectionne des outils), cette lutte s'effectue par le duel, au moyen d'armes spécialement confectionnées dans ce but, et elle amène une décision sans appel. Cette maxime fondamentale est désignée, comme on sait, par l'expression *droit de la force*, qui implique une ironie, comme en allemand le mot *Aberwitz* (absurdité), qui indique une espèce de « Witz » (esprit) qui est loin d'être du « Witz » ; dans ce même ordre d'idées, l'honneur chevaleresque devrait s'appeler l'*honneur de la force*.

6° En traitant de l'*honneur bourgeois*, nous l'avons trouvé très scrupuleux sur les chapitres du tien et du mien, des obligations contractées et de la parole donnée ; en revanche, le présent code professe sur tous ces points les principes les plus noblement libéraux. En effet, il est une *seule parole* à laquelle on ne doit pas manquer : c'est la « parole d'honneur », c'est-à-dire la parole après laquelle on a dit : « sur l'honneur, » d'où résulte la présomption que l'on peut manquer à toute autre parole. Mais dans le cas même où l'on aurait violé sa parole d'honneur, l'honneur peut au besoin être sauvé au moyen de la panacée en question, le duel : nous sommes tenus de nous battre avec ceux qui soutiennent que nous avons donné notre parole d'honneur. En outre, il n'existe qu'*une seule dette* qu'il faille payer sans faute : c'est la dette de jeu, qui, pour ce motif, s'appelle « une dette d'honneur ». Quant aux autres dettes, on en flouerait juifs et chrétiens, que cela ne nuirait en rien à l'honneur chevaleresque.[13]

---

[13] Un manuscrit de Schopenhauer, intitulé *Adversaria*, contient le premier projet de cette dissertation, sous le titre : *Esquisse d'une dissertation sur l'honneur*. L'éloquence et l'élévation de pensées et de sentiment m'ont engagé à donner ici la traduction de ce passage :
« Voilà donc ce code ! Et voilà l'effet étrange et grotesque que produisent, quand on les ramène à des notions précises et qu'on les énonce clairement, ces principes auxquels obéissent aujourd'hui encore, dans l'Europe chrétienne, tous ceux qui appartiennent à la soi-disant bonne société et au soi-disant bon ton. Il en est même beaucoup de ceux à qui ces principes ont été inoculés dès leur tendre jeunesse, par la parole et par l'exemple, qui y croient plus fermement encore qu'à leur catéchisme ; qui leur portent la vénération la plus profonde et la plus sincère ; qui sont prêts, à tout moment, à leur sacrifier leur bonheur, leur repos, leur santé et leur vie ; qui sont convaincus que leur racine est dans la nature humaine, qu'ils sont innés, qu'ils existent *a priori* et sont placés au-dessus de tout examen. Je suis loin de vouloir porter atteinte à leur cœur ; mais je dois déclarer que cela ne témoigne pas en faveur de leur intelligence. Ainsi ces principes devraient-ils, moins qu'à toute autre, convenir à cette classe sociale destinée à représenter l'intelligence, à devenir le « sel de la terre », et qui se prépare en conséquence pour cette haute mission ; je veux parler de la jeunesse académique, qui, en Allemagne, hélas ! obéit à ces préceptes plus que toute autre classe. Je ne viens pas appeler ici l'attention des jeunes étudiants sur les conséquences funestes ou immorales de ces maximes ; on doit l'avoir déjà souvent fait. Je me bornerai donc à leur dire ce qui suit : Vous, dont la jeunesse a été nourrie de la langue et de la sagesse de l'Hellade et du Latium, vous, dont on a eu le soin inappréciable d'éclairer de bonne heure la jeune intelligence des rayons lumineux émanés des sages et des nobles de la belle antiquité, quoi, c'est vous qui voulez débuter dans la vie en prenant pour règle de conduite ce code de la déraison et de la brutalité ? Voyez-le, ce code, quand on le ramène, ainsi que je l'ai fait ici, à des notions claires, comme il est étendu, là, à vos yeux, dans sa pitoyable nullité ; faites-

Tout esprit de bonne foi reconnaîtra à première vue que ce code étrange, barbare et ridicule de l'honneur ne saurait avoir sa source dans l'essence de la nature humaine ou dans une manière sensée d'envisager les rapports des hommes entre eux. C'est ce que confirme aussi le domaine très limité de son autorité : ce domaine, qui ne date que du moyen âge, se borne à l'Europe, et ici même il n'embrasse que la noblesse, la classe militaire et leurs émules. Car ni les Grecs, ni les Romains, ni les populations éminemment civilisées de l'Asie, dans l'antiquité pas plus que dans les temps modernes, n'ont su et ne savent le premier mot de cet honneur-là et de ses principes. Tous ces peuples ne connaissent que ce que nous avons appelé l'honneur bourgeois. Chez eux, l'homme n'a d'autre valeur que celle que lui donne sa conduite entière, et non celle que lui donne ce qu'il plaît à une mauvaise langue de dire sur son compte. Chez tous ces peuples, ce que dit ou fait un individu peut bien anéantir *son propre* honneur, mais jamais celui d'un autre. Un coup, chez tous ces peuples, n'est pas autre chose qu'un coup, tel que tout cheval ou tout âne en peut appliquer, et de plus dangereux encore : un coup pourra, à l'occasion, éveiller la colère ou porter à s'en venger sur l'heure, mais il n'a rien de commun arec l'honneur. Ces nations ne tiennent pas des livres où l'on passe en compte les coups ou les injures, ainsi que les *satisfactions* que l'on a eu soin, ou qu'on a négligé d'en tirer. Pour la bravoure et le mépris de la vie, elles ne le cèdent en rien à celles de l'Europe chrétienne. Les Grecs et les Romains étaient certes des héros accomplis, mais ils

---

en la pierre de touche, non de votre cœur, mais de votre raison. Si celle-ci ne le rejette pas, alors votre tête n'en pas apte à cultiver un champ où les qualités indispensables sont une force énergique de jugement qui rompe facilement les liens du préjugé, et une raison clairvoyante qui sache distinguer nettement le vrai du faux là même où la différence est profondément cachée et non pas, comme ici, où elle est palpable ; s'il en est ainsi, mes bons amis, cherchez quelque autre moyen honnête de vous tirer d'affaire dans le monde, faites-vous soldats, ou apprenez quelque métier, car tout métier est d'or. »

ignoraient entièrement le « point d'honneur ». Le duel n'était pas chez eux l'affaire des classes nobles, mais celle de vils gladiateurs, d'esclaves abandonnés et de criminels condamnés, que l'on excitait à se battre, en les faisant alterner avec des bêtes féroces, pour l'amusement du peuple. À l'introduction du christianisme, les jeux de gladiateurs furent abolis, mais à leur place et en plein christianisme on a institué le duel par l'intermédiaire du jugement de Dieu. Si les premiers étaient un sacrifice cruel offert à la curiosité publique, le duel en est un tout aussi cruel, au préjugé général, sacrifice où l'on n'immole pas des criminels, des esclaves ou des prisonniers, mais des hommes libres et des nobles.

Une foule de traits que l'histoire nous a conservés prouvent que les anciens ignoraient absolument ce préjugé. Lorsque, par exemple, un chef teuton provoqua Marius en duel, ce héros lui fit répondre que, « s'il était las de la vie, il n'avait qu'à se pendre », lui proposant toutefois un gladiateur émérite avec lequel il pourrait batailler à son aise (Freinsh., *Suppl.* in Liv., l. LXVIII, c. 12). Nous lisons dans Plutarque (*Thèm.*, 11) qu'Eurybiade, commandant de la flotte, dans une discussion avec Thémistocle, aurait levé la canne pour le frapper ; nous ne voyons pas que celui-ci ait tiré son épée, mais qu'il dit : « Πατα ξον μεν ουν, αχουσον δε » (Frappe, mais écoute). Quelle indignation le lecteur « homme d'honneur » ne doit-il pas éprouver en ne trouvant pas dans Plutarque la mention que le corps des officiers athéniens aurait immédiatement déclaré ne plus vouloir servir sous ce Thémistocle ! Aussi un écrivain français de nos jours dit-il avec raison : « Si quelqu'un s'avisait de dire que Démosthène fut un homme d'honneur, on sourirait de pitié... Cicéron n'était pas un homme d'honneur non plus » (*Soirées littéraires*, par C. Durand, Rouen, 1828, vol. II, p. 300). De plus, le passage de Platon (*De leg.*, IX, les 6 dernières pages, ainsi que XI, p. 131, édit. Bipont) sur les αιχια, c'est-à-dire les voies de fait, prouve assez qu'en cette matière les anciens ne soupçonnaient même pas ce sentiment du point d'honneur chevaleresque. Socrate, à la suite de ses nombreuses disputes, a été souvent en butte à des coups, ce qu'il supportait avec calme ; un jour, ayant reçu un coup de pied, il l'accepta sans se fâcher et dit à quelqu'un qui s'en étonnait : « Si un âne m'avait frappé, irais-je porter plainte ? » (Diog. Laërce, II, 21.) Une autre fois, comme quelqu'un lui disait : « Cet homme vous invective ; ne vous injurie-t-il pas ? » il lui répondit : « Non, car ce qu'il dit ne s'applique pas à moi. » (*Ibid.*, 36.)—Stobée (*Florileg.*, éd. Gaisford, vol. I, p. 327-330) nous a conservé un long passage de Musonius qui permet de se rendre compte de la manière dont les anciens envisageaient les injures : ils ne connaissaient d'autre satisfaction à obtenir que par la voie des tribunaux, et les sages dédaignaient même celle-ci. On peut voir dans le *Gorgias* de Platon (p. 86, éd. Bip.) qu'en effet c'était là l'unique réparation exigée pour un soufflet ; nous y trouvons aussi (p. 133) rapportée l'opinion de Socrate. Cela ressort encore de ce que raconte Aulu-Gelle (XX, 1) d'un certain Lucius Veratius qui s'amusait, par espièglerie et sans motif aucun, à donner un soufflet aux citoyens romains qu'il rencontrait dans la rue ; pour éviter de longues formalités, il se faisait accompagner, à cet effet, d'un esclave porteur d'un sac de monnaie de cuivre et chargé de payer, séance tenante, au passant étonné l'amende légale de 25 as. Cratès, le célèbre philosophe cynique, avait reçu du musicien Nicodrome un si vigoureux soufflet que son visage en était tuméfié et ecchymosé ; alors il s'attacha au front une planchette avec cette inscription :

« Νιχοδρομος εποιει » (Nicodrome a fait cela), ce qui couvrit ce joueur de flûte d'une honte extrême pour s'être livré à une pareille brutalité (D. Laërce, VI, 89) contre un homme que tout Athènes révérait à l'égal d'un dieu-lare (Apul., *Flor.*, p. 126, éd. Bip.). Nous avons, à ce sujet, une lettre de Diogène de Sinope, adressée à Mélesippe, dans laquelle, après lui avoir raconté qu'il a été battu par des

Athéniens ivres, il ajoute que cela ne lui fait absolument rien (Nota Casaub. ad D. Laërte, VI, 33). Sénèque, dans le livre *De constantia sapientis*, depuis le chapitre X et jusqu'à la fin, traite en détail de *contumelia* (de l'outrage), pour établir que le sage le méprise. Au chapitre XIV, il dit : « *At sapiens colaphis percussus, quid faciet ? Quod Cato, cum illi os percussum esset : non excanduit, non vindicavit injuriam : nec remisit quidem, sed factam negavit* » (Mais le sage qui reçoit un soufflet, que fera-t-il ? Ce que fit Caton quand il fut frappé au visage ; il ne prit pas feu, il ne vengea pas son injure, il ne la pardonna même pas, mais il nia qu'elle eût été commise).

« Oui, vous écriez-vous, mais c'étaient des sages ! » Et vous, vous êtes des fous ?—D'accord.

Nous voyons donc que tout ce principe de l'honneur chevaleresque était inconnu aux anciens précisément parce qu'ils envisageaient, de tout point, les choses sous leur aspect naturel, sans préventions et sans se laisser berner par de sinistres et impies sornettes de ce genre. Aussi, dans un coup au visage, ne voyaient-ils rien autre que ce qu'il est en réalité, un petit préjudice physique, tandis que pour les modernes il est une catastrophe et un thème à tragédies, comme, par exemple, dans le *Cid* de Corneille et dans un drame allemand plus récent, intitulé *La force des circonstances*, mais qui devrait s'appeler plutôt *La force du préjugé*. Mais si, un jour, un soufflet est donné dans l'Assemblée nationale à Paris, alors l'Europe entière en retentit. Les réminiscences classiques ainsi que les exemples de l'antiquité, rapportés plus haut, doivent avoir tout à fait mal disposé les « hommes d'honneur » ; nous leur recommandons, comme antidote, de lire dans *Jacques le Fataliste*, ce chef-d'œuvre de Diderot, l'histoire de *Monsieur Desglands* ;[14] ils y trouveront un type

---

[14] Voici comment Schopenhauer résume cette histoire :

hors ligne d'honneur chevaleresque moderne qui pourra les délecter et les édifier à plaisir.

De tout ce qui précède, il résulte des preuves suffisantes que le principe de l'honneur chevaleresque n'est pas un principe primitif, basé sur la nature propre de l'homme ; il est artificiel, et son origine est facile à découvrir. C'est l'enfant de ces siècles où les poings étaient plus exercés que les têtes, et où les prêtres tenaient la raison enchaînée, de ce moyen âge enfin tant vanté, et de sa chevalerie. En ce temps, en effet, le bon Dieu n'avait pas la seule mission de veiller sur nous ; il devait aussi juger pour nous. Aussi les causes judiciaires délicates se décidaient par *Ordalies* ou *jugements de Dieu*, qui consistaient, à peu d'exceptions près, dans les combats singuliers, non seulement entre chevaliers, mais même entre bourgeois, ainsi que le prouve un joli passage dans le *Henry VI* de Shakespeare (2e partie, acte 2, sc. 3). Le combat singulier ou jugement de Dieu était une instance supérieure à laquelle on pouvait en appeler de toute sentence judiciaire. De cette façon, au lieu de la raison, c'était la force et l'adresse physiques, autrement dit la nature animale, que l'on érigeait en tribunal, et ce n'était pas ce qu'un homme avait fait, mais ce qui lui était arrivé, qui

---

« Deux hommes d'honneur, dont l'un s'appelait Desglands, courtisaient la même femme : ils sont assis à table à côté l'un de l'autre et vis-à-vis de la dame, dont Desglands cherche à fixer l'attention par les discours les plus animés ; pendant ce temps, les yeux de la personne aimée cherchent constamment le rival de Desglands, et elle ne lui prête à lui-même qu'une oreille distraite. La jalousie provoque chez Desglands, qui tient à la main un œuf à la coque, une contraction spasmodique ; l'œuf éclate, et son contenu jaillit au visage du rival. Celui-ci fait un geste de la main ; mais Desglands la saisit et lui dit à l'oreille : « Je le tiens pour reçu. » Il se fait un profond silence. Le lendemain Desglands paraît la joue droite couverte d'un grand rond de taffetas noir. Le duel eut lieu, et le rival de Desglands fut grièvement, mais non mortellement blessé. Desglands diminua alors son taffetas noir de quelques lignes. Après guérison du rival, second duel ; Desglands le saigna de nouveau et rétrécit encore son emplâtre. Ainsi cinq à six fois de suite : après chaque duel, Desglands diminuait le rond de taffetas, jusqu'à la mort du rival. »

décidait s'il avait tort ou raison, exactement comme procède le principe d'honneur chevaleresque aujourd'hui encore en vigueur. Si l'on conservait encore des doutes sur cette origine du duel et de ses formalités, on n'aurait, pour les lever entièrement, qu'à lire l'excellent ouvrage de J.-G. Mellingen, *The history of duelling*, 1849. De nos jours encore, parmi les gens qui règlent leur vie sur ces préceptes,—on sait que, d'ordinaire, ce ne sont précisément ni les plus instruits ni les plus raisonnables,—il en est pour qui l'issue du duel représente effectivement la sentence divine dans le différend qui a amené le combat ; c'est là évidemment une opinion née d'une longue transmission héréditaire et traditionnelle.

Abstraction faite de son origine, le principe d'honneur chevaleresque a pour but immédiat de se faire accorder, par la menace de la force physique, les témoignages extérieurs de l'estime que l'on croit trop difficile ou superflu d'acquérir réellement. C'est à peu près comme si quelqu'un chauffait avec sa main la boule d'un thermomètre et voulait prouver, par l'ascension de la colonne de mercure, que sa chambre est bien chauffée. À considérer la chose de plus près, en voici le principe : de même que l'honneur bourgeois, ayant en vue les rapports pacifiques des hommes entre eux, consiste dans l'opinion que nous méritons pleine *confiance*, parce que nous respectons scrupuleusement les droits de chacun, de même l'honneur chevaleresque consiste dans l'opinion que nous sommes *à craindre*, comme étant décidé à défendre nos propres droits à outrance. La maxime qu'il vaut mieux inspirer la crainte que la confiance ne serait pas si fausse, vu le peu de fond que l'on peut faire de la justice des hommes, si nous vivions dans l'état de nature où chacun doit par soi-même garder sa personne et défendre ses droits. Mais elle ne trouve plus d'application dans notre époque de civilisation, où l'État a pris sur lui la protection de la personne et de la propriété ; elle n'est plus là que comme ces châteaux et ces donjons de l'époque du droit manuaire, inutiles et abandonnés, au milieu de campagnes bien cultivées, de chaussées animées, voire même de voies ferrées. L'honneur chevaleresque, par là même qu'il professe la maxime précédente, s'est rejeté nécessairement sur ces préjugés à la personne que l'État ne punit que légèrement, ou ne punit pas du tout, en vertu du principe : *De minimis lex non curat*, ces délits ne causant qu'un dommage insignifiant, et n'étant même parfois que de simples taquineries. Pour maintenir son domaine dans une sphère très élevée, il a attribué à la personne une valeur dont l'exagération est hors de toute proportion avec la nature, la condition et la destinée de l'homme ; il pousse cette valeur jusqu'à faire de l'individu quelque chose de sacré, et, trouvant tout à fait insuffisantes les peines prononcées par l'État contre les petites offenses à la personne, il prend sur lui de les punir lui-même, par des punitions toujours corporelles et même par la mort de l'offenseur. Il y a évidemment, au fond, l'orgueil le plus démesuré et l'outrecuidance la plus révoltante à oublier la nature réelle de l'homme et à prétendre le revêtir d'une inviolabilité et d'une irréprochabilité absolues. Mais tout homme décidé à maintenir de semblables principes par la violence et qui professe la maxime : *Qui m'insulte ou me frappe doit périr*, mérite pour cela seul d'être expulsé de tout pays.[15]

---

[15] L'honneur chevaleresque est l'enfant de l'orgueil et de la folie (la vérité opposée à ces préceptes se trouve nettement exprimée dans la comédie *El principe constante* par ces mots : *Esa es la herencia de Adan**).

Il est frappant que cet extrême orgueil ne se rencontre qu'au sein de cette religion qui impose à ses adhérents l'extrême humilité ; ni les époques antérieures ; ni les autres parties du monde ne connaissent ce principe de l'honneur chevaleresque. Cependant ce n'est pas à la religion qu'il faut en attribuer la cause, mais au régime féodal sous l'empire duquel tout noble se considérait comme un petit souverain ; il ne reconnaissait aucun juge parmi les hommes, qui fût placé au-dessus de lui ; il apprenait à attribuer à sa personne une inviolabilité et une sainteté absolues ; c'est pourquoi tout attentat contre cette personne, un coup, une injure, lui semblait un crime méritant la mort. Aussi le principe de l'honneur et le duel n'étaient-ils à l'origine qu'une affaire concernant les nobles ; elle s'étendit plus tard aux officiers, auxquels s'adjoignirent ensuite parfois, mais jamais d'une manière constante, les autres classes plus élevées, dans le but de ne pas être dépréciées. Les ordalies, quoiqu'elles aient donné naissance aux duels, ne sont pas l'origine du principe de l'honneur ; elles n'en sont que la conséquence et l'application : quiconque ne

Il est vrai qu'on met en avant toute sorte de prétextes pour farder cet orgueil incommensurable. De deux hommes intrépides, dit-on, aucun ne cédera ; dans la plus légère collision, ils en viendraient aux injures, puis aux coups et enfin au meurtre : il est donc préférable, par égard pour les convenances, de franchir les degrés intermédiaires et de recourir immédiatement aux armes. Les détails de la procédure ont été formulés alors en un système d'un pédantisme rigide, ayant ses lois et ses règles et qui est bien la force la plus lugubre du monde ; on peut y voir, sans contredit, le panthéon glorieux de la folie. Mais le point de départ même est faux ; dans les choses de minime importance (les affaires graves restant toujours déférées à la décision des tribunaux), de deux hommes intrépides il y en a toujours un qui cède, savoir le plus sage : quand il ne s'agit que d'opinions, on ne s'en occupera même pas. Nous en trouvons la preuve dans le peuple, ou, pour mieux dire, dans toutes les nombreuses classes sociales qui n'admettent pas le principe de l'honneur chevaleresque ; ici, les différends suivent leur cours naturel, et cependant l'homicide y est cent fois moins fréquent que dans la fraction minime, 1/1000 à peine, qui s'y soumet : les rixes mêmes sont rares. On prétend, en outre, que ce principe, avec ses duels, est un pilier qui maintient le bon ton et les belles manières dans la société ; qu'il est un rempart qui met à l'abri des éclats de la brutalité et de la grossièreté. Cependant, à Athènes, à Corinthe, à Rome, il y avait de la bonne et même de la très bonne société, des manières élégantes et du bon ton, sans qu'il eût été nécessaire d'y implanter l'honneur chevaleresque en guise de croquemitaine. Il est vrai de dire aussi que les

---

reconnaît à aucun homme le droit de le juger en appelle au Juge divin. - Les ordalies elles-mêmes n'appartiennent pas exclusivement au christianisme ; on les retrouve fréquemment dans le brahmanisme, bien que le plus souvent aux époques reculées ; cependant il en existe encore des vestiges aujourd'hui. (*Note de l'auteur.*)

* Le sens propre de ces mots est que la misère est le lot des fils d'Adam. (*Trad.*)

femmes ne régnaient pas dans la société antique comme chez nous. Outre le caractère frivole et puéril que prend ainsi l'entretien, puisqu'on en bannit tout sujet de conversation nourrie et sérieuse, la présence des femmes dans notre société contribue certainement pour une grande part encore à accorder au courage personnel le pas sur toute autre qualité, tandis qu'en réalité il n'est qu'un mérite ; très subordonné, une simple vertu de sous-lieutenant, dans laquelle les animaux mêmes nous sont supérieurs ; en effet, ne dit-on pas : « courageux comme un lion ? » Mais il y a plus : au rebours de l'assertion précédemment rapportée, le principe de l'honneur chevaleresque est souvent le refuge assuré de la malhonnêteté et de la méchanceté dans les affaires graves, et en même temps, dans les petites, un asile de l'insolence, de l'impudence et de la grossièreté, pour la bonne raison que personne ne se soucie de risquer sa vie en voulant les châtier. En témoignage, nous voyons le duel dans toute sa fleuraison et pratiqué avec le sérieux le plus sanguinaire chez cette nation précisément qui, dans ses relations politiques et financières, a montré un manque d'honnêteté réelle : c'est à ceux qui en ont fait l'épreuve qu'il faut demander de quelle nature sont les relations privées avec les individus de cette nation ; et, pour ce qui est de leur urbanité et de leur culture sociale, elles ont de longue date une célébrité comme modèles négatifs.

Tous ces motifs qu'on allègue sont donc mal fondés. On pourrait affirmer avec plus de raison que, de même que le chien gronde quand on le gronde et caresse quand on le caresse, de même il est dans la nature de l'homme de rendre hostilité pour hostilité et d'être exaspéré et irrité par les manifestations du dédain ou de la haine. Cicéron l'a déjà dit : « *Habet quemdam aculeum contumelia, quem pali prudentes ac viri boni difficillime possunt* » (Toute injure a un aiguillon dont les prudents et les sages même supportent difficilement la piqûre), et en effet nulle part au monde (si nous en exceptons quelques sectes pieuses) on ne supporte avec calme des injures, ou, à plus forte raison, des coups. Néanmoins, la nature ne nous enseigne rien qui aille au delà d'une représaille équivalente à l'offense ; elle ne nous apprend pas à punir de mort celui qui nous accuserait de mensonge, de bêtise ou de lâcheté. La vieille maxime germanique : « *À un soufflet par un stylet,* » est une superstition chevaleresque révoltante. En tout cas, c'est à la colère qu'il appartient de rendre ou de venger les offenses, et non pas à l'honneur ou au devoir, auxquels le principe de l'honneur chevaleresque en impose l'obligation. Il est très certain plutôt qu'un reproche n'offense que dans la mesure où il porte ; ce qui le prouve, c'est que la moindre allusion, frappant juste, blesse beaucoup plus profondément que l'accusation la plus grave quand elle n'est pas fondée. Par conséquent, quiconque a la conscience assurée de n'avoir pas mérité un reproche peut le dédaigner et le dédaignera. Le principe de l'honneur lui demande, au contraire, de montrer une susceptibilité qu'il n'éprouve pas et de venger dans le sang des offenses qui ne le blessent nullement. C'est tout de même avoir une bien mince opinion de sa propre valeur que de chercher à étouffer toute parole qui tendrait à la mettre en doute. La véritable estime de soi donnera le calme et le mépris réel des injures ; à son défaut, la prudence et la bonne éducation nous commandent de sauver l'apparence et de dissimuler notre colère. Si en outre nous parvenons à nous dépouiller de cette superstition du principe d'honneur chevaleresque, si personne n'admettait plus qu'une insulte fut capable d'enlever ou de restituer quoi que ce soit à l'honneur ; si l'on était convaincu qu'un tort, une brutalité ou une grossièreté ne sauraient être justifiés à l'instant par l'empressement qu'on mettrait à en donner satisfaction, c'est-à-dire à se battre, alors tout le monde arriverait bientôt à comprendre que, lorsqu'il s'agit d'invectives et d'injures, c'est le vaincu qui sort vainqueur d'un tel combat, et que, comme dit Vincenzo Monti, il en est des injures comme des processions d'église qui reviennent toujours à leur point de départ. Il ne suffirait plus alors, comme actuellement, de débiter une grossièreté pour mettre le droit de son côté ; le jugement et la raison auraient alors une bien autre autorité, pendant qu'aujourd'hui ils doivent, avant de parler, voir s'ils ne heurtent pas en quoi que ce soit l'opinion des esprits bornés et des imbéciles qu'irrite et alarme déjà leur seule apparition ; sans quoi l'intelligence peut se trouver dans le cas de jouer, sur un coup de dés, la tête où elle réside contre le cerveau plat où loge la stupidité. Alors la supériorité intellectuelle occuperait réellement dans la société la primauté qui lui est due et que l'on donne aujourd'hui, bien que d'une manière déguisée, à la supériorité physique et au courage à la hussarde ; il y aurait aussi, pour les hommes éminents, un motif de moins pour fuir la société, comme ils le font actuellement. Un tel revirement donnerait naissance *au véritable bon ton* et fonderait la *véritable bonne société*, dans la forme où, sans doute, elle a existé à Athènes, à Corinthe et à Rome. À qui voudrait en connaître un échantillon, je recommande de lire le *Banquet* de Xénophon.

Le dernier argument à la défense du code chevaleresque sera indubitablement ainsi conçu :

« Allons donc ! mais alors un homme pourrait bien, Dieu nous garde ! donner un coup à un autre homme ! » À quoi je pourrais répondre, sans phrases, que le cas s'est présenté bien assez souvent dans ces 999/1000 de la société chez qui ce code n'est pas admis, sans qu'un seul individu en soit mort, tandis que, chez ceux qui en suivent les préceptes, chaque coup, dans la règle, devient une affaire mortelle.

Mais je veux examiner la question plus en détail. Je me suis bien souvent donné de la peine pour trouver dans la nature animale ou intellectuelle de l'homme quelque raison valable ou seulement plausible, fondée non sur de simples façons de parler, mais sur des notions distinctes, qui puisse justifier cette conviction, enracinée dans une portion de l'espèce humaine, qu'un coup est une chose horrible : toutes mes recherches ont été vaines. Un coup n'est et ne sera jamais qu'un petit mal physique que tout homme peut occasionner à un autre, sans rien prouver par là, sinon qu'il est plus fort ou plus adroit, ou que l'autre n'était pas sur ses gardes. L'analyse ne fournit rien au delà. En outre, je vois ce même chevalier pour qui un coup reçu de la main d'un homme semble de tous les maux le plus grand, recevoir un coup dix fois plus violent de son cheval et assurer, en traînant la jambe et dissimulant sa douleur, que ce n'est rien. Alors j'ai supposé que cela tenait à la main de l'homme. Cependant je vois notre chevalier, dans un combat, recevoir de la main d'un homme des coups d'estoc et de taille et assurer encore que ce sont des bagatelles qui ne valent pas la peine d'en parler. Plus tard, j'apprends même que des coups de plat de lame ne sont à beaucoup près pas aussi terribles que des coups de bâton, tellement que tout récemment encore les élèves des écoles militaires étaient passibles des premiers et jamais des autres. Mais il y a plus : à une réception de chevalier, le coup de plat de lame est un très grand honneur. Et voilà que j'ai épuisé tous mes motifs psychologiques et moraux, et il ne me reste plus à considérer la chose que comme une ancienne superstition, profondément enracinée, comme un nouvel exemple, à côté de tant d'autres, de tout ce qu'on peut en faire accroire aux hommes. C'est ce que prouve encore ce fait bien connu, qu'en Chine les coups de canne sont une punition civile, très fréquemment employée même à l'égard des fonctionnaires de tous les degrés ; ce qui démontre que, là-bas, la nature humaine, même chez les gens les plus civilisés, ne parle pas comme chez nous.[16]

---

[16] Vingt ou trente coups de canne sur le derrière, c'est, pour ainsi dire, le pain quotidien des Chinois. C'est une correction paternelle du mandarin, laquelle n'a rien d'infamant, et qu'ils reçoivent avec actions de grâces. (*Lettres édifiantes et curieuses*, éd. 1819, vol. XI, p. 454.) (*Citation de l'auteur*).

En outre, un examen impartial de la nature humaine nous apprend que *frapper* est aussi naturel à l'homme que mordre l'est aux animaux carnassiers et donner des coups de tête aux bêtes à cornes ; l'homme est à proprement parler un *animal frappeur*. Aussi sommes-nous révoltés quand parfois nous apprenons qu'un homme en a mordu un autre ; par contre, donner ou recevoir des coups est chez l'homme un effet aussi naturel que fréquent. On comprend facilement que les gens d'une éducation supérieure cherchent à se soustraire à de pareils effets, en dominant réciproquement leur penchant naturel. Mais il y a vraiment de la cruauté à faire accroire à une nation entière, ou même seulement à une classe d'individus, que recevoir un coup est un malheur épouvantable, qui doit être suivi de meurtre et d'homicide. Il y a trop de maux réels en ce monde pour qu'il soit permis d'augmenter leur nombre et d'en créer d'imaginaires qui en amènent de trop réels à leur suite ; c'est ce que fait cependant ce sot et méchant préjugé. Comme conséquence, je ne puis que désapprouver les gouvernements et les corps législatifs qui lui viennent en aide en travaillant avec ardeur à faire abolir, pour le civil comme pour le militaire, les punitions corporelles. Ils croient agir en cela dans l'intérêt de l'humanité, quand, tout au contraire, ils travaillent ainsi à consolider cet égarement dénaturé et funeste auquel tant de victimes ont déjà été sacrifiées. Pour toutes fautes, sauf les plus graves, infliger des coups est la punition qui, chez l'homme, se présente la première à l'esprit ; c'est donc la plus naturelle ; qui ne se soumet pas à la raison se soumettra aux coups. Punir par une bastonnade modérée celui qu'on ne peut atteindre dans sa fortune, quand il n'en, a pas, ni dans sa liberté, quand on a besoin de ses services, est un acte aussi juste que naturel. Aussi n'apporte-t-on aucune bonne raison à rencontre ; on se contente d'invoquer la *dignité de l'homme*, façon de parler qui ne s'appuie pas sur quelque notion claire, mais toujours et encore sur le fatal préjugé dont nous parlions plus haut. Un fait récent des plus comiques vient confirmer cet état de choses : plusieurs États viennent de remplacer, dans l'armée, les coups de canne par les coups de latte ; ces derniers, tout comme les autres, produisent indubitablement une douleur physique et sont censés néanmoins n'être ni infamants ni déshonorants.

En stimulant ainsi le préjugé qui nous occupe, on encourage en même temps le principe de l'honneur chevaleresque et du même coup le duel, pendant que d'autre part on s'efforce ou plutôt on prétend s'efforcer d'abolir le duel par des lois.[17] Aussi voyons-nous ce fragment du droit du plus fort, transporté à travers les temps, du moyen âge jusque dans le XIXe siècle, s'étaler aujourd'hui encore scandaleusement au grand jour ; il est temps enfin de l'en expulser honteusement. Aujourd'hui, quand il est interdit d'exciter méthodiquement des chiens ou des coqs à se battre les uns contre les autres (en Angleterre, au moins, ces combats sont punis), il nous est donné de voir des créatures humaines, excitées contre leur gré, à des combats à mort : c'est ce ridicule préjugé, ce principe absurde de l'honneur chevaleresque, ce sont ses stupides représentants et ses champions qui, pour la première misère venue, imposent aux hommes l'obligation de se battre entre eux comme des

---

[17] Voici, selon moi, quel est le véritable motif pour lequel les gouvernements ne s'efforcent qu'en apparence de proscrire les duels, chose bien facile, surtout dans les universités, et d'où vient qu'ils prétendent ne pouvoir réussir : l'État n'est pas en mesure de payer les services de ses officiers et de ses employés civils à leur valeur entière en argent ; aussi fait-il consister l'autre moitié de leurs émoluments en *honneur*, représenté par des titres, des uniformes et des décorations. Pour maintenir ce prix idéal de leurs services à un cours élevé, il faut, pur tous les moyens, entretenir, aviver et même exalter quelque peu le sentiment de l'honneur ; comme à cet effet l'honneur bourgeois ne suffit pas, pour la simple raison qu'il est la propriété commune de tout le monde, on appelle au secours l'honneur chevaleresque que l'on stimule, comme nous l'avons montré. En Angleterre, où les gages des militaires et des civils sont beaucoup plus forts que sur le continent, on n'a pus besoin d'un pareil expédient ; aussi, depuis une vingtaine d'années surtout, le duel y est-il presque complètement aboli ; et, dans les rares occasions où il s'en produit encore, on s'en moque comme d'une folie, Il est certain que la grande *Anti-duelling Society*, qui compte parmi ses membres, une foule de lords, d'amiraux et de généraux, a beaucoup contribué à ce résultat, et le Moloch doit se passer de victimes.—(*Note de l'auteur*.)

gladiateurs. Je propose à nos puristes allemands de remplacer le mot *Durll*, dérivé probablement, non pas du latin *duellum*, mais de l'espagnol *duelo*, peine, plainte, grief, par le mot de *Rittersetze* (combat de chevaliers, comme on dit : combats de coqs ou de bull-dogs). On a, certes, ample matière à rire de voir les allures pédantes avec lesquelles on accomplit toutes ces folies. Il n'en est pas moins révoltant que ce principe, avec son code absurde, constitue un État dans l'État, qui, ne reconnaissant d'autre droit que celui du plus fort, tyrannise les classes sociales qui sont sous sa domination, en établissant un tribunal permanent de la Sainte-Wehme ; chacun peut être cité par chacun à comparaître ; les motifs de la citation, faciles à trouver, font l'office de sbires du tribunal, et la sentence prononce la peine de mort contre les deux parties. C'est, naturellement, le repaire du fond duquel l'être le plus méprisable, à la seule condition d'appartenir aux classes soumises aux lois de l'honneur chevaleresque, pourra menacer, voire même tuer les hommes les plus nobles et les meilleurs, qui sont précisément ceux qu'il hait nécessairement. Puisqu'aujourd'hui la justice et la police ont gagné à peu près assez d'autorité pour qu'un coquin ne puisse plus nous arrêter sur les grands chemins pour nous crier : La bourse ou la vie ! Il serait temps que le bon sens prît assez d'autorité, lui aussi, pour que le premier coquin venu ne puisse plus, au milieu de notre existence la plus paisible, nous troubler en nous criant : L'honneur ou la vie ! Il faut enfin délivrer les classes supérieures du poids qui les accable ; il faut nous affranchir tous de cette angoisse de savoir que nous pouvons, à tout instant, être appelés à payer de notre vie la brutalité, la grossièreté, la bêtise ou la méchanceté de tel individu à qui il aura plu de les déchaîner contre nous. Il est criant, il est honteux de voir deux jeunes écervelés sans expérience, tenus d'expier dans leur sang leur moindre querelle. Voici un fait qui prouve à quelle hauteur s'est élevée la tyrannie de cet État dans l'État et où en est arrivé le pouvoir de ce préjugé : on a vu souvent des gens se tuer de désespoir pour n'avoir pu rétablir leur honneur chevaleresque offensé, soit parce que l'offenseur était de trop haute ou de trop basse condition, soit pour toute autre cause de disproportion qui rendait le duel impossible ; une telle mort n'est-elle pas tragi-comique ?

Tout ce qui est faux et absurde se révèle finalement par là que, arrivé à son développement parfait, il porte comme fleur une contradiction ; pareillement, dans le cas présent, la contradiction s'épanouit sous la forme de la plus criante antinomie ; en effet, le duel est défendu à l'officier, et néanmoins celui-ci est puni de destitution lorsque, le cas échéant, il refuse de se battre.

Puisque j'y suis, je veux aller plus loin avec mon franc-parler. Examinée avec soin et sans prétention, cette grande différence, que l'on fait sonner si haut, entre tuer son adversaire dans un combat au grand jour et à armes égales ou par embûche, est fondée simplement sur ce que, comme nous l'avons dit, cet État dans l'État ne reconnaît d'autre droit que celui du plus fort et en a fait la base de son code après l'avoir élevé à la hauteur d'un jugement de Dieu. Ce qu'on appelle en effet un combat loyal ne prouve pas autre chose, si ce n'est qu'on est le *plus fort* ou le *plus adroit*. La justification que l'on cherche dans la publicité du duel présuppose donc que le *droit du plus fort* est réellement un *droit*. Mais, en réalité, la circonstance que mon adversaire sait mal se défendre me donne bien la *possibilité*, mais non le *droit* de le tuer ; ce droit, ou autrement dit ma *justification morale*, ne peut découler que des *motifs* que j'ai de lui arracher la vie. Admettons maintenant que ces motifs existent et soient suffisants ; alors il n'y a plus aucune raison de se préoccuper qui de nous deux manie le mieux le pistolet ou l'épée, alors il est indifférent que je le tue de telle ou telle façon, par devant ou par derrière. Car, moralement parlant, le droit du plus fort n'a pas plus de poids que le droit du plus rusé, et c'est ce dernier dont on fait usage quand on tue dans un guet-apens :

ici, le droit du poing vaut exactement le droit de la tête. Remarquons, en outre, que dans le duel même on pratique les deux droits, car toute feinte, dans l'escrime, est une ruse. Si je me tiens pour moralement autorisé à arracher la vie à un homme, c'est une sottise de m'en rapporter encore à la chance s'il sait manier les armes mieux que moi, car, dans ce cas, c'est lui au contraire qui, après m'avoir offensé, me tuera par-dessus le marché. Rousseau est d'avis qu'il faut venger une offense non par un duel, mais par l'assassinat ; il émet cette opinion, avec beaucoup de précautions, dans la 21e note, si mystérieusement conçue, du IVe livre de l'*Émile*.[18] Mais il est encore si fortement imbu du préjugé chevaleresque, qu'il considère le reproche de mensonge comme justifiant déjà l'assassinat, tandis qu'il devrait savoir que tout homme a mérité ce reproche d'innombrables fois, et lui tout le premier et au plus haut degré. Il est évident que ce préjugé, qui autorise à tuer l'offenseur à la condition que le combat se fasse au grand jour et à armes égales, considère le droit de la force comme étant réellement un droit, et le duel comme un jugement de Dieu. L'Italien, au moins, qui, enflammé de colère, fond sans façons à coups de couteau sur l'homme qui l'a offensé, agit d'une manière logique et naturelle : il est plus rusé, mais pas plus méchant que le duelliste. Si l'on voulait m'opposer que ce qui me justifie de

---

[18] Voici cette fameuse note, à laquelle Schopenhauer fait allusion : « Un soufflet et un démenti reçus et endurés ont des effets civils que nul sage ne peut prévenir et dont nul tribunal ne peut venger l'offensé. L'insuffisance des lois lui rend donc en cela son indépendance ; il est alors seul magistrat, seul juge entre l'offenseur et lui : il est seul interprète et ministre de la loi naturelle ; il se doit justice et peut seul se la rendre, et il n'y a sur la terre nul gouvernement assez insensé pour le punir de se l'être faite en pareil cas. Je ne dis pas qu'il doive s'aller battre, c'est une extravagance ; je dis qu'il se doit justice et qu'il en est le seul dispensateur. Sans tant de vains édits contre les duels, si j'étais souverain, je réponds qu'il n'y aurait jamais ni soufflet ni démenti donné dans mes États, et cela par un moyen fort simple dont les tribunaux ne se mêleront point. Quoi qu'il en soit, Émile sait en pareil cas la justice qu'il se doit à lui-même, et l'exemple qu'il doit à la sûreté des gens d'honneur. Il ne dépend pas de l'homme le plus ferme d'empêcher qu'on ne l'insulte, mais il dépend de lui d'empêcher qu'on ne se vante longtemps de l'avoir insulté. »

tuer mon adversaire en duel, c'est que de son côté il s'efforce d'en faire autant, je répondrais qu'en le provoquant je l'ai mis dans le cas de légitime défense. Se mettre ainsi mutuellement et intentionnellement dans le cas de légitime défense ne signifie rien autre, au fond, que chercher un prétexte plausible pour le meurtre. On pourrait trouver plutôt une justification dans la maxime : « *Volenti non fit injuria* » (On ne fait pas tort à qui consent), puisque c'est d'un commun accord que l'on risque sa vie ; mais à cela on peut répliquer que *volens* n'est pas exact ; car la tyrannie du principe d'honneur chevaleresque et de son code absurde est l'alguazil qui a traîné les deux champions, ou l'un des deux au moins, jusque devant ce tribunal sanguinaire de la Sainte-Wehme.

* * * * *

Je me suis étendu longuement sur l'honneur chevaleresque ; mais je l'ai fait dans une bonne intention et parce que la philosophie est l'Hercule qui seul peut combattre les monstres moraux et intellectuels sur terre. Deux choses principalement distinguent l'état de la société moderne de celui de la société antique, et cela au détriment de la première, à qui elles prêtent une teinte sérieuse, sombre, sinistre, qui ne voilait pas l'antiquité, ce qui fait que celle-ci apparaît, candide et sereine, comme le matin de la vie. Ce sont : le principe de l'honneur chevaleresque et le mal vénérien, *par nobile fratrum !* À eux deux ils ont empoisonné νειχος χαι φιλια de la vie. De fait, l'influence de la maladie vénérienne est beaucoup plus étendue qu'il ne semble au premier abord, en ce que cette influence n'est pas seulement physique, mais aussi morale. Depuis que le carquois de l'amour porte ainsi des flèches empoisonnées, il s'est introduit dans la relation mutuelle des sexes un élément hétérogène, hostile, je dirais diabolique, qui fait qu'elle est imprégnée d'une sombre et craintive méfiance ; les effets indirects d'une telle altération dans le fondement de toute communauté humaine se font sentir également, à des degrés divers, dans toutes les autres relations sociales ; mais leur analyse détaillée m'entraînerait trop loin. Analogue, bien que d'une toute autre nature, est l'influence du principe de l'honneur chevaleresque, cette force sérieuse qui rend la société moderne raide, morne et inquiète, puisque toute parole fugitive y est scrutée et ruminée. Mais ce n'est pas tout ! Ce principe est un minotaure universel auquel il faut sacrifier annuellement un grand nombre de fils de nobles maisons, pris non dans un seul État, comme pour le monstre antique, mais dans tous les pays de l'Europe. Aussi est-il temps enfin d'attaquer courageusement la Chimère corps à corps, comme je viens de le faire. Puisse le XIXe siècle exterminer ces deux monstres des temps modernes ! Nous ne désespérons pas de voir les médecins y arriver, pour l'un, au moyen de la prophylactique. Mais c'est à la philosophie qu'il appartient d'anéantir la Chimère en redressant les idées ; les gouvernements n'ont pu y réussir par le maniement des lois, et du reste le raisonnement philosophique seul peut attaquer le mal dans sa racine. Jusque-là, si les gouvernements veulent sérieusement abolir le duel et si le mince succès de leurs efforts ne tient qu'à leur impuissance, je viens leur proposer une loi dont je garantis l'efficacité et qui ne réclame ni opérations sanglantes, ni échafauds, ni potences, ni prisons perpétuelles. C'est au contraire un petit, tout petit remède homœopathique des plus faciles ; le voici :

« Quiconque enverra ou acceptera un cartel recevra *à la chinoise*, en plein jour, devant le corps de garde, douze coups de bâton de la main du caporal ; les porteurs du cartel ainsi que les seconds en recevront chacun six. Pour les suites éventuelles des duels accomplis, on suivra la procédure criminelle ordinaire. » Quelque *chevalier* m'objectera peut-être qu'après avoir subi une pareille punition maint « homme d'honneur » sera capable de se brûler la cervelle ; à cela je réponds : Il vaut mieux qu'un tel fou se tue lui-même que de tuer un autre homme. Mais je sais très bien qu'au fond les gouvernements ne poursuivent pas sérieusement l'abolition des duels. Les appointements des employés civils, mais surtout ceux des officiers (sauf les grades élevés), sont bien inférieurs à la valeur, de ce qu'ils produisent. On leur solde la différence en honneur. Celui-ci est représenté par des titres et des décorations, et, dans une acception plus large, par l'honneur de la fonction en général. Or, pour cet honneur, le duel est un excellent cheval de main dont le dressage commence déjà dans les universités. C'est de leur sang que les victimes payent le déficit des appointements.

Pour ne rien omettre, mentionnons encore ici l'*honneur national*. C'est l'honneur de tout un peuple considéré comme membre de la communauté des peuples. Cette communauté ne reconnaissant d'autre forum que celui de la force, et chaque membre ayant par conséquent à sauvegarder soi-même ses droits, l'honneur d'une nation ne consiste pas seulement dans l'opinion bien établie qu'elle mérite confiance (le crédit), mais encore qu'elle est assez forte pour qu'on la craigne ; aussi une nation ne doit-elle laisser impunie aucune atteinte à ses droits. L'honneur national combine donc le point d'honneur bourgeois avec celui de l'honneur chevaleresque.

LA GLOIRE

Dans ce qu'on *représente*, il nous reste à examiner en dernier lieu la gloire. Honneur et gloire sont jumeaux, mais à la façon des Dioscures dont l'un, Pollux, était immortel, et dont l'autre, Castor, était mortel : l'honneur est le frère mortel de l'immortelle gloire. Il est évident que ceci ne doit s'entendre que de la gloire la plus haute, de la gloire vraie et de bon aloi, car il y a certes maintes espèces éphémères de gloire. En outre, l'honneur ne s'applique qu'à des qualités que le monde exige de tous ceux qui se trouvent dans des conditions pareilles, la gloire qu'à des qualités qu'on ne peut exiger de personne ; l'honneur ne se rapporte qu'à des mérites que chacun peut s'attribuer publiquement, la gloire qu'à des mérites que nul ne peut s'attribuer soi-même. Pendant que l'honneur ne va pas au delà des limites où nous sommes personnellement connus, la gloire, à l'inverse, précède dans son vol la connaissance de l'individu et la porte à sa suite aussi loin qu'elle parviendra elle-même. Chacun peut prétendre à l'honneur ; à la gloire, les exceptions seules, car elle ne s'acquiert que par des productions exceptionnelles. Ces productions peuvent être des *actes* ou des *œuvres* : de là deux routes pour aller à la gloire. Une grande âme par-dessus tout nous ouvre la voie des actes ; un grand esprit nous rend capable de suivre celle des œuvres. Chacune des deux a ses avantages et ses inconvénients propres. La différence capitale, c'est que les actions passent, les œuvres demeurent. L'action la plus noble n'a toujours qu'une influence temporaire ; l'œuvre de génie par contre subsiste et agit, bienfaisante et élevant l'âme, à travers tous les âges. Des actions, il ne reste que le souvenir qui devient toujours de plus en plus faible, défiguré et indifférent ; il est même destiné à s'effacer graduellement en entier, si l'histoire ne le recueille pour le transmettre, pétrifié, à la postérité. Les œuvres, en revanche, sont immortelles par elles-mêmes, et les ouvrages écrits surtout peuvent vivre à travers tous les temps. Le nom et le souvenir d'Alexandre le Grand sont seuls vivants aujourd'hui ; mais Platon et Aristote, Homère et Horace sont eux-mêmes présents ; ils vivent et agissent directement. Les Védas, avec leurs Upanischades, sont là devant nous ; mais, de toutes les actions accomplies de leur temps, pas la moindre notion n'est parvenue jusqu'à nous.[19]

---

[19] Aussi est-ce faire un mauvais compliment lorsque, ainsi qu'il est de mode aujourd'hui, croyant faire honneur à des *œuvres*, on les intitule des *actes*. Car les œuvres sont, par leur essence, d'une espèce supérieure. Un acte n'est toujours qu'une action basée sur un *motif*, par conséquent, quelque chose d'isolé, de transitoire, et appartenant à cet élément général et primitif du monde, à la *volonté*. Une grande et

Un autre désavantage des actions, c'est qu'elles dépendent de l'occasion qui, avant tout, doit leur donner la possibilité de se produire : d'où il résulte que leur gloire ne se règle pas uniquement sur leur valeur intrinsèque, mais encore sur les circonstances qui leur prêtent l'importance et l'éclat. Elle dépend, en outre, lorsque, comme à la guerre, les actions sont purement personnelles, du témoignage d'un petit nombre de témoins oculaires ; or il peut se faire qu'il n'y ait pas eu de témoins, ou que ceux-ci parfois soient injustes ou prévenus. D'autre part, les actions, étant quelque chose de pratique, ont l'avantage d'être à la portée de la faculté de jugement de tous les hommes ; aussi leur rend-on immédiatement justice dès que les données sont exactement fournies, à moins toutefois que les motifs n'en puissent être nettement connus ou justement appréciés que plus tard, car, pour bien comprendre une action, il faut en connaître le motif.

Pour les œuvres, c'est l'inverse ; leur production ne dépend pas de l'occasion, mais uniquement de leur auteur, et elles restent ce qu'elles sont en elles-mêmes et par elles-mêmes, aussi longtemps qu'elles durent. Ici, en revanche, la difficulté consiste dans la faculté de les juger, et la difficulté est d'autant plus grande que les œuvres, sont d'une qualité plus élevée : souvent, il y a manque de juges compétents ; souvent aussi, ce sont les juges impartiaux et honnêtes qui

---

belle œuvre est une chose durable, car son importance est universelle, et elle procède de l'intelligence, de cette intelligence innocente, pure, qui s'élève comme un parfum au-dessus de ce bas monde de la volonté.
Parmi les avantages de la gloire des actions, il y a aussi celui de se produire ordinairement d'un coup avec un grand éclat, si grand parfois que l'Europe entière en retentit, tandis que la gloire des œuvres n'arrive que lentement et insensiblement faible, d'abord, puis de plus en plus forte, et n'atteint souvent toute sa puissance qu'après un siècle ; mais alors elle reste pendant des milliers d'années, parce que les œuvres restent aussi. L'autre gloire, la première explosion passée, s'affaiblit graduellement, est de moins en moins connue et finit par ne plus exister que dans l'histoire à l'état de fantôme.—(*Note de l'auteur.*)

font défaut. De plus, ce n'est pas une unique instance qui décide de leur gloire ; il y a toujours lieu à appel. En effet, si, comme nous l'avons dit, la mémoire des actions arrive seule à la postérité et telle que les contemporains l'ont transmise, les œuvres au contraire y arrivent elles-mêmes et telles qu'elles sont, sauf les fragments disparus : ici donc, plus de possibilité de dénaturer les données, et, si même à leur apparition le milieu a pu exercer quelque influence nuisible, celle-ci disparaît plus tard. Pour mieux dire même, c'est le temps qui produit, un à un, le petit nombre de juges vraiment compétents, appelés, comme des êtres exceptionnels qu'ils sont, à en juger de plus exceptionnels encore : ils déposent successivement dans l'urne leurs votes significatifs, et par là s'établit, après des siècles parfois, un jugement pleinement fondé et que la suite des temps ne peut plus infirmer. On le voit, la gloire des œuvres est assurée, infaillible. Il faut un concours de circonstances extérieures et un hasard pour que l'auteur arrive, de son vivant, à la gloire ; le cas sera d'autant plus rare que le genre des œuvres est plus élevé et plus difficile. Aussi Sénèque a-t-il dit (Ep. 79), dans un langage incomparable, que la gloire suit aussi infailliblement le mérite que l'ombre suit le corps, bien qu'elle marche, comme l'ombre, tantôt devant, tantôt derrière. Après avoir développé cette pensée, il ajoute : « Etiamsi omnibus tecum viventibus *silentium livor indixerit*, venient qui sine offensa, sine gratia, judicent » (Quand nos contemporains se *tairaient de nous par envie*, il en viendra d'autres qui, sans faveur et sans passions, nous rendront justice) ; ce passage nous montre en même temps que l'art d'étouffer méchamment les mérites par le silence et par une feinte ignorance, dans le but de cacher au public ce qui est bon, au profit de ce qui est mauvais, était déjà pratiqué par la canaille de l'époque où vivait Sénèque, comme il l'est par la canaille de la nôtre, et qu'aux uns, comme aux autres, c'est *l'envie qui leur clôt la bouche*.

D'ordinaire, la gloire est d'autant plus tardive qu'elle sera plus durable, car tout ce qui est exquis mûrit lentement. La gloire appelée à devenir éternelle est comme le chêne qui croît lentement de sa semence ; la gloire facile, éphémère, ressemble aux plantes annuelles, hâtives ; quant à la fausse gloire, elle est comme ces mauvaises herbes qui poussent à vue d'œil et qu'on se hâte d'extirper. Cela tient à ce que plus un homme appartient à la postérité, autrement dit à l'humanité entière en général, plus il est étranger à son époque ; car ce qu'il crée n'est pas destiné spécialement à celle-ci comme telle, mais comme étant une partie de l'humanité collective ; aussi, de pareilles œuvres n'étant pas teintées de la couleur locale de leur temps, il arrive souvent que l'époque contemporaine les laisse passer inaperçues. Ce que celle-ci apprécie, ce sont plutôt ces œuvres qui traitent des choses fugitives du jour ou qui servent le caprice du moment ; celles-là lui appartiennent en entier, elles vivent et meurent avec elle. Aussi l'histoire de l'art et de la littérature nous apprend généralement que les plus hautes productions de l'esprit humain ont, de règle, été accueillies avec défaveur et sont restées dédaignées jusqu'au jour où des esprits élevés, attirés par elles, ont reconnu leur valeur et leur ont assigné une considération qu'elles ont conservée dès lors. En dernière analyse, tout cela repose sur ce que chacun ne peut réellement comprendre et apprécier que ce qui lui est homogène. Or l'homogène pour l'homme borné, c'est ce qui est borné ; pour le trivial, c'est le trivial ; pour l'esprit diffus, c'est le diffus, et pour l'insensé l'absurde ; ce que chacun préfère, ce sont ses propres œuvres, comme étant entièrement de la même nature.

Déjà le vieil Epicharme, le poète fabuleux, chantait ainsi :

Θαυματον ουδεν εστι, με ταυθ' ουτω λεγε Και ανδανειν αυτοισιν αυτους, χαι δοχε Καλως πεφυχεναι, χαι γαρ ο χυων χυνι, Καλλιστον ειμεν φαινεται, χαι βους βοί Ονος δε ονω χαλλιστον, υς δε δί.

Ce qu'il faut traduire, afin que cela ne soit perdu pour personne :[20]

« Il n'est pas étonnant que je parle dans mon sens, et ceux qui se plaisent à eux-mêmes croient qu'ils sont remplis de mérites louables ; de même rien ne semble plus beau au chien que le chien, au bœuf que le bœuf, à l'âne que l'âne et au cochon que le cochon. »

Le bras le plus vigoureux lui-même, quand il lance un corps léger, ne peut lui communiquer assez de mouvement pour voler loin et frapper fort ; le corps retombera inerte et tout près, parce que l'objet, manquant de masse matérielle propre, ne peut admettre la force extérieure ; tel sera aussi le sort des grandes et belles pensées, des chefs-d'œuvre du génie, quand, pour les admettre, il ne se rencontre que de petits cerveaux, des têtes faibles ou de travers. C'est là ce que les sages de tous les temps ont sans cesse déploré tout d'une voix. Jésus, fils de Sirach, par exemple, dit : « *Qui parle à un fou parle à un endormi. Quand il a fini de parler, l'autre demande : Qu'est-ce qu'il y a ?* »—Dans Hamlet : « *A knavish speech sleeps in a fools ear* (Un discours fripon dort dans l'oreille d'un sot).— Gœthe, à son tour :

Das glücklichste Wort es wird verböhnt, Wenn der Hörer ein Schiefohr ist.

(Le mot le plus heureux est déprécié quand l'auditeur a l'oreille de travers.)

---

[20] Pour comprendre le sens de ces mots de Schopenhauer, le lecteur français a besoin de savoir que le philosophe pessimiste, dans son profond dédain des ignorants, ne traduit jamais les citations latines, et ne traduit les grecques qu'en latin ; c'est donc une exception qu'il fait ici pour le « fabuleux » Epicharme.—(*Trad.*)

Et le même :

Du wirkest nicht, Alles bleibt so stumpf, Sei guter Dinge ! Der Stein im Sumpf Macht keine Ringe.

(Tu ne peux agir, tout demeure inerte : ne te désole pas ! Le caillou jeté dans un bourbier ne fait pas de ronds.)

Voici maintenant Lichtenberg : « *Quand une tête et un livre en se heurtant rendent un son creux, cela vient-il toujours du livre ?* » Le même dit ailleurs :

« *De tels ouvrages sont des miroirs ; quand un singe s'y mire, ils ne peuvent réfléchir les traits d'un apôtre.* »

Rapportons encore la belle et touchante plainte du vieux papa Gellert ; elle le mérite bien :

Dass oft die allerbesten Gaben Die wenigsten Bewundrer haben, Und dass der grösste Theil der Welt Das Schlechte für das Gute hält ; Dies Uebel sieht man alle Tage.

Iedoch, wie wehrt man dieser Pest ? Ich zweifle, dass sich diese Plage Aus unsrer Welt verdrängen lässt. Ein einzig Mittel ist auf Erden, Allein es ist unendlich schwer :

Die Narren müssen weise werden ; Und seht ! sie werden's nimmermehr. Nie kennen sie den Werth der Dinge. Ihr Auge schliesst, nicht ihr Verstand : Sie loben ewig das Geringe, Weil sie das Gute nie gekannt.

(Que de fois les meilleures qualités trouvent le moins d'admirateurs, et que de fois la plupart du monde prend le mauvais pour le bon ! C'est là un mal que l'on voit tous les jours. Mais comment éviter cette peste ? Je doute que cette calamité puisse être chassée de ce monde. Il n'est qu'un seul moyen sur terre, mais il est infiniment difficile : c'est que les fous deviennent sages. Mais quoi ! ils ne le deviendront jamais. Ils ne connaissent pas la valeur des choses ; c'est par la vue, ce n'est pas par la raison qu'ils jugent. Ils louent constamment ce qui est petit, car ils n'ont jamais connu ce qui est bon.)

À cette incapacité intellectuelle des hommes qui fait, comme le dit Gœthe, qu'il est moins rare de voir naître une œuvre éminente que de la voir reconnue et appréciée, vient s'ajouter encore leur perversité morale se manifestant par l'envie. Car par la gloire qu'on acquiert, il y a un homme de plus qui s'élève au-dessus de ceux de son espèce ; ceux-ci sont donc rabaissés d'autant, de manière que tout mérite extraordinaire obtient sa gloire aux dépens de ceux qui n'ont pas de mérites :

Wenn wir Andern Ehre gehen, Müssen wir uns selbst entadeln.

(Gœthe, *Divan*, O. O.)

(Quand nous rendons honneur aux autres, nous devons nous déprécier nous-mêmes.)

Voilà qui explique pourquoi, dès qu'apparaît une œuvre supérieure dans n'importe quel genre, toutes les nombreuses médiocrités s'allient et se conjurent pour l'empêcher de se faire connaître, et pour l'étouffer si c'est possible. Leur mot d'ordre tacite est : « *A bas le mérite.* » Ceux-là mêmes qui ont eux aussi des mérites et qui sont déjà en possession de la gloire qui leur en revient ne voient pas volontiers poindre une gloire nouvelle dont l'éclat diminuerait d'autant l'éclat de la leur. Gœthe lui-même a dit :

Hätt' ich gezandert zu werden, Bis man mir's Leben gegönnt, Ich wäre noch nient auf Erden, Wie ihr begreifen

Könnt, Wenn ihr sent wie sie sich geberden, Die, um etwas zu scheinen, Mich gerne nöchten verneinen.

(Si j'avais attendu pour naître que l'on m'accordât la vie, je ne serais pas encore de ce monde, comme vous pouvez le comprendre en voyant comment se démènent ceux-là qui, pour paraître quelque chose, me renieraient volontiers.)

Ainsi donc, pendant que l'*honneur* trouve le plus souvent des juges équitables, pendant que l'envie ne l'attaque pas et qu'on l'accorde même à tout homme par avance, à crédit, la *gloire*, d'autre part, doit être conquise de haute lutte, en dépit de l'envie, et c'est un tribunal de juges décidément défavorables qui décerne la palme. Nous pouvons et nous voulons partager l'honneur avec chacun, mais la gloire acquise par un autre diminue la nôtre ou nous en rend la conquête plus pénible. En outre, la difficulté d'arriver à la gloire par des œuvres est en raison inverse du nombre d'individus dont se compose le public de ces œuvres, et cela pour des motifs faciles à saisir. Aussi la peine est-elle plus grande pour les œuvres dont le but est d'instruire que pour celles qui ne se proposent que d'amuser. C'est pour les ouvrages de philosophie que la difficulté est la plus grande, parce que l'enseignement qu'ils promettent, douteux d'une part, sans profit matériel de l'autre, s'adresse, pour commencer, à un public composé exclusivement de concurrents. Il ressort de ce que nous venons de dire sur les difficultés pour arriver à la gloire, que le monde verrait naître peu ou point d'œuvres immortelles, si ceux qui en peuvent produire ne le faisaient pas pour l'amour même de ces œuvres, pour leur propre satisfaction, et s'ils avaient besoin pour cela du stimulant de la gloire. Bien plus, quiconque doit produire le bon et le vrai et fuir le mauvais bravera l'opinion des masses et de leurs organes ; donc il les méprisera. Aussi a-t-on très justement fait observer, Osorio (*De gloria*) entre autres, que la gloire fuit devant ceux qui la cherchent et suit ceux qui la négligent, parce que les premiers s'accommodent au goût de leurs contemporains, tandis que les autres l'affrontent.

Autant il est difficile d'acquérir la gloire, autant est-il facile de la conserver. En cela aussi elle est en opposition avec l'honneur. Celui-ci s'accorde à chacun, même à crédit, et l'on n'a plus qu'à le garder. Mais là est la tâche, car une seule action indigne le fait perdre irrévocablement. Au contraire, la gloire ne peut réellement jamais être perdue, car l'action ou l'œuvre qui l'ont amenée demeure à jamais accomplie, et la gloire en reste à l'auteur, quand même à l'ancienne il n'en ajouterait plus de nouvelle. Si néanmoins elle s'éteint, si l'auteur lui survit, c'est qu'elle était fausse, c'est-à-dire qu'il ne l'avait pas méritée ; elle venait d'une évaluation exagérée et momentanée du mérite ; c'était une gloire dans le genre de celle de Hegel et que Lichtenberg décrit en disant qu'elle avait été « *proclamée à son de trompette par une coterie d'amis et de disciples et répercutée par l'écho des cerveaux creux ; mais comme la postérité sourira quand, un jour, frappant à la porte de ces cages à mots bariolés, de ces charmants nids d'une mode envolée, de ces demeures de conventions expirées, elle trouvera tout, tout absolument vide, et pas une pensée pour répondre avec confiance* : ENTREZ ! »

En définitive, la gloire se fonde sur ce qu'un homme est en comparaison des autres. Elle est donc par essence quelque chose de relatif et ne peut avoir aussi qu'une valeur relative. Elle disparaîtrait totalement si les autres devenaient ce que l'homme célèbre est déjà. Une chose ne peut avoir de valeur absolue que si elle garde son prix en toute circonstance ; dans le cas présent, ce qui aura une valeur absolue, ce sera donc ce qu'un homme est directement et par lui-même : c'est là par conséquent ce qui constituera nécessairement la valeur et la félicité d'un grand cœur et d'un grand esprit. Ce qu'il y a de précieux, ce n'est donc pas la gloire, mais c'est de la mériter. Les conditions qui en rendent digne sont, pour ainsi dire, la substance ; la gloire n'est que l'accident ; cette dernière agit sur l'homme célèbre comme symptôme extérieur qui vient confirmer à ses yeux la haute opinion qu'il a de lui-même ; on pourrait dire que, semblable à la lumière qui ne devient visible que réfléchie par un corps, toute supériorité n'acquiert la pleine conscience d'elle-même que par la gloire. Mais le symptôme même n'est pas infaillible, vu qu'il existe de la gloire sans mérite et du mérite sans gloire. Lessing dit à ce sujet d'une façon charmante : « *Il y a des hommes célèbres, il y en a qui méritent de l'être.* » Ce serait en vérité une bien misérable existence que celle dont la valeur ou la dépréciation dépendraient de ce qu'elle paraît aux yeux des autres, et telle serait la vie du héros et du génie si le prix de leur existence consistait dans la gloire, c'est-à-dire dans l'approbation d'autrui. Tout être vit et existe avant tout pour son propre compte, par conséquent principalement en soi et par soi. Ce qu'un homme est, n'importe comment, il l'est tout d'abord et par-dessus tout en soi ; si, considérée ainsi, la valeur en est minime, c'est qu'elle l'est aussi, considérée en général. L'image au contraire de notre être, tel qu'il se réfléchit dans les têtes des autres hommes, est quelque chose de secondaire, de dérivé, d'éventuel, ne se rapportant que fort indirectement à l'original. En outre, les têtes des masses sont un local trop misérable pour que notre vrai bonheur y puisse trouver sa place. On ne peut y rencontrer qu'un bonheur chimérique. Quelle société mélangée ne voit-on pas réunie dans ce temple de la gloire universelle ! Capitaines, ministres, charlatans, escamoteurs, danseurs, chanteurs, millionnaires et juifs : oui, les mérites de tous ces gens-là y sont bien plus sincèrement appréciés, y trouvent bien plus d'*estime sentie* que les mérites intellectuels, surtout ceux d'ordre supérieur, qui n'obtiennent de la grande majorité qu'une *estime sur parole*. Au point de vue eudémonologique, la gloire n'est donc que le morceau le plus rare et le plus savoureux servi à notre orgueil et à notre vanité. Mais on trouve surabondamment d'orgueil et de vanité chez la plupart des hommes, bien qu'on les dissimule ; peut-être même rencontre-t-on ces deux conditions au plus haut degré chez ceux qui possèdent à n'importe quel titre des droits à la gloire et qui le plus souvent doivent porter bien longtemps dans leur âme la conscience incertaine de leur haute valeur, avant d'avoir l'occasion de la mettre à l'épreuve et ensuite de la faire reconnaître : jusqu'alors, ils ont le sentiment de subir une secrète injustice.[21] En général, et comme nous l'avons dit au commencement de ce chapitre, le prix attaché à l'opinion est tout à fait disproportionné et déraisonnable, à ce point que Hobbes a pu dire, en termes très énergiques, mais très justement : « *Toute jouissance de l'âme, toute satisfaction vient de là que, se comparant aux autres, on puisse avoir une haute opinion de soi-même.* » (*De cive*, I, 5.) Ainsi s'explique le grand prix que l'on attache à la gloire, et les sacrifices que l'on fait dans le seul espoir d'y arriver un jour :

Fame is the spur, that the clear spirit doth raise (That lust infirmity of noble minds) To scorn delights and live laborious days.

(La renommée est l'éperon qui pousse les esprits éminents [dernière faiblesse des nobles âmes] à dédaigner les plaisirs et à consacrer leur vie au travail.)

Et ailleurs il dit : how hard it is to climb The hights were Fame's proud temple shines, afar (Qu'il est dur de grimper aux sommets où brille au loin le temple de la Renommée.)

C'est pourquoi aussi la plus vaniteuse de toutes les calions a toujours à la bouche le mot « gloire » et considère

---

[21] Comme notre plus grand plaisir consiste en ce qu'on nous admire, mais comme les autres ne consentent que très difficilement à nous admirer même alors que l'admiration serait pleinement justifiée, il en résulte que celui-là est le plus heureux qui, n'importe comment, est arrivé à s'admirer sincèrement soi-même. Seulement il ne doit pas se laisser égarer par les autres.—(*Note de l'auteur.*)

celle-ci comme le mobile principal des grandes actions et des grandes œuvres. Seulement, comme la gloire n'est incontestablement que le simple écho, l'image, l'ombre, le symptôme du mérite, et comme en tout cas ce qu'on admire doit avoir plus de valeur que l'admiration, il s'ensuit que ce qui rend vraiment heureux ne réside pas dans la gloire, mais dans ce qui nous l'attire, dans le mérite même, ou, pour parler plus exactement, dans le caractère et les facultés qui fondent le mérite soit dans l'ordre moral soit dans l'ordre intellectuel. Car ce qu'un homme peut être de meilleur, c'est nécessairement pour lui-même qu'il doit l'être ; ce qui se réfléchit de son être dans la tête des autres, ce qu'il vaut dans leur opinion n'est qu'accessoire et d'un intérêt subordonné pour lui. Par conséquent, celui qui ne fait que mériter la gloire, quand même il ne l'obtient pas, possède amplement la chose principale et a de quoi se consoler de ce qui lui manque. Ce qui rend un homme digne d'envie, ce n'est pas d'être tenu pour grand par ce public si incapable de juger et souvent si aveugle, c'est d'être grand ; le suprême bonheur non plus n'est pas de voir son nom aller à la postérité, mais de produire des pensées qui méritent d'être recueillies et méditées dans tous les siècles. C'est là ce qui ne peut lui être enlevé, « των εφ' ημιν » ; le reste est « των ουχ εφ' ημιν ».

Quand, au contraire, l'admiration même est l'objet principal, c'est que le sujet n'en est pas digne. Tel est en effet le cas pour la fausse gloire, c'est-à-dire la gloire non méritée. Celui qui la possède doit s'en contenter pour tout aliment, puisqu'il n'a pas les qualités dont cette gloire ne doit être que le symptôme, le simple reflet. Mais il se dégoûtera souvent de cette gloire même : il arrive un moment où, en dépit de l'illusion sur son propre compte que la vanité lui procure, il sera pris de vertige sur ces hauteurs qu'il n'est pas fait pour habiter, ou bien il s'éveille en lui un vague soupçon de n'être que du cuivre doré ; il est saisi de la crainte d'être dévoilé et humilié comme il le mérite, surtout alors qu'il peut lire déjà sur le front des sages le jugement de la postérité. Il ressemble à un homme possédant un héritage en vertu d'un faux testament. Le retentissement de la gloire vraie, de celle qui vivra à travers les âges futurs, n'arrive jamais aux oreilles de celui qui en est l'objet, et pourtant on le tient pour heureux. C'est que ce sont les hautes facultés auxquelles il doit sa gloire, c'est le loisir de les développer, c'est-à-dire d'agir en conformité de sa nature, c'est d'avoir pu ne s'occuper que des sujets qu'il aimait ou qui l'amusaient, c'est là ce qui l'a rendu heureux ; ce n'est aussi que dans ces conditions que se produisent les œuvres qui iront à la gloire. C'est donc sa grande âme, c'est la richesse de son intelligence, dont l'empreinte dans ses œuvres force l'admiration des temps à venir, qui sont la base de son bonheur ; ce sont encore ses pensées dont la méditation fera l'étude et les délices des plus nobles esprits à travers d'innombrables siècles. Avoir mérité la gloire, voilà ce qui en fait la valeur comme aussi la propre récompense. Que des travaux appelés à la gloire éternelle l'aient parfois obtenue déjà des contemporains, c'est là un fait dû à des circonstances fortuites et qui n'a pas grande importance. Car les hommes manquent d'ordinaire de jugement propre, et surtout ils n'ont pas les facultés voulues pour apprécier les productions d'un ordre élevé et difficile ; aussi suivent-ils toujours sur ces matières l'autorité d'autrui, et la gloire suprême est accordée de pure confiance par quatre-vingt-dix-neuf admirateurs sur cent. C'est pourquoi l'approbation des contemporains, quelque nombreuses que soient leurs voix, n'a que peu de prix pour le penseur ; il n'y distingue toujours que l'écho de quelques voix peu nombreuses qui ne sont elles-mêmes parfois qu'un effet du moment. Un virtuose se sentirait-il bien flatté par les applaudissements approbatifs de son public s'il apprenait que, sauf un ou deux individus, l'auditoire est composé en entier de sourds qui, pour dissimuler mutuellement leur infirmité, applaudissent bruyamment dès qu'ils voient remuer les mains du seul qui entend ? Que serait-ce donc s'il apprenait aussi que ces chefs de claque ont souvent été achetés pour procurer le plus éclatant succès au plus misérable racleur ! Ceci nous explique pourquoi la gloire contemporaine subit si rarement la métamorphose en gloire immortelle ; d'Alembert rend la même pensée dans sa magnifique description du temple de la gloire littéraire :

« L'intérieur du temple n'est habité que par des morts qui n'y étaient pas de leur vivant, et par quelques vivants que l'on met à la porte, pour la plupart, dès qu'ils sont morts. »

Pour le dire en passant, élever un monument à un homme de son vivant, c'est déclarer que pour ce qui le concerne on ne se fie pas à la postérité. Quand malgré tout un homme arrive pendant sa vie à une gloire que les générations futures confirmeront, ce ne sera jamais que dans un âge avancé : il y a bien quelques exceptions à cette règle pour les artistes et les poètes, mais il y en a beaucoup moins pour les philosophes. Les portraits d'hommes célèbres pour leurs œuvres, peints généralement à une époque où leur célébrité était déjà établie, confirment la règle précédente ; ils nous les représentent d'ordinaire vieux et tout blancs, les philosophes nommément. Au point de vue eudémonologique, toutefois, la chose est parfaitement justifiée. Avoir gloire et jeunesse à la fois, c'est trop pour un mortel. Notre existence est si pauvre que ses biens doivent être répartis avec plus de ménagement. La jeunesse a bien assez de richesse propre ; elle peut s'en contenter. C'est dans la vieillesse, quand jouissances et plaisirs sont morts, comme les arbres pendant l'hiver, que l'arbre de la gloire vient bourgeonner à propos, comme une verdure d'hiver ; on peut encore comparer la gloire ces poires tardives qui se développent pendant l'été, mais qu'on ne mange qu'en hiver. Il n'y a pas de plus belle consolation pour le vieillard que de voir toute la force de ses jeunes années s'incorporer dans des œuvres qui ne vieilliront pas comme sa jeunesse.

Examinons maintenant de plus près la route qui conduit à la gloire par les sciences, celles-ci étant la branche le plus à notre portée ; nous pourrons établir à leur égard la règle suivante. La supériorité intellectuelle dont témoigne la gloire scientifique se manifeste toujours par une combinaison neuve de certaines données. Ces dernières peuvent être d'espèces très diverses, mais la gloire attachée à leur combinaison sera d'autant plus grande et plus étendue qu'elles-mêmes seront plus généralement connues et plus accessibles à chacun. Si ces données sont, par exemple, des chiffres, des courbes, une question spéciale de physique, de zoologie, de botanique ou d'anatomie, des passages corrompus d'auteurs anciens, des inscriptions à demi effacées ou dont l'alphabet nous manque, ou des points obscurs d'histoire, dans tous ces cas la gloire qu'on acquerra à les combiner judicieusement ne s'étendra guère plus loin que la connaissance même de ces données et par conséquent ne dépassera pas le cercle d'un petit nombre d'hommes qui vivent d'ordinaire dans la retraite et sont jaloux de la gloire dans leur profession spéciale. Si, au contraire, les données sont de celles que tout le monde connaît, si ce sont par exemple des facultés essentielles et universelles de l'esprit ou du cœur humain, ou bien des forces naturelles dont l'action se passe constamment sous nos yeux, ou bien encore la marche, familière à tous, de la nature en général, alors la gloire de les avoir mises on plus grande lumière par une combinaison neuve, importante et évidente, se répandra avec le temps dans le sein de l'humanité civilisée presque tout entière. Car, si les données sont accessibles à chacun, leur combinaison généralement le sera aussi. Néanmoins la gloire sera toujours en rapport avec la difficulté à surmonter. En effet, plus les hommes à qui les données sont connues seront nombreux, plus il sera difficile de les combiner d'une manière neuve et juste à la fois, puisqu'une infinité d'esprits s'y seront déjà essayés et auront épuisé les combinaisons possibles. En revanche, les données inaccessibles au grand public, et dont la connaissance ne s'acquiert que par des voies longues et laborieuses, admettront encore le plus souvent des combinaisons nouvelles ; quand on les aborde avec une raison droite et un jugement sain, on peut aisément avoir la chance d'arriver à une combinaison neuve et juste. Mais la gloire ainsi obtenue aura, à peu de chose près, pour limite le cercle même de la connaissance de ces données. Car la solution des problèmes de cette nature exige, à la vérité, beaucoup de travail et d'étude ; d'autre part, les données pour les problèmes de la première espèce, où la gloire à acquérir est précisément la plus élevée et la plus vaste, sont connues de tout le monde et sans effort ; mais, s'il faut peu de travail pour les connaître, il faudra d'autant plus de talent, de génie même pour les combiner. Or il n'y a pas de travail qui, pour la valeur propre ou pour celle qu'on lui attribue, puisse soutenir la comparaison avec le talent ou le génie.

Il résulte de là que ceux qui se savent doués d'une raison solide et d'un jugement droit, sans avoir pourtant le sentiment de posséder une intelligence hors ligne, ne doivent pas reculer devant les longues études et les recherches laborieuses ; ils pourront s'élever par là au-dessus des hommes à la portée desquels se trouvent les données universellement connues, et atteindre des régions écartées, accessibles seulement à l'activité du savant. Car ici le nombre des concurrents est infiniment moindre, et un esprit quelque peu supérieur trouvera bientôt l'occasion d'une combinaison neuve et juste ; le mérite de sa découverte pourra même s'appuyer en même temps sur la difficulté d'arriver à la connaissance des données. Mais la multitude ne percevra que de loin le bruit des applaudissements que ces travaux vaudront à leur auteur de la part de ses confrères en science, seuls connaisseurs en la matière. En poursuivant jusqu'à son terme la route ici indiquée, on peut même déterminer le point où les données, par leur extrême difficulté d'acquisition, suffisent à elles seules, en dehors de toute combinaison, pour fonder une gloire. Tels sont les voyages dans les pays très éloignés et peu visités ; on devient célèbre par ce qu'on a vu, non par ce qu'on a pensé. Ce système a encore ce grand avantage qu'il est plus facile de communiquer aux autres les choses qu'on a vues que celles qu'on a pensées, de même que le public comprend plus aisément les premières que les secondes ; on trouve aussi de cette façon plus de lecteurs. Car, ainsi qu'Asmus l'a déjà dit :

Wenn jemand eine Reise thut, So kann er was erzählen.

(Après un grand voyage, on a bien des choses à raconter.)

Mais il en résulte aussi que, lorsqu'on fait la connaissance personnelle d'hommes célèbres de cette espèce, on se rappelle souvent l'observation d'Horace :

Cœlum, non animum, mutant, qui trans mare currunt.

(Ep. I, 11, t. 27.)

(C'est changer de climat, ce n'est pas changer d'humeur, que de courir au delà des mers.)

En ce qui concerne maintenant l'homme doué de hautes facultés, celui qui seul peut oser aborder la solution de ces grands et difficiles problèmes traitant des choses générales et universelles, celui-là fera bien d'une part d'élargir le plus possible son horizon, mais d'autre part il devra l'étendre également dans toutes les directions, sans s'égarer trop profondément dans quelqu'une de ces régions plus spéciales, connues seulement de peu d'individus ; en d'autres mots, sans pénétrer trop avant dans les détails spéciaux d'une seule science, et bien moins encore faire de la micrologie, dans quelque branche que ce soit. Car il n'a pas besoin de s'adonner aux choses difficilement accessibles pour échapper à la foule des concurrents ; ce qui est à la portée de tous lui fournira précisément matière à des combinaisons neuves, importantes et vraies. Mais, par là même, son mérite pourra être apprécié par tous ceux qui connaissent les données, et c'est la plus grande partie du genre humain. Voilà la raison de l'immense différence entre la gloire réservée aux poètes et aux philosophes et celle accessible aux physiciens, chimistes, anatomistes, minéralogues, zoologues, philologues, historiens et autres.

CHAPITRE V

PARÉNÉSES ET MAXIMES

Ici moins que partout j'ai la prétention d'être complet ; sans quoi j'aurais à répéter les nombreuses, et en partie excellentes, règles de la vie données par les penseurs de tous les temps, depuis Theognis et le pseudo-Salomon[22] jusqu'à La Rochefoucauld ; je ne pourrais pas éviter non plus beaucoup de lieux communs des plus rebattus. J'ai renoncé aussi presque entièrement à tout ordre systématique. Que le lecteur s'en console, car en pareilles matières un traité complet et systématique eût été infailliblement ennuyeux. Je n'ai consigné que ce qui m'est venu tout d'abord à l'esprit, ce qui m'a semblé digne d'être communiqué et ce qui, autant que je me le rappelais, n'avait pas encore été dit, pas aussi complètement du moins et pas sous cette même forme ; je ne fais donc que glaner dans ce vaste champ où d'autres ont récolté avant moi.

Toutefois pour apporter un peu de suite dans cette grande variété d'opinions et de conseils relatifs à mon sujet, je les classerai en maximes générales et en maximes concernant notre conduite envers nous-mêmes, puis envers les autres et enfin en face de la marche des choses et du sort en ce monde.

MAXIMES GÉNÉRALES

---

[22] L'*Ecclésiaste* ; trad.

1° Je considère comme la règle suprême de toute sagesse dans la vie la proposition énoncée par Aristote dans sa *Morale à Nicomaque* (VII, 12) : « ο φρονιμος το αλυπον διωχει, ου το ηδυ » ce qui peut se traduire ainsi : *Le sage poursuit l'absence de douleur et non le plaisir.* La vérité de cette sentence repose sur ce que tout plaisir et tout bonheur sont de nature négative, la douleur par contre de nature positive. J'ai développé et prouvé cette thèse dans mon ouvrage principal, vol. I, § 58. Je veux cependant l'expliquer encore par un fait d'observation journalière. Quand notre corps tout entier est sain et intact, sauf une petite place blessée ou douloureuse, la conscience cesse de percevoir la santé du tout ; l'attention se dirige tout entière sur la douleur de la partie lésée, et le plaisir, déterminé par le sentiment total de l'existence, s'efface. De même, quand toutes nos affaires marchent à notre gré, sauf une seule qui va à rencontre, c'est celle-ci, fût-elle de minime importance, qui nous trotte constamment par la cervelle, c'est sur elle que se reporte toujours notre pensée et rarement sur les autres choses, plus importantes, qui marchent à notre souhait. Dans les deux cas, c'est la *volonté* qui est lésée, la première fois telle qu'elle *s'objective* dans l'organisme, la seconde fois dans les efforts de l'homme ; nous voyons, dans les deux cas, que sa satisfaction n'agit jamais que négativement, et que, par conséquent, elle n'est pas éprouvée directement du tout ; c'est tout au plus par voie réflexe qu'elle arrive à la conscience. Ce qu'il y a de positif au contraire, c'est l'empêchement de la volonté, lequel se manifeste directement aussi. Tout plaisir consiste à supprimer cet empêchement, à s'en affranchir, et ne saurait être, par conséquent, que de courte durée.

Voilà donc sur quoi repose l'excellente règle d'Aristote rapportée ci-dessus, d'avoir à diriger notre attention non sur les jouissances et les agréments de la vie, mais sur les moyens d'échapper autant qu'il est possible aux maux innombrables dont elle est semée. Si cette voie n'était pas la vraie, l'aphorisme de Voltaire : « *Le bonheur n'est qu'un rêve et la douleur est réelle,* » serait aussi faux qu'il est juste en réalité. Aussi, quand on veut arrêter le bilan de sa vie au point de vue eudémonologique, il ne faut pas établir son compte d'après les plaisirs qu'on a goûtés, mais d'après les maux auxquels on s'en soustrait. Bien plus, l'eudémonologie, c'est-à-dire un traité de la vie heureuse, doit commencer par nous enseigner que son nom même est un euphémisme, et que par « vivre heureux » il faut entendre seulement « moins malheureux », en un mot, supportablement. Et, de fait, la vie n'est pas là pour qu'on en jouisse, mais pour qu'on subisse, pour qu'on s'en acquitte ; c'est ce qu'indiquent aussi bien des expressions telles que, en latin : « *degere vitam* », « *vitam defungi* » ; en italien : « *si scampa cori* » ; en allemand : « *man muss suchen, durch zukommen* », « *er wird schon durch die Welt kommen* », et autres semblables. Oui, c'est une consolation, dans la vieillesse, que d'avoir derrière soi le labeur de la vie. L'homme le plus heureux est donc celui qui parcourt sa vie sans douleurs trop grandes, soit au moral soit au physique, et non pas celui qui a eu pour sa part les joies les plus, vives ou les jouissances les plus fortes. Vouloir mesurer sur celles-ci le bonheur d'une existence, c'est recourir à une fausse échelle. Car les plaisirs sont et restent négatifs ; croire qu'ils rendent heureux est une illusion que l'envie entretient et par laquelle elle se punit elle-même. Les douleurs au contraire sont senties positivement, c'est leur absence qui est l'échelle du bonheur de la vie. Si, à un état libre de douleur vient s'ajouter encore l'absence de l'ennui, alors on atteint le bonheur sur terre dans ce qu'il a d'essentiel, car le reste n'est plus que chimère. Il suit de là qu'il ne faut jamais acheter de plaisirs au prix de douleurs, ni même de leur menace seule, vu que ce serait payer du *négatif* et du *chimérique* avec du *positif* et du *réel*. En revanche, il y a bénéfice à sacrifier des plaisirs pour éviter des douleurs. Dans l'un et l'autre cas, il est indifférent que les douleurs suivent ou précèdent les plaisirs. Il n'y a vraiment pas de folie plus grande que de vouloir transformer ce théâtre de misères en un lieu de plaisance, et de poursuivre des jouissances et des joies au lieu de chercher à éviter la plus grande somme possible de douleurs. Que de gens cependant tombent dans cette folie ! L'erreur est infiniment moindre chez celui qui, d'un œil trop sombre, considère ce monde comme une espèce d'enfer et n'est occupé qu'à s'y procurer un logis à l'épreuve des flammes. Le fou court après les plaisirs de la vie et trouve la déception ; le sage évite les maux. Si malgré ces efforts il n'y parvient pas, la faute en est alors au destin et non à sa folie. Mais pour peu qu'il y réussisse, il ne sera pas déçu, car les maux qu'il aura écartés sont des plus réels. Dans le cas même où le détour fait pour leur échapper eût été trop grand et où il aurait sacrifié inutilement des plaisirs, il n'a rien perdu en réalité : car ces derniers sont chimériques, et se désoler de leur perte serait petit ou plutôt ridicule.

Pour avoir méconnu cette vérité à la faveur de l'optimisme, on a ouvert la source de bien des calamités. En effet, dans les moments où nous sommes libres de souffrances, des désirs inquiets font briller à nos yeux les chimères d'un bonheur qui n'a pas d'existence réelle et nous induisent à les poursuivre : par là nous attirons la douleur qui est incontestablement réelle. Alors nous nous lamentons sur cet état exempt de douleurs que nous avons perdu et qui se trouve maintenant derrière nous comme un Paradis que nous avons laissé échapper à plaisir, et nous voudrions vainement rendre non-avenu ce qui est avenu. Il semble ainsi qu'un méchant démon soit constamment occupé, par les mirages trompeurs de nos désirs, à nous arracher à cet état exempt de souffrances, qui est le bonheur suprême et réel. Le jeune homme s'imagine que ce monde qu'il n'a pas encore vu est là pour être goûté, qu'il est le siège d'un bonheur positif qui n'échappe qu'à ceux qui n'ont pas l'adresse de s'en emparer. Il est fortifié dans sa croyance par les romans et les poésies, et par cette hypocrisie qui mène le monde, partout et toujours, par les apparences extérieures.

Je reviendrai tout à l'heure là-dessus. Désormais, sa vie est une chasse au bonheur positif, menée avec plus ou moins de prudence ; et ce bonheur positif est, à ce titre, censé composé de plaisirs positifs. Quant aux dangers auxquels on s'expose, eh bien, il faut en prendre son parti. Cette chasse entraîne à la poursuite d'un gibier qui n'existe en aucune façon, et finit d'ordinaire par conduire au malheur bien réel et bien positif. Douleurs, souffrances, maladies, pertes, soucis, pauvreté, déshonneur et mille autres peines, voilà sous quelles formes se présente le résultat. Le désabusement arrive trop tard. Si au contraire on obéit à la règle ici exposée, si l'on établit le plan de sa vie en vue d'éviter les souffrances, c'est-à-dire d'écarter le besoin, la maladie et toute autre peine, alors le but est réel ; on pourra obtenir quelque chose, et d'autant plus que le plan aura été moins dérangé par la poursuite de cette chimère du bonheur positif. Ceci s'accorde avec ce que Gœthe, dans les affinités électives, fait dire à Mittler, qui est toujours occupé du bonheur des autres : « *Celui qui veut s'affranchir d'un mal sait toujours ce qu'il veut ; celui qui cherche mieux qu'il n'a est aussi aveugle qu'un cataracté.* » Ce qui rappelle ce bel adage français : « *le mieux est l'ennemi du bien.* » C'est de là également que l'on peut déduire l'idée fondamentale du cynisme, tel que je l'ai exposée dans mon grand ouvrage, tome II, chap. 16. Qu'est-ce en effet qui portait les cyniques à rejeter toutes jouissances, si ce n'est la pensée des douleurs dont elles s'accompagnent de près ou de loin ? Éviter celles-ci leur semblait autrement important que se procurer les premières. Profondément pénétrés et convaincus de la condition négative de tout plaisir et positive de toute souffrance, ils faisaient tout pour échapper aux maux, et pour cela jugeaient nécessaire de repousser entièrement et intentionnellement les jouissances qu'ils considéraient comme des pièges tendus pour nous livrer à la douleur.

Certes nous naissons tous en Arcadie, comme dit Schiller, c'est-à-dire nous abordons la vie pleins de prétentions au bonheur, au plaisir, et nous entretenons le fol espoir d'y arriver. Mais, règle générale, arrive bientôt le destin, qui nous empoigne rudement et nous apprend que rien n'est *à nous*, que tout est *à lui*, en ce qu'il a un droit incontesté non seulement sur tout ce que nous possédons et acquérons, sur femme et enfants, mais même sur nos bras et nos jambes, sur nos yeux et nos oreilles, et jusque sur ce nez que nous portons au milieu du visage. En tout cas, il ne se passe pas longtemps, et l'expérience vient nous faire comprendre que bonheur et plaisir sont une « *Fata Morgana* » qui, visible de loin seulement, disparaît quand on s'en approche, mais qu'en revanche souffrance et douleur ont de la réalité, qu'elles se présentent immédiatement et par elles-mêmes, sans prêter à l'illusion ni à l'attente. Si la leçon porte ses fruits, alors nous cessons de courir après le bonheur et le plaisir, et nous nous attachons plutôt à fermer, autant que possible, tout accès à la douleur et à la souffrance. Nous reconnaissons aussi que ce que le monde peut nous offrir de mieux, c'est une existence sans peine, tranquille, supportable, et c'est à une telle vie que nous bornons nos exigences, afin d'en pouvoir jouir plus sûrement. Car, pour ne pas devenir très malheureux, le moyen le plus certain est de ne pas demander à être très heureux. C'est ce qu'a reconnu Merck, l'ami de jeunesse de Gœthe, quand il a écrit : « *Cette vilaine prétention à la félicité, surtout dans la mesure où nous la rêvons, gâte tout ici-bas. Celui qui peut s'en affranchir et ne demande que ce qu'il a devant soi, celui-là pourra se faire jour à travers la mêlée.* » (*Corresp. de Merck.*) Il est donc prudent d'abaisser à une échelle très modeste ses prétentions aux plaisirs, aux richesses, au rang, aux honneurs, etc., car ce sont elles qui nous attirent les plus grandes infortunes ; c'est cette lutte pour le bonheur, pour la splendeur et les jouissances. Mais une telle conduite est déjà sage et avisée par là seul qu'il est très facile d'être extrêmement malheureux et qu'il est, non pas difficile, mais tout à fait impossible, d'être très heureux. Le chantre de la sagesse a dit avec raison :

Auream quisquis mediocritatem Diligit, tutus caret obsoleti Sordibus tecti, caret invidenda Sobrius aula.

Sævius ventis agitatur ingens Pinus : et celsæ graviore casu Decidunt turres : feriuntque summos Fulgura montes.

(Horace, l. II, od. 10.)

(Celui qui aime la médiocrité, plus précieuse que l'or, ne cherche pas le repos sous le misérable toit d'une chaumière, et, sobre en ses désirs, fuit les palais que l'on envie. Le chêne altier est plus souvent battu par l'orage ; les hautes tours s'écroulent avec plus de fracas, et c'est la cime des monts que va frapper la foudre.)

Quiconque, s'étant pénétré des enseignements de ma philosophie, sait que toute notre existence est une chose qui devrait plutôt ne pas être et que la suprême sagesse consiste à la nier et à la repousser, celui-là ne fondera de grandes espérances sur aucune chose ni sur aucune situation, ne poursuivra avec emportement rien au monde et n'élèvera de grandes plaintes au sujet d'aucun mécompte, mais il reconnaîtra la vérité de ce que dit Platon (*Rép.*, X, 604) : « ουτε τι των ανθρωπινων αξιον μεγαλης σπουδης » (Rien des choses humaines n'est digne d'un grand empressement), et cette autre vérité du poète persan :

As-tu perdu l'empire du monde ? Ne t'en afflige point ; ce n'est rien. As-tu conquis l'empire du monde ? Ne t'en : réjouis pas ; ce n'est rien. Douleurs et félicités, tout passe, Passe à côté du monde, ce n'est rien. (Anwari Soheili.)

(Voir l'épigraphe du *Gulistan* de Sardi, traduit en allemand par Graf.)

Ce qui augmente particulièrement la difficulté de se pénétrer de vues aussi sages, c'est cette hypocrisie du monde dont j'ai parlé plus haut, et rien ne serait utile comme de la dévoiler de bonne heure à la jeunesse. Les magnificences sont pour la plupart de pures apparences, comme des décors de théâtre, et l'essence de la chose manque. Ainsi des vaisseaux pavoises et fleuris, des coups de canon, des illuminations, des timbales et des trompettes, des cris d'allégresse, etc., tout cela est l'enseigne, l'indication, l'hiéroglyphe de la *joie ;* mais le plus souvent la joie n'y est pas : elle seule s'est excusée de venir à la fête. Là où réellement elle se présente, là elle arrive d'ordinaire sans se faire inviter ni annoncer, elle vient d'elle-même et sans façons, s'introduisant en silence, souvent pour les motifs les plus insignifiants et les plus futiles, dans les occasions les plus journalières, parfois même dans des circonstances qui ne sont rien moins que brillantes ou glorieuses. Comme l'or en Australie, elle se trouve éparpillée, çà et là, selon le caprice du hasard, sans règle ni loi, le plus souvent en poudre fine, très rarement en grosses masses. Mais aussi, dans toutes ces manifestations dont nous avons parlé, le seul but est de faire accroire aux autres que la joie est de la fête ; l'intention, c'est de produire l'illusion dans la tête d'autrui.

Comme de la joie, ainsi de la tristesse. De quelle allure mélancolique s'avance ce long et lent convoi ! La file des voitures est interminable. Mais regardez un peu à l'intérieur : elles sont toutes vides, et le défunt n'est, en réalité, conduit au cimetière que par tous les cochers de la ville. Parlante image de l'amitié et de la considération en ce monde ! Voilà ce que j'appelle la fausseté, l'inanité et l'hypocrisie de la conduite humaine. Nous en avons encore un exemple dans les réceptions solennelles avec les nombreux invités en habits de fête ; ceux-ci sont l'enseigne de la noble et haute société : mais, à sa place, c'est la peine, la contrainte et l'ennui qui sont venus : car où il y a beaucoup de convives il y a beaucoup de racaille, eussent-ils tous des crachats sur la poitrine. En effet, la véritable bonne société est partout et nécessairement très restreinte. En général, ces fêtes et ces réjouissances portent toujours en elles quelque chose qui sonne creux ou, pour mieux dire, qui sonne faux, précisément parce qu'elles contrastent avec la misère et l'indigence de notre existence, et que toute opposition fait mieux ressortir la vérité. Mais, vu du dehors, tout ça fait de l'effet ; et c'est là le but. Chamfort dit d'une manière charmante : « *La société, les cercles, les salons, ce qu'on appelle le monde est une pièce misérable, un mauvais opéra, sans intérêt, qui se soutient un peu par les machines, les costumes et les décorations.* » Les académies et les chaires de philosophie sont également l'enseigne, le simulacre extérieur de la sagesse ; mais elle aussi s'abstient le plus souvent d'être de la fête, et c'est ailleurs qu'on la trouverait. Les sonneries de cloches, les vêtements sacerdotaux, le maintien pieux, les simagrées, sont l'enseigne, le faux semblant de la dévotion, et ainsi de suite. C'est ainsi que presque toutes choses en ce monde peuvent être dites des noisettes creuses ; le noyau est rare par lui-même, et plus rarement encore est-il logé dans la coque. Il faut le chercher toute autre part, et on ne le rencontre d'ordinaire que par un hasard.

2° Quand on veut évaluer la condition d'un homme au point de vue de sa félicité, ce n'est pas de ce qui le divertit, mais de ce qui l'attriste qu'on doit s'informer ; car, plus ce qui l'afflige sera insignifiant en soi, plus l'homme sera heureux ; il faut un certain état de bien-être pour être sensible à des bagatelles ; dans le malheur, on ne les sent pas du tout.

3° Il faut se garder d'asseoir la félicité de sa vie sur une *base large* en élevant de nombreuses prétentions au bonheur : établi sur un tel fondement, il croule plus facilement, car il donne infailliblement alors naissance à plus de désastres. L'édifice du bonheur se comporte donc sous ce rapport au rebours de tous les autres, qui sont d'autant plus solides que leur base est plus large. Placer ses prétentions le plus bas possible, en proportion de ses ressources de toute espèce, voilà la voie la plus sûre pour éviter de grands malheurs.

C'est en général une folie des plus grandes et des plus répandues que de prendre, de quelque façon que ce soit, de *vastes dispositions* pour sa vie. Car d'abord, pour le faire, on compte sur une vie d'homme pleine et entière, à laquelle cependant arrivent peu de gens. En outre, quand même on vivrait une existence aussi longue, elle ne se trouverait pas moins être trop courte pour les plans conçus ; leur exécution réclame toujours plus de temps qu'on ne supposait ; ils sont de plus exposés, comme toutes choses humaines, à tant d'échecs et à tant d'obstacles de toute nature, qu'on peut rarement les mener jusqu'à leur terme. Finalement, alors même qu'on a réussi à tout obtenir, on s'aperçoit qu'on a négligé de tenir compte des modifications que le temps produit en *nous-mêmes* ; on n'a pas réfléchi que, ni pour créer ni pour jouir, nos facultés ne restent invariables dans la vie entière. Il en résulte que nous travaillons souvent à acquérir des choses qui, une fois obtenues, ne se trouvent plus être à notre taille ; il arrive encore que nous employons aux travaux préparatoires d'un ouvrage, des années qui, dans l'entre-temps, nous enlèvent insensiblement les forces nécessaires à son achèvement. De même, des richesses acquises au prix de longues fatigues et de nombreux dangers ne peuvent souvent plus nous servir, et nous nous trouvons avoir travaillé pour les autres ; il en résulte encore que nous ne sommes plus en état d'occuper un poste enfin obtenu après l'avoir poursuivi et ambitionné pendant de longues années. Les choses sont arrivées trop tard pour nous, ou, à l'inverse, c'est nous qui arrivons trop tard pour les choses, alors surtout qu'il s'agit d'œuvres ou de productions ; le goût de l'époque a changé ; une nouvelle génération a grandi qui ne prend aucun intérêt à ces matières ; ou bien d'autres nous ont devancés par des chemins plus courts, et ainsi de suite. Tout ce que nous avons exposé dans ce paragraphe 3, Horace l'a eu en vue dans les vers suivants :

Quid æternis minorem Consiliis animum fatigas ?

(L. II, Ode 11, v. 11 et 12.)

(Pourquoi fatiguer d'éternels projets un esprit débile ?)

Cette méprise si commune est déterminée par l'inévitable illusion d'optique des yeux de l'esprit, qui nous fait apparaître la vie comme infinie ou comme très courte, selon que nous la voyons de l'entrée ou du terme de notre carrière. Cette illusion a cependant son bon côté ; sans elle, nous produirions difficilement quelque chose de grand.

Mais il nous arrive en général dans la vie ce qui arrive au voyageur : à mesure qu'il avance, les objets prennent des formes différentes de celles qu'ils montraient de loin et ils se modifient pour ainsi dire à mesure qu'on s'en rapproche. Il en advient ainsi principalement de nos désirs. Nous trouvons souvent autre chose, parfois même mieux que ce que nous cherchions ; souvent aussi ce que nous cherchons, nous le trouvons par une toute autre voie que celle vainement suivie jusque-là. D'autres fois, là où nous pensions trouver un plaisir, un bonheur, une joie, c'est, à leur place, un enseignement, une explication, une connaissance, c'est-à-dire un bien durable et réel en place d'un bien passager et trompeur, qui s'offre à nous. C'est cette pensée qui court, comme une base fondamentale, à travers tout le livre de Wilhelm Meister ; c'est un roman intellectuel et par cela même d'une qualité supérieure à tous les autres, même à ceux de Walter Scott, qui ne sont tous que des œuvres morales, c'est-à-dire qui n'envisagent la nature humaine que par le côté de la volonté ! Dans *La flûte enchantée*, hiéroglyphe grotesque, mais expressif et significatif, nous trouvons également cette même pensée fondamentale symbolisée en grands et gros traits comme ceux des décorations de théâtre ; la symbolisation serait même parfaite si, au dénouement, Tamino, ramené par le désir de posséder Tamina, au lieu de celle-ci, ne demandait et n'obtenait que l'initiation dans le temple de la Sagesse ; en revanche, Papagéno, l'opposé nécessaire de Tamino, obtiendra sa Papagéna. Les hommes supérieurs et nobles saisissent vite cet enseignement du destin et s'y prêtent avec soumission et reconnaissance : ils comprennent que dans ce monde on peut bien trouver l'instruction, mais non le bonheur ; ils s'habituent à échanger des espérances contre des connaissances ; ils s'en contentent et disent finalement avec Pétrarque :

Altro diletto, che'mparar non provo.

Ils peuvent même en arriver à ne plus suivre leurs désirs et leurs aspirations qu'en apparence pour ainsi dire et comme un badinage, tandis qu'en réalité et dans le sérieux de leur for intérieur ils n'attendent que de l'instruction ; ce qui les revêt alors d'une teinte méditative, géniale et élevée. Dans ce sens, on peut dire, aussi qu'il en est de nous comme des alchimistes, qui, pendant qu'ils ne cherchaient que de l'or, ont trouvé la poudre à canon, la porcelaine, des médicaments et jusqu'à des lois naturelles.

Concernant notre conduite
envers nous-mêmes

4° Le manœuvre qui aide à élever un édifice, n'en connaît pas le plan d'ensemble, ou ne l'a pas toujours sous les yeux ; telle est aussi la position de l'homme, pendant qu'il est occupé à dévider un à un les jours et les heures de son existence, par rapport à l'ensemble de sa vie et au caractère total de celle-ci. Plus ce caractère est digne, considérable, significatif et individuel, plus il est nécessaire et bienfaisant pour l'individu de jeter de temps en temps un regard sur le plan réduit de sa vie. Il est vrai que pour cela il lui faut avoir fait déjà un premier pas dans le « γνῶθι σαυτόν » (connais-toi

toi-même) : il doit donc savoir ce qu'il veut réellement, principalement et avant tout ; il doit connaître ce qui est essentiel à son bonheur, et ce qui ne vient qu'en seconde, puis en troisième ligne ; il faut qu'il se rende compte, en gros, de sa vocation, de son rôle et de ses rapports avec le monde. Si tout cela est important et élevé, alors l'aspect du plan réduit de sa vie le fortifiera, le soutiendra, relèvera plus que toute autre chose ; cet examen l'encouragera au travail et le détournera des sentiers qui pourraient l'égarer.

Le voyageur, alors seulement qu'il arrive sur une éminence, embrasse d'un coup d'œil et reconnaît l'ensemble du chemin parcouru, avec ses détours et ses courbes ; de même aussi, ce n'est qu'au terme d'une période de notre existence, parfois de la vie entière, que nous reconnaissons la véritable connexion de nos actions, de nos œuvres et de nos productions, leur liaison précise, leur enchaînement et leur valeur. En effet tant que nous sommes plongés dans notre activité, nous n'agissons que selon les propriétés inébranlables de notre caractère, sous l'influence des motifs et dans la mesure de nos facultés, c'est-à-dire par une nécessité absolue ; nous ne faisons à un moment donné que ce qui à ce moment-là nous semble juste et convenable. La suite seule nous permet d'apprécier le résultat, et le regard jeté en arrière sur l'ensemble nous montre seul le *comment* et le *par quoi*. Aussi, au moment où nous accomplissons les plus grandes actions, où nous créons des œuvres immortelles, nous n'avons pas la conscience de leur vraie nature : elles ne nous semblent que ce qu'il y a de plus approprié à notre but présent et de mieux correspondant à nos intentions ; nous n'avons d'autre impression que d'avoir fait précisément ce qu'il fallait faire actuellement ; ce n'est que plus tard, de l'ensemble et de son enchaînement, que notre caractère et nos facultés ressortent en pleine lumière ; par les détails, nous voyons alors comment nous avons pris la seule route vraie parmi tant de chemins détournés, comme par inspiration et guidés par notre génie. Tout ce que nous venons de dire est vrai en théorie comme en pratique et s'applique également aux faits inverses, c'est-à-dire au mauvais et au faux.

5° Un point important pour la sagesse dans la vie, c'est la proportion dans laquelle nous consacrons une part de notre attention au présent et l'autre à l'avenir, afin que l'un ne nous gâte pas l'autre. Il y a beaucoup de gens qui vivent trop dans le présent : ce sont les frivoles ; d'autres, trop dans l'avenir : ce sont les craintifs et les inquiets. On garde rarement la juste mesure. Ces hommes qui, mus par leurs désirs et leurs espérances, vivent uniquement dans l'avenir, les yeux toujours dirigés en avant, qui courent avec impatience au-devant des choses futures, car, pensent-ils, celles-là vont leur apporter tout à l'heure le vrai bonheur, mais qui, en attendant, laissent fuir le présent qu'ils négligent sans en jouir, ressemblent à ces ânes, en Italie, à qui l'on fait presser le pas au moyen d'une botte de foin attachée par un bâton devant leur tête : ils voient la botte toujours tout près devant eux et ont toujours l'espoir de l'atteindre. De tels hommes en effet s'abusent eux-mêmes sur toute leur existence en ne vivant perpétuellement qu'*ad interim*, jusqu'à leur mort. Aussi, au lieu de nous occuper sans cesse exclusivement de plans et de soins d'avenir, ou de nous livrer, à l'inverse, aux regrets du passé, nous devrions ne jamais oublier que le présent seul est réel, que seul il est certain, et qu'au contraire l'avenir se présente presque toujours autre que nous ne le pensions et que le passé lui aussi a été différent ; ce qui fait que, en somme, avenir et passé ont tous deux bien moins d'importance qu'il ne nous semble. Car le lointain, qui rapetisse les objets pour l'œil, les surgrossit pour la pensée. Le présent seul est vrai et effectif ; il est le temps réellement rempli, et c'est sur lui que repose exclusivement notre existence. Aussi doit-il toujours mériter à nos yeux un accueil de bienvenue ; nous devrions goûter, avec la pleine conscience de sa valeur, toute heure supportable et libre de contrariétés ou de douleurs actuelles, c'est-à-dire ne pas la troubler par des visages qu'attristent des espérances déçues dans le passé ou des appréhensions pour l'avenir. Quoi de plus insensé que de repousser une bonne heure présente ou de se la gâter méchamment par inquiétude de l'avenir ou par chagrin du passé ! Donnons son temps au souci, voire même au repentir ; ensuite, quant aux faits accomplis, il faut se dire :

Αλλα τα μεν προτετυχθαι εασομεν αχνυμενοι περ,
Θυμον ενι στηθεσσι φιλον θαμασαντες αναγχη.

(Donnons, bien qu'à regret, tout ce qui est passé à l'oubli ; il est nécessaire d'étouffer la colère dans notre sein.)

Quant à l'avenir :

Ητο : ταυτα θεων εν γουνασι χειται. (Tout cela repose sur les genoux des dieux.)

En revanche, quant au présent, il faut penser comme Sénèque : « *Singulas dies, singulas vitas puta* » (Chaque jour séparément est une vie séparée), et se rendre ce seul temps réel aussi agréable que possible.

Les seuls maux futurs qui doivent avec raison nous alarmer sont ceux dont l'arrivée et le moment d'arrivée sont certains. Mais il y en a bien peu qui soient dans ce cas, car les maux sont ou simplement possibles, tout au plus vraisemblables, ou bien ils sont certains, mais c'est l'époque de leur arrivée qui est douteuse. Si l'on se préoccupe des deux espèces de malheurs, on n'a plus un seul moment de repos. Par conséquent, afin de ne pas perdre la tranquillité de notre vie pour des maux dont l'existence ou l'époque sont indécises, il faut nous habituer à envisager les uns comme ne devant jamais arriver, les autres comme ne devant sûrement pas arriver de sitôt.

Mais plus la peur nous laisse de repos, plus nous sommes agiles par les désirs, les convoitises et les prétentions. La chanson si connue de Gœthe : « *Ich hab' mein Sach auf nichts gestellt* » (J'ai placé mon souhait dans rien), signifie, au fond, qu'alors seulement qu'il a été évincé de toutes ses prétentions et réduit à l'existence telle qu'elle est, nue et dépouillée, l'homme peut acquérir ce calme de l'esprit qui est la base du bonheur humain, car ce calme est indispensable pour jouir du présent et par suite de la vie entière. C'est à cet effet également que nous devrions toujours nous rappeler que le jour d'*aujourd'hui* ne vient qu'une seule fois et plus jamais. Mais nous nous imaginons qu'il reviendra demain : cependant *demain* est un autre jour qui lui aussi n'arrive qu'une fois. Nous oublions que chaque jour est une portion intégrante, donc irréparable, de la vie, et nous le considérons comme contenu dans la vie de la même manière que les individus sont contenus dans la notion de l'ensemble Nous apprécierions et nous goûterions aussi bien mieux le présent, si, dans les jours de bien-être et de santé, nous reconnaissions à quel point, pendant la maladie ou l'affliction, le souvenir nous représente comme infiniment enviable chaque heure libre de douleurs ou de privations ; c'est comme un paradis perdu, comme un ami méconnu. Mais, au contraire, nous vivons nos beaux jours sans leur accorder d'attention, et alors seulement que les mauvais arrivent, nous voudrions rappeler les autres. Nous laissons passer à côté de nous, sans en jouir et sans leur accorder un sourire, mille heures sereines et agréables, et plus tard, aux temps sombres, nous reportons vers elles nos vaines aspirations. Au lieu d'agir ainsi, nous devrions rendre hommage à toute actualité supportable, même la plus banale, que nous laissons fuir avec tant d'indifférence, que nous repoussons même impatiemment ; nous devrions toujours nous rappeler que ce présent se précipite en ce même instant dans cette apothéose du passé, où désormais, rayonnant de la lumière de l'impérissabilité, il est conservé par la mémoire, pour se représenter à nos yeux comme l'objet de notre plus ardente aspiration, alors que, surtout aux heures mauvaises, le souvenir vient lever le rideau.

6° *Se restreindre rend heureux.* Plus notre cercle de vision, d'action et de contact est étroit, plus nous sommes heureux ; plus il est vaste, plus nous nous trouvons tourmentés ou inquiétés. Car, en même temps que lui, grandissent et se multiplient les peines, les désirs et les alarmes. C'est même pour ce motif que les aveugles ne sont pas aussi malheureux que nous pourrions le croire *a priori ;* on peut en juger au calme doux, presque enjoué de leurs traits. Cette règle nous explique aussi en partie pourquoi la seconde moitié de notre vie est plus triste que la première. En effet, dans le cours de l'existence, l'horizon de nos vues et de nos relations va s'élargissant. Dans l'enfance, il est borné à l'entourage le plus proche et aux relations les plus étroites ; dans l'adolescence, il s'étend considérablement ; dans l'âge viril, il embrasse tout le cours de notre vie et s'étend souvent même jusqu'aux relations les plus éloignées, jusqu'aux États et aux peuples ; dans la vieillesse, il embrasse les générations futures. Toute limitation au contraire, même dans les choses de l'esprit, profite à notre bonheur. Car moins il y a d'excitation de la volonté, moins il y aura de souffrance ; or nous savons que la souffrance est positive et le bonheur simplement négatif. La limitation du cercle d'action enlève à la volonté les occasions extérieures d'excitation ; la limitation de l'esprit, les occasions intérieures. Cette dernière a seulement l'inconvénient d'ouvrir l'accès à l'ennui qui devient la source indirecte d'innombrables souffrances, parce qu'on recourt à tous les moyens pour le chasser ; on essaye des distractions, des réunions, du luxe, du jeu, de la boisson, et de mille autres choses ; de là dommages, ruine et malheurs de toute sorte. *Difficilis in otio quies.* Pour montrer en revanche combien la limitation extérieure est bienfaisante pour le bonheur humain, autant que quelque chose peut l'être, combien elle lui est même nécessaire, nous n'avons qu'à rappeler que le seul genre de poème qui entreprenne de peindre des gens heureux, l'idylle, les représente toujours placés essentiellement dans une condition et un entourage des plus limités. Ce même sentiment produit aussi le plaisir que nous trouvons à ce qu'on appelle des tableaux de genre. En conséquence, nous trouverons du bonheur dans la plus grande *simplicité* possible de nos relations et même dans l'*uniformité* du genre de vie, tant que cette uniformité n'engendrera pas l'ennui : c'est à cette condition que nous porterons plus légèrement la vie et son fardeau inséparable ; l'existence s'écoulera, comme un ruisseau, sans vagues et sans tourbillons.

7° Ce qui importe, en dernière instance, à notre bonheur ou à notre malheur, c'est ce qui remplit et occupe la conscience. Tout travail purement intellectuel apportera, au total, plus de ressources à l'esprit capable de s'y livrer, que la vie réelle avec ses alternatives constantes de réussites et d'insuccès, avec ses secousses et ses tourments. Il est vrai que cela exige déjà des dispositions d'esprit prépondérantes. Il faut remarquer en outre que, d'une part, l'activité extérieure de la vie nous distrait et nous détourne de l'étude et enlève à l'esprit la tranquillité et le recueillement réclamés, et que, d'autre part, l'occupation continue de l'esprit rend plus ou moins incapable de se mêler au train et au tumulte de la vie réelle ; il est donc sage de suspendre une telle occupation lorsque des circonstances quelconques nécessitent une activité pratique et énergique.

8° Pour vivre avec *prudence* parfaite et pour retirer de sa propre expérience tous les enseignements qu'elle contient, il est nécessaire de se reporter souvent en arrière par la pensée et de récapituler ce qu'on a vu, fait, appris et senti en même temps dans la vie ; il faut aussi comparer son jugement d'autrefois avec son opinion actuelle, ses projets et ses aspirations avec leur résultat et avec la satisfaction que ce résultat nous a donnée. L'expérience nous sert ainsi de professeur particulier qui vient nous donner des répétitions privées. On peut aussi la considérer comme le texte, la réflexion et les connaissances en étant le commentaire. Beaucoup de réflexion et de connaissances avec peu d'expérience ressemble à ces éditions dont les pages présentent deux lignes de texte et quarante de commentaire. Beaucoup d'expérience accompagnée de peu de réflexion et d'instruction rappelle ces éditions de *Deux-Ponts* qui n'ont pas de notes et laissent bien des passages incompris dans le texte.

C'est à ces préceptes que se rapporte la maxime de Pythagore, d'avoir à passer en revue avant de s'endormir le soir, ce qu'on a fait dans la journée. L'homme qui s'en va vivant dans le tumulte des affaires ou des plaisirs sans jamais ruminer son passé et qui se contente de dévider l'écheveau de sa vie, perd toute raison claire ; son esprit devient un chaos, et dans ses pensées pénètre une certaine confusion dont témoigne sa conversation abrupte, fragmentaire et pour ainsi dire hachée menu. Cet état sera d'autant plus prononcé que l'agitation extérieure, la somme des impressions sera plus grande et l'activité intérieure de l'esprit moindre.

Observons ici qu'après un laps de temps, quand les relations et les circonstances qui agissaient sur nous ont disparu, nous ne pouvons plus faire revenir et revivre la disposition et la sensation produites alors en nous ; mais ce que nous pouvons bien nous rappeler, ce sont nos *manifestations* à cette occasion. Or celles-ci sont le résultat, l'expression et la mesure de celles-là. Aussi la mémoire ou le papier devraient-ils soigneusement conserver les traces des époques importantes de notre vie. Tenir son journal est très utile pour cela.

9° Se suffire à soi-même, être tout en tout pour soi, et pouvoir dire : « *Omnia mea mecum porto,* » voilà certainement pour notre bonheur la condition la plus favorable ; aussi ne saurait-on assez répéter la maxime d'Aristote : « H ευδαιμονια των αταρχων εστι » (Le bonheur est à ceux qui se suffisent à eux-mêmes. *Mor. à Eud.*, 7, 2.) [C'est au fond la même pensée, rendue d'une manière charmante, qu'exprime la sentence de Chamfort mise en tête de ce traité.] Car, d'une part, il ne faut compter avec quelque assurance que sur soi-même ; d'autre part, les fatigues et les inconvénients, le danger et les peines que la société apporte avec elle, sont innombrables et inévitables.

Il n'y a pas de voie qui nous éloigne plus du bonheur que la vie en grand, la vie des noces et festins, celle que les Anglais appellent le *high life*, car, en cherchant à transformer notre misérable existence en une succession de joies, de plaisirs et de jouissances, l'on ne peut manquer de trouver le désabusement, sans compter les mensonges réciproques que l'on se débite dans ce monde-là et qui en sont l'accompagnement obligé.[23]

Et tout d'abord toute société exige nécessairement un accommodement réciproque, un tempérament : aussi, plus elle est nombreuse, plus elle devient fade. On ne peut être *vraiment soi* qu'aussi longtemps qu'on est seul ; qui n'aime donc pas la solitude n'aime pas la liberté, car on n'est libre qu'étant seul. Toute société a pour compagne inséparable la contrainte et réclame des sacrifices qui coûtent d'autant plus cher que la propre individualité est plus marquante. Par conséquent, chacun fuira, supportera ou chérira la solitude en proportion exacte de la valeur de son propre moi. Car c'est là que le mesquin sent toute sa mesquinerie et le grand esprit toute sa grandeur ; bref, chacun s'y pèse à sa vraie valeur. En outre un homme est d'autant plus essentiellement et nécessairement isolé, qu'il occupe un rang plus élevé dans

---

[23] Ainsi que notre corps est enveloppé dans ses vêtements, ainsi notre esprit est revêtu de mensonges. Nos paroles, nos actions, tout notre être est menteur, et ce n'est qu'à travers cette enveloppe que l'on peut deviner parfois notre pensée vraie, comme à travers les vêtements les formes du corps. (*Note de l'auteur.*)

le nobiliaire de la nature. C'est alors une véritable jouissance pour un tel homme, que l'isolement physique soit en rapport avec son isolement intellectuel : si cela ne peut pas être, le fréquent entourage d'êtres hétérogènes le trouble ; il lui devient même funeste, car il lui dérobe son moi et n'a rien à lui offrir en compensation. De plus, pendant que la nature a mis la plus grande dissemblance, au moral comme à l'intellectuel, entre les hommes, la société, n'en tenant aucun compte, les fait tous égaux, ou plutôt, à cette inégalité naturelle, elle substitue les distinctions et les degrés artificiels de la condition et du rang qui vont souvent diamétralement à l'encontre de cette liste par rang telle que l'a établie la nature. Ceux que la nature a placés bas se trouvent très bien de cet arrangement social, mais le petit nombre de ceux qu'elle a placés haut n'ont pas leur compte ; aussi se dérobent-ils d'ordinaire à la société : d'où il résulte que le vulgaire y domine dès qu'elle devient nombreuse. Ce qui dégoûte de la société les grands esprits, c'est l'égalité des droits et des prétentions qui en dérivent, en regard de l'inégalité des facultés et des productions (sociales) des autres. La soi-disant bonne société apprécie les mérites de toute espèce, sauf les mérites intellectuels ; ceux-ci y sont même de la contrebande. Elle impose le devoir de témoigner une patience sans bornes pour toute sottise, toute folie, toute absurdité, pour toute stupidité ; les mérites personnels, au contraire, sont tenus de mendier leur pardon ou de se cacher, car la supériorité intellectuelle, sans aucun concours de la volonté, blesse par sa seule existence. En outre, cette prétendue bonne société n'a pas seulement l'inconvénient de nous mettre en contact avec des gens que nous ne pouvons ni approuver ni aimer, mais encore elle ne nous permet pas d'être nous-mêmes, d'être tel qu'il convient à notre nature ; elle nous oblige plutôt, afin de nous mettre au diapason des autres, à nous ratatiner pour ainsi dire, voire même à nous difformer. Des discours spirituels ou des saillies ne sont de mise que dans une société spirituelle ; dans la société ordinaire, ils sont tout bonnement détestés, car pour plaire dans celle-ci il faut absolument être plat et borné. Dans de pareilles réunions, on doit, avec une pénible abnégation de soi-même, abandonner les trois quarts de sa personnalité pour s'assimiler aux autres. Il est vrai qu'en retour on gagne ces autres ; mais plus on a de valeur propre, plus on verra qu'ici le gain ne couvre pas la perte et que le marché aboutit à notre détriment, car les gens sont d'ordinaire insolvables, c'est-à-dire qu'ils n'ont rien dans leur commerce qui puisse nous indemniser de l'ennui, des fatigues et des désagréments qu'ils procurent ni du sacrifice de soi-même qu'ils imposent : d'où il résulte que presque toute société est de telle qualité que celui qui la troque contre la solitude fait un bon marché. À cela vient encore s'ajouter que la société, en vue de suppléer à la supériorité véritable, c'est-à-dire à l'intellectuelle qu'elle ne supporte pas et qui est rare, a adopté sans motifs une supériorité fausse, conventionnelle, basée sur des lois arbitraires, se propageant par tradition parmi les classes élevées et, en même temps, variant comme un mot d'ordre ; c'est celle que l'on appelle le *bon ton*, «*fashionableness*». Toutefois, quand il arrive que cette espèce de supériorité entre en collision avec la véritable, la faiblesse de la première ne tarde pas à se montrer. En outre, « quand le bon ton arrive, le bon sens se retire. »[24]

En thèse générale, on ne peut être à l'unisson parfait qu'avec soi-même ; on ne peut pas l'être avec son ami, on ne peut pas l'être avec la femme aimée, car les différences de l'individualité et de l'humeur produisent toujours une dissonance, quelque faible qu'elle soit. Aussi la paix du cœur véritable et profonde et la parfaite tranquillité de l'esprit, ces biens suprêmes sur terre après la santé, ne se trouvent que dans la solitude et, pour être permanents, que dans la retraite absolue. Quand alors le moi est grand et riche, on goûte la condition la plus heureuse qui soit à

---

[24] En français dans le texte. (*Note du traducteur.*)

trouver en ce pauvre bas monde. Oui, disons-le ouvertement : quelque étroitement que l'amitié, l'amour et le mariage unissent les humains, on ne veut, entièrement et de bonne foi, de bien qu'à soi seul, ou tout au plus encore à son enfant. Moins on aura besoin, par suite de conditions objectives ou subjectives, de se mettre en contact avec les hommes, mieux on s'en trouvera. La solitude, le désert permettent d'embrasser d'un seul regard tous ses maux, sinon de les éprouver d'un seul coup ; la société, au contraire, est *insidieuse ;* elle cache des maux immenses, souvent irréparables, derrière une apparence de passe-temps, de causeries, d'amusements de société et autres semblables. Une étude importante pour les hommes serait d'apprendre de bonne heure à supporter la solitude, cette source de félicité et de tranquillité intellectuelle.

De tout ce que nous venons d'exposer il résulte que celui-là est le mieux partagé qui n'a compté que sur lui-même et qui peut en tout être tout à lui-même. Cicéron a dit : « *Nemo potest non beatissimus esse, qui est totus aptus ex sese, quique in se uno ponit omnia* » (Parad. II) (Celui qui ne relève que de lui-même et met en lui tous ses biens doit nécessairement être le plus heureux des hommes). En outre, plus l'homme a en soi, moins les autres peuvent lui être de quelque chose. C'est ce certain sentiment, de pouvoir se suffire entièrement, qui empêche l'homme de valeur et riche à l'intérieur d'apporter à la vie en commun les grands sacrifices qu'elle exige et bien moins encore de la rechercher au prix d'une notable abnégation de soi-même. C'est le sentiment opposé qui rend les hommes ordinaires si sociables et si accommodants ; il leur est, en effet, plus facile de supporter les autres qu'eux-mêmes. Notons encore ici que ce qui a une valeur réelle n'est pas apprécié dans le monde, et que ce qui est apprécié n'a pas de valeur. Nous en trouvons la preuve et le résultat dans la vie retirée de tout homme de mérite et de distinction. Il s'ensuit que ce sera pour l'homme éminent faire acte positif de sagesse que de restreindre, s'il le faut, ses besoins, rien que pour pouvoir garder ou étendre sa liberté, et de se contenter du moins possible pour sa personne, quand le contact avec les hommes est inévitable.

Ce qui d'autre part rend encore les hommes sociables, c'est qu'ils sont incapables de supporter la solitude et de se supporter eux-mêmes quand ils sont seuls. C'est leur vide intérieur et leur fatigue d'eux-mêmes qui les poussent à chercher la société, à courir les pays étrangers et à entreprendre des voyages. Leur esprit, manquant du ressort nécessaire pour s'imprimer du mouvement propre, cherche à l'accroître par le vin, et beaucoup d'entre eux finissent ainsi par devenir des ivrognes. C'est dans ce même but qu'ils ont besoin de l'excitation continue venant du dehors et notamment de celle produite par des êtres de leur espèce, car c'est la plus énergique de toutes. A défaut de cette irritation extérieure, leur esprit s'affaisse sous son propre poids et tombe dans une léthargie écrasante.[25] On pourrait dire également que chacun d'eux n'est qu'une petite fraction de l'idée de l'humanité, ayant besoin d'être additionné de beaucoup de ses semblables pour constituer en quelque sorte une conscience humaine entière ; par contre, celui qui

---

[25] Tout le monde sait qu'on allège les maux en les supportant en commun : parmi ces maux, les hommes semblent compter l'ennui, et c'est pourquoi ils se groupent, afin de s'ennuyer en commun. De même que l'amour de la vie n'est au fond que la peur de la mort, de même l'*instinct social* des hommes n'est pas un sentiment direct, c'est-à-dire ne repose pas sur l'*amour de la société*, mais sur la *crainte de la solitude*, car ce n'est pas tant la bienheureuse présence des autres que l'on cherche ; on fuit plutôt l'aridité et la désolation de l'isolement, ainsi que la monotonie de la propre conscience ; pour échapper à la solitude, toute compagnie est bonne, même la mauvaise, et l'on se soumet volontiers à la fatigue et à la contrainte que toute société apporte nécessairement avec soi.—Mais quand le dégoût de tout cela a pris le dessus, quand, comme conséquence, on s'est fait à la solitude et l'on s'est endurci contre l'impression première qu'elle produit, de manière à ne plus en éprouver ces effets que nous avons retracés plus haut, alors on peut, tout à l'aise, rester toujours seul ; on ne soupirera plus après le monde, précisément parce que ce n'est pas là un besoin direct et parce qu'on s'est accoutumé désormais aux propriétés bienfaisantes de la solitude. (*Note de Schopenhauer.*)

est un homme complet, un homme *par excellence*, celui-là n'est pas une fraction ; il représente une unité entière et se suffit par conséquent à lui-même. On peut, dans ce sens, comparer la société ordinaire à cet orchestre russe composé exclusivement de cors et dans lequel chaque instrument n'a qu'une note ; ce n'est que par leur coïncidence exacte que l'harmonie musicale se produit. En effet, l'esprit de la plupart des gens est monotone comme ce cor qui n'émet lui aussi qu'un son : ils semblent réellement n'avoir jamais qu'un seul et même sujet de pensée, et être incapables d'en avoir un autre. Ceci explique donc à la fois comment il se fait qu'ils soient si ennuyeux et si sociables, et pourquoi ils vont le plus volontiers par troupeau : « *The gregariousness of mankind.* » C'est la monotonie de leur propre être qui est insupportable à chacun d'entre eux : « *Omnis stultitia laborat fastidio sui* » (Toute sottise est accablée par le dégoût d'elle-même). Ce n'est que réunis et par leur réunion qu'ils sont quelque chose, tout comme ces sonneurs de cor. L'homme intelligent au contraire est comparable à un virtuose qui exécute son concert *à lui seul*, ou bien encore à un piano. Pareil à ce dernier, qui est à lui tout seul un petit orchestre, il est un petit monde, et ce que les autres ne sont que par une action d'ensemble, lui l'offre dans l'unité d'une seule conscience. Ainsi que le piano, il n'est pas une partie de la symphonie, il est fait pour le solo et pour la solitude ; quand il doit prendre part au concert avec les autres, cela ne peut être que comme voix principale avec accompagnement, encore comme le piano, ou pour donner le ton dans la musique vocale, toujours comme le piano. Celui qui aime de temps en temps à aller dans le monde, pourra tirer de la comparaison précédente cette règle que ce qui manque en qualité aux gens avec lesquels il est en relation, doit être suppléé jusqu'à un certain point par la quantité. Le commerce d'un seul homme intelligent pourrait lui suffire ; mais, s'il ne trouve que de la marchandise de qualité ordinaire, il sera bon d'en avoir à foison, pour que la variété et l'action combinées produisent quelque effet, par analogie avec l'orchestre de cors russes, déjà mentionné : et que le Ciel lui accorde la patience qu'il lui faudra !

C'est encore à ce vide intérieur et à cette nullité des gens qu'il faut attribuer ce fait que, lorsque des hommes d'une étoffe meilleure se groupent en vue d'un but noble et idéal, le résultat sera presque toujours le suivant : il se trouvera quelques membres de ce *plebs* de l'humanité qui, pareil à la vermine, pullule et envahit toute chose en tout lieu, toujours prêt à s'emparer de tout indistinctement pour soulager son ennui ou d'autres fois son indigence,— il s'en trouvera, dis-je, qui s'insinueront dans l'assemblée ou s'y introduiront à force d'importunité, et alors ou bien ils détruiront bientôt toute l'œuvre, ou bien ils la modifieront au point que l'issue en sera à peu près l'opposé du but primitif.

On peut encore envisager la sociabilité chez les hommes comme un moyen de se réchauffer réciproquement l'esprit, analogue à la manière dont ils se chauffent mutuellement le corps quand, par les grands froids, ils s'entassent et se pressent les uns contre les autres. Mais qui possède en soi-même beaucoup de calorique intellectuel n'a pas besoin de pareils entassements. On trouvera dans le 2_e volume de ce recueil, au chapitre final, un apologue imaginé par moi à ce sujet.[26] La conséquence de tout cela c'est que la

---

[26] Voici l'apologue mentionné ci-dessus :
« Par une froide journée d'hiver, un troupeau de porcs-épics s'était mis en groupe serré pour se garantir mutuellement contre la gelée par leur propre chaleur. Mais tout aussitôt ils ressentirent les atteintes de leurs piquants, ce qui les fit s'éloigner les uns des autres. Quand le besoin de se chauffer les eut rapprochés de nouveau, le même inconvénient se renouvela, de façon qu'ils étaient ballottés de çà et de là entre les deux souffrances, jusqu'à ce qu'ils eussent fini par trouver une distance moyenne qui leur rendit la situation supportable. Ainsi, le besoin de société, né du vide et de la monotonie de leur propre intérieur, pousse les hommes les uns vers les autres ; mais leurs nombreuses qualités repoussantes et leurs insupportables défauts les dispersent de nouveau. La distance moyenne qu'ils finissent par découvrir et à laquelle la vie en commun devient possible, c'est la *politesse* et les *belles manières*. En Angleterre, on crie à

sociabilité de chacun est en raison inverse de sa valeur intellectuelle ; dire de quelqu'un : « Il est très insociable, » signifie à peu de chose près : « C'est un homme doué de hautes facultés. »

La solitude offre à l'homme intellectuellement haut placé un double avantage : le premier, d'être avec soi-même, et le second de n'être pas avec les autres. On appréciera hautement ce dernier si l'on réfléchit à tout ce que le commerce du monde apporte avec soi de contrainte, de peine et même de dangers.

« *Tout notre mal vient de ne pouvoir être seuls*, » a dit La Bruyère. La sociabilité appartient aux penchants dangereux et pernicieux, car elle nous met en contact avec des êtres qui en grande majorité sont moralement mauvais et intellectuellement bornés ou détraqués. L'homme insociable est celui qui n'a pas besoin de tous ces gens-là. Avoir suffisamment en soi pour pouvoir se passer de société est déjà un grand bonheur, par là même que presque tous nos maux dérivent du monde, et que la tranquillité d'esprit qui, après la santé, forme l'élément le plus essentiel de notre bonheur, y est mise en péril et ne peut exister sans de longs moments de solitude. Les philosophes cyniques renoncèrent aux biens de toute espèce pour jouir du bonheur que donne le calme intellectuel : renoncer à la société en vue d'arriver au même résultat, c'est choisir le moyen le plus sage. Bernardin de Saint-Pierre dit avec raison et d'une façon charmante : « *La diète des aliments nous rend la santé du corps, et celle des hommes la tranquillité de l'âme.* » Aussi celui qui s'est fait de bonne

---

celui qui ne se tient pas à cette distance : *Keep your distance !*—Par ce moyen, le besoin de chauffage mutuel n'est, à la vérité, satisfait qu'à moitié, mais en revanche on ne ressent pas la blessure des piquants.— Celui-là cependant qui possède beaucoup de calorique propre préfère rester en dehors de la société pour n'éprouver ni ne causer de peine. (*Note du traducteur.*)

heure à la solitude et à qui elle est devenue chère a-t-il acquis une mine d'or. Mais cela n'est pas donné à chacun. Car de même que c'est la misère qui, d'abord, rapproche les hommes, de même plus tard, le besoin écarté, c'est l'ennui qui les rassemble. Sans ces deux motifs, chacun resterait probablement à l'écart, quand ce ne serait déjà que parce que dans la solitude seule le milieu qui nous entoure correspond à cette importance exclusive, à cette qualité de créature unique que chacun possède à ses propres yeux, mais que le train tumultueux du monde réduit à rien, vu que chaque pas lui donne un douloureux démenti. En ce sens, la solitude est même l'état naturel de chacun ; elle le replace, nouvel Adam, dans sa condition primitive de bonheur, dans l'état approprié à sa nature.

Oui ! mais Adam n'avait ni père ni mère ! C'est pourquoi, d'un autre côté, la solitude n'est pas naturelle à l'homme, puisqu'à son arrivée au monde il ne se trouve pas seul, mais au milieu de parents, de frères et de sœurs, autrement dit au sein d'une vie en commun.

Par conséquent, l'amour de la solitude ne peut pas exister comme penchant primitif ; il doit naître comme un résultat de l'expérience et de la réflexion et se produire toujours en rapport avec le développement de la force intellectuelle propre et en proportion des progrès de l'âge : d'où il suit qu'en somme l'instinct social de chaque individu sera dans le rapport inverse de son âge. Le petit enfant pousse des cris de frayeur et se lamente dès qu'on le laisse seul, ne fût-ce qu'un moment. Pour les jeunes garçons, devoir rester seuls est une sévère pénitence. Les adolescents se réunissent volontiers entre eux ; il n'y a que ceux doués d'une nature plus noble et d'un esprit plus élevé qui recherchent déjà parfois la solitude ; néanmoins passer toute une journée seuls leur est encore difficile. Pour l'homme fait, c'est chose facile ; il peut rester longtemps isolé, et d'autant plus longtemps qu'il avance davantage dans la vie. Quant au vieillard, unique survivant de générations disparues, mort d'une part aux jouissances de la vie, d'autre part élevé au-dessus d'elles, la solitude est son véritable élément. Mais, dans chaque individu considéré séparément, les progrès du penchant à la retraite et à l'isolement seront toujours en raison directe de sa valeur intellectuelle. Car, ainsi que nous l'avons déjà dit, ce n'est pas là un penchant purement naturel, provoqué directement par la nécessité ; c'est plutôt seulement l'effet de l'expérience acquise et méditée ; on y arrive surtout après s'être bien convaincu de la misérable condition morale et intellectuelle de la plupart des hommes, et ce qu'il y a de pire dans cette condition c'est que les imperfections morales de l'individu conspirent avec ses imperfections intellectuelles et s'entr'aident mutuellement ; il se produit alors les phénomènes les plus repoussants qui rendent répugnant, et même insupportable, le commerce de la grande majorité des hommes. Et voilà comment, bien qu'il y ait tant de mauvaises choses en ce monde, la société en est encore la pire : Voltaire lui-même, Français sociable, a été amené à dire : « *La terre est couverte de gens qui ne méritent pas qu'on leur parle.* » Le tendre Pétrarque, qui a si vivement et avec tant de constance aimé la solitude, en donne le même motif :

Cereato ho sempre solitaria vita (Le rive il sanno, e le campagne, e i boschi), Per fuggir quest'ingegni storli e loschi Che la strada del ciel' hanno smarita.

(J'ai toujours recherché une vie solitaire [les rivages, et les campagnes, et les bois le savent], pour fuir ces esprits difformes et myopes, qui ont perdu la route du ciel).

Il donne les mêmes motifs dans son beau livre *De vita solitaria*, qui semble avoir servi de modèle à Zimmermann pour son célèbre ouvrage intitulé *De la solitude*. Chamfort, avec sa manière sarcastique, exprime précisément cette origine secondaire et indirecte de l'insociabilité, quand il dit :

« *On dit quelquefois d'un homme qui vit seul : Il n'aime pas la société. C'est souvent comme si l'on disait d'un homme qu'il n'aime pas la promenade, sous le prétexte qu'il ne se promène pas volontiers le soir dans la forêt de Bondy.* » Saadi, dans le *Gulistan*, s'exprime dans le même sens : « *Depuis ce moment, prenant congé du monde, nous avons suivi le chemin de l'isolement ; car la sécurité est dans la solitude.* » Angélus Silesius, âme douce et chrétienne, dit la même chose dans son langage à part et tout mystique :

Hérode est un ennemi, Joseph est la raison À qui Dieu révèle en songe (en esprit) le danger : Le monde est Bethléem, l'Égypte la *solitude* : Fuis, mon finie ! fuis, ou tu meurs de douleur.

Voici également comment s'exprime Jordan Bruno :

« *Tanli nomini, che in terra hanno voluto gustare vita celeste, dissero con una voce : ecce elongavi fugiens et mansi in solitudine.* » (Tous ceux qui ont voulu goûter sur terre la vie céleste, ont dit d'une voix : « Voici que je me suis éloigné en courant et je suis resté dans la solitude »). Saadi, le Persan, en parlant de lui-même, dit encore dans le *Gulistan* :

« *Fatigué de mes amis à Damas, je me retirai dans le désert auprès de Jérusalem, pour rechercher la société des animaux.* » Bref, tous ceux que Prométhée avait façonnés de la meilleure argile ont parlé dans le même sens. Quelles jouissances peuvent en effet trouver ces êtres privilégiés dans le commerce de créatures avec lesquelles ils ne peuvent avoir de relations pour établir une vie en commun que par l'intermédiaire de la plus basse et la plus vile part de leur propre nature, c'est-à-dire par tout ce qu'il y a dans celle-ci de banal, de trivial et de vulgaire ? Ces êtres ordinaires ne peuvent s'élever à la hauteur des premiers, n'ont d'autre ressource comme ils n'auront d'autre tâche que de les abaisser à leur propre niveau. À ce point de vue, c'est un sentiment aristocratique qui nourrit le penchant à l'isolement et à la solitude. Tous les gueux sont d'un sociable à faire pitié : en revanche, à cela seul on voit qu'un homme est de plus noble qualité, quand il ne trouve aucun agrément aux autres, quand il préfère de plus en plus la solitude à leur société et qu'il acquiert insensiblement, avec l'âge, la conviction que sauf de rares exceptions il n'y a de choix dans le monde qu'entre la solitude et la vulgarité. Cette maxime, quelque dure qu'elle semble, a été exprimée par Angélus Silesius lui-même, malgré toute sa charité et sa tendresse chrétiennes :

La solitude est pénible : cependant ne sois pas vulgaire, Et tu pourras partout être dans un désert.

Pour ce qui concerne notamment les esprits éminents, il est bien naturel que ces véritables éducateurs de tout le genre humain éprouvent aussi peu d'inclination à se mettre en communication fréquente avec les autres, qu'en peut ressentir le pédagogue à se mêler aux jeux bruyants de la troupe d'enfants qui l'entourent. Car, nés pour guider les autres hommes vers la vérité sur l'océan de leurs erreurs, pour les retirer de l'abîme de leur grossièreté et de leur vulgarité, pour les élever vers la lumière de la civilisation et du perfectionnement, ils doivent, il est vrai, vivre parmi ceux-là, mais sans leur appartenir réellement ; ils se sentent, par conséquent, dès leur jeunesse, des créatures sensiblement différentes ; mais la conviction bien distincte à cet égard ne leur arrive qu'insensiblement, à mesure qu'ils avancent en âge ; alors ils ont soin d'ajouter la distance physique à la distance intellectuelle qui les sépare du reste des hommes, et ils veillent à ce que personne, à moins d'être soi-même plus ou moins un affranchi de la vulgarité générale, ne les approche de trop près.

Il ressort de tout cela que l'amour de la solitude n'apparaît pas directement et à l'état d'instinct primitif, mais qu'il se développe indirectement, particulièrement dans les esprits distingués, et progressivement, non sans avoir à surmonter l'instinct naturel de la sociabilité, et même à combattre, à l'occasion, quelque suggestion méphistophélique :

Hor' auf, mit deinem Gram zu spielen, Der, wie ein Geier, dir am Leben frisst :

Die schllechteste Gesellachaft lässt dich fühlen Dass du ein Mensch mit Menschen bist.

(Cesse du jouer avec ton chagrin, qui, pareil à un vautour, te ronge l'existence : la pire compagnie te fait sentir que tu es un homme avec des hommes.)

La solitude est le lot de tous les esprits supérieurs ; il leur arrivera parfois de s'en attrister, mais ils la choisiront toujours comme le moindre de deux maux. Avec les progrès de l'âge néanmoins, le *sapere aude* devient à cet égard de plus en plus facile et naturel ; vers la soixantaine, le penchant à la solitude arrive à être tout à fait naturel, presque instinctif. En effet, tout se réunit alors pour le favoriser. Les ressorts qui poussent le plus énergiquement à la sociabilité, savoir l'amour des femmes et l'instinct sexuel, n'agissent plus à ce moment ; la disparition du sexe fait même naitre chez le vieillard une certaine capacité de se suffire à soi-même, qui peu à peu absorbe totalement l'instinct social. On est revenu de mille déceptions et de mille folies ; la vie d'action a cessé d'ordinaire ; on n'a plus rien à attendre, plus de plans ni de projets à former ; la génération à laquelle on appartient réellement n'existe plus ; entouré d'une race étrangère, on se trouve déjà objectivement et essentiellement isolé. Avec cela, le vol du temps s'est accéléré, et l'on voudrait l'employer encore intellectuellement. Car à ce moment, pourvu que la tête ait conservé ses forces, les études de toute sorte sont rendues plus faciles et plus intéressantes que jamais par la grande somme de connaissances et d'expérience acquise, par la méditation progressivement plus approfondie de toute pensée, ainsi que par la grande aptitude pour l'exercice de toutes les facultés intellectuelles. On voit clair dans maintes choses qui autrefois étaient comme plongées dans un brouillard ; on obtient des résultats, et l'on sent entièrement sa supériorité. À la suite d'une longue expérience, on a cessé d'attendre grand-chose des hommes, puisque, à tout prendre, ils ne gagnent pas à être connus de plus près ; on sait plutôt que, sauf quelques rares bonnes chances, on ne rencontrera de la nature humaine que des exemplaires très défectueux et auxquels il vaut mieux ne pas toucher. On n'est plus exposé aux illusions ordinaires, on voit bien vite ce que chaque homme vaut, et l'on n'éprouvera que rarement le désir d'entrer en rapport plus intime avec lui. Enfin, lorsque surtout on reconnaît dans la solitude une amie de jeunesse, l'habitude de l'isolement et du commerce avec soi-même s'est implantée, et c'est alors une seconde nature. Aussi l'amour de la solitude, cette qualité qu'il fallait jusque-là conquérir par une lutte contre l'instinct de sociabilité, est désormais naturel et simple ; on est à son aise dans la solitude comme le poisson dans l'eau. Aussi tout homme supérieur, ayant une individualité qui ne ressemble pas aux autres, et qui par conséquent occupe une place unique, se sentira soulagé dans sa vieillesse par cette position entièrement isolée, quoiqu'il ait pu s'en trouver accablé pendant sa jeunesse.

Certainement, chacun ne possédera sa part de ce privilège réel de l'âge que dans la mesure de ses forces intellectuelles ; c'est donc l'esprit éminent qui l'acquerra avant tous les autres, mais, à un degré moindre, chacun y arrivera. Il n'y a que les natures les plus pauvres et les plus vulgaires qui seront, dans la vieillesse, aussi sociables qu'autrefois : elles sont alors à charge à cette société, avec laquelle elles ne cadrent plus ; et tout au plus arriveront-elles à être tolérées, au lieu d'être recherchées comme jadis.

On peut encore trouver un côté téléologique à ce rapport inverse dont nous venons de parler, entre le nombre des années et le degré de sociabilité. Plus l'homme est jeune, plus il a encore à apprendre dans toutes les directions ; or la nature ne lui a réservé que l'enseignement mutuel que chacun reçoit dans le commerce de ses semblables et qui fait qu'on pourrait appeler la société humaine une grande maison d'éducation bell-lancastrienne, vu que les livres et les écoles sont des institutions artificielles, bien éloignées du plan de la nature. Il est donc très utile pour l'homme de fréquenter l'institution naturelle d'éducation d'autant plus assidûment qu'il est plus jeune.

« *Nihil est ab omni parte beatum*, » dit Horace, et « *Point de lotus sans tige*, » dit un proverbe indien ; de même, la solitude, à côté de tant d'avantages, a aussi ses légers inconvénients et ses petites incommodités, mais qui sont minimes en regard de ceux de la société, à tel point que l'homme qui a une valeur propre trouvera toujours plus facile de se passer des autres que d'entretenir des relations avec eux. Parmi ces inconvénients, il en est un dont on ne se rend pas aussi facilement compte que des autres ; c'est le suivant : de même qu'à force de garder constamment la chambre notre corps devient tellement sensible à toute impression extérieure que le moindre petit air frais l'affecte maladivement, de même notre humeur devient tellement sensible par la solitude et l'isolement prolongés, que nous nous sentons inquiété, affligé ou blessé par les événements les plus insignifiants, par un mot, par une simple mine même, tandis que celui qui est constamment dans le tumulte ne fait pas seulement attention à ces bagatelles.

Il peut se trouver tel homme qui, notamment dans sa jeunesse, et quelque souvent que sa juste aversion de ses semblables l'ait fait déjà fuir dans la solitude, ne saurait à la longue en supporter le vide ; je lui conseille de s'habituer à emporter avec soi, dans la société, une partie de sa solitude ;

qu'il apprenne à être seul jusqu'à un certain point même dans le monde, par conséquent à ne pas communiquer de suite aux autres ce qu'il pense ; d'autre part, à ne pas attacher trop de valeur à ce qu'ils disent, mais plutôt à ne pas en attendre grand'chose au moral comme à l'intellectuel, et par suite à fortifier en soi cette indifférence à l'égard de leurs opinions qui est le plus sûr moyen de pratiquer constamment une louable tolérance. De cette façon, bien que parmi eux il ne soit pas entièrement dans leur société, il aura vis-à-vis d'eux une attitude plus purement objective, ce qui le protégera contre un contact trop intime avec le monde, et par là contre toute souillure, à plus forte raison contre toute lésion. Il existe une description dramatique remarquable d'une pareille société entourée de barrières ou de retranchements, dans la comédie *El cafe, o sea la Comedi nueva* de Moratin ; on la trouve dans le caractère de don Pedro, surtout aux scènes 2 et 3 du Ier acte.

Dans cet ordre d'idées, nous pouvons aussi comparer la société à un feu auquel le sage se chauffe, mais sans y porter la main, comme le fou qui, après s'être brûlé, fuit dans la froide solitude et gémit de ce que le feu brûle.

10° L'*envie* est naturelle à l'homme, et cependant elle est un vice et un malheur tout à la fois.[27] Nous devons donc la considérer comme une ennemie de notre bonheur et chercher à l'étouffer comme un méchant démon. Sénèque nous le commande par ces belles paroles : « *Nostra nos sine comparatione delectent : nunquam erit felix quem torquebit felicior* » (*De ira*, III, 30) (Jouissons de ce que nous avons sans faire de comparaison ; il n'y aura jamais de bonheur pour celui que tourmente un bonheur plus grand). Et ailleurs : « *Quum*

---

[27] *Envie*, dans les hommes, montre combien ils se sentent malheureux, et la constante *attention* qu'ils portent à tout ce que font ou ne font pas les autres montre combien ils s'ennuient.—(*Note de l'auteur*).

adspexeris quot te antecedant, cogita quot sequantur » (Ep. 15) (Au lieu de regarder combien de personnes il y a au-dessus de vous, songez combien il y en a au-dessous) ; il nous faut donc considérer plus souvent ceux dont la condition est pire que ceux dont elle semble meilleure que la nôtre. Quand des malheurs réels nous frappent, la consolation la plus efficace, quoique dérivée de la même source que l'envie, sera la vue de souffrances plus grandes que les nôtres, et à côté de cela la fréquentation des personnes qui se trouvent dans notre cas, de nos compagnons de malheur.

Voilà pour le côté actif de l'envie. Pour le côté passif, il y a à observer que nulle haine n'est aussi implacable que l'envie ; aussi, au lieu d'être sans cesse occupé avec ardeur à exciter celle-ci, ferions-nous mieux de nous refuser cette jouissance, comme bien d'autres plaisirs, vu ses funestes conséquences.

Il existe *trois aristocraties* : 1° celle de la naissance et du rang, 2° celle de l'argent, 3° celle de l'esprit. Cette dernière est en réalité la plus distinguée et se fait aussi reconnaître pour telle, pourvu qu'on lui en laisse le temps : Frédéric le Grand n'a-t-il pas dit lui-même : « *Les âmes privilégiées rangent à l'égal des souverains ?* » Il adressait ces paroles à son maréchal de la cour, qui se trouvait choqué de ce que Voltaire était appelé à prendre place à une table réservée uniquement aux souverains et aux princes du sang, pendant que ministres et généraux dînaient à celle du maréchal. Chacune de ces aristocraties est entourée d'une *armée spéciale d'envieux*, secrètement aigris contre chacun de ses membres, et occupés, lorsqu'ils croient n'avoir pas à le redouter, à lui faire entendre de mille manières : « Tu n'es rien de plus que nous. » Mais ces efforts trahissent précisément leur conviction du contraire. La conduite à tenir par les *enviés*, consiste à conserver à distance tous ceux qui composent ces bandes et à éviter tout contact avec eux, de façon à en rester séparés par un large abîme ; quand la chose n'est pas faisable, ils doivent supporter avec un calme extrême les efforts de l'envie, dont la source se trouvera ainsi tarie. C'est ce que nous voyons aussi appliquer constamment. En revanche, les membres de l'une des aristocraties s'entendront d'ordinaire fort bien et sans éprouver d'envie avec les personnes faisant partie de chacune des deux autres, et cela parce que chacun met dans la balance son mérite comme équivalent de celui des autres.

11° Il faut mûrement et à plusieurs reprises méditer un projet avant de le mettre en œuvre, et même, après l'avoir pesé scrupuleusement, faut-il encore faire la part de l'insuffisance de toute science humaine ; vu les bornes de nos connaissances, il peut toujours y avoir encore des circonstances qu'il a été impossible de scruter ou de prévoir et qui pourraient venir fausser le résultat de toute notre spéculation. Cette réflexion mettra toujours un poids dans le plateau négatif de la balance et nous portera, dans les affaires importantes, à ne rien mouvoir sans nécessité : « *Quieta non movere.* » Mais, une fois la décision prise et la main mise à l'œuvre, quand tout peut suivre son cours et que nous n'avons plus qu'à attendre l'issue, il ne faut plus se tourmenter par des réflexions réitérées sur ce qui est fait et par des inquiétudes toujours renaissantes sur le danger possible : il faut au contraire se décharger entièrement l'esprit de cette affaire, clore tout ce compartiment de la pensée et se tranquilliser par la conviction d'avoir tout pesé mûrement en son temps. C'est ce que conseille aussi de faire ce proverbe italien : « *Legala pene, e poi lascia la andare* » (Sangle ferme, puis laisse courir). Si, malgré tout, l'issue tourne à mal, c'est que toutes choses humaines sont soumises à la chance et à l'erreur. Socrate, le plus sage des hommes, avait besoin d'un *démon* tutélaire pour voir le vrai, ou au moins éviter les faux pas dans ses propres affaires personnelles ; cela ne prouve-t-il pas que la raison humaine n'y suffit point ? Aussi cette sentence, attribuée à un pape, que nous sommes nous-mêmes, en partie au moins, coupables des malheurs qui nous frappent, n'est pas vraie sans réserve et toujours, quoiqu'elle le soit dans la plupart des cas. C'est ce sentiment qui semble faire que les hommes cachent autant que possible leur malheur et qu'ils cherchent, aussi bien qu'ils y peuvent réussir, à se composer une mine satisfaite. Ils craignent qu'on ne conclue du malheur à la culpabilité.

12° En présence d'un événement malheureux, déjà accompli, auquel par conséquent on ne peut rien changer, il ne faut pas s'abandonner même à la pensée qu'il pourrait en être autrement, et encore moins réfléchir à ce qui aurait pu le détourner ; car c'est là ce qui porte la gradation de la douleur jusqu'au point où elle devient insupportable et fait de l'homme un « εαυτονιμορουμενος » ? Faisons plutôt comme le roi David, qui assiégeait sans relâche Jéhovah de ses prières et de ses supplications pendant la maladie de son fils et qui, dès que celui-ci fut mort, fit une pirouette en claquant des doigts et n'y pensa plus du tout. Celui qui n'est pas assez léger d'esprit pour se conduire de même, doit se réfugier sur le terrain du fatalisme et se pénétrer de cette haute vérité que tout ce qui arrive, arrive négligemment, donc inévitablement.

Toutefois cette règle n'a de valeur que dans un sens. Elle est valable pour nous soulager et nous calmer immédiatement dans un cas de malheur ; mais lorsque, ainsi qu'il arrive le plus souvent, la faute en est, au moins en partie, à notre propre négligence ou à notre propre témérité, alors la méditation répétée et douloureuse des moyens qui auraient pu prévenir le funeste événement est une mortification salutaire, propre à nous servir de leçon et d'amendement pour l'avenir. Surtout ne faut-il pas chercher à excuser, à colorer, ou à amoindrir à ses propres yeux les fautes dont on est évidemment coupable ; il faut se les avouer et se les représenter dans toute leur étendue, afin de pouvoir prendre la ferme décision de les éviter à l'avenir. Il est vrai qu'on se procure ainsi le très douloureux sentiment du mécontentement de soi-même, mais « ο μη δαρει ςανθρωπος ου παιδευεναι » (l'homme non puni ne s'instruit pas).

13° En tout ce qui concerne notre bonheur ou notre malheur, *il faut tenir la bride à notre fantaisie* : ainsi, avant tout, ne pas bâtir des châteaux en l'air ; ils nous coûtent trop cher, car il nous faut, immédiatement après, les démolir, avec force soupirs. Mais nous devons nous garder bien plus encore de nous donner des angoisses de cœur en nous représentant vivement des malheurs qui ne sont que possibles. Car, si ceux-ci étaient complètement imaginaires ou du moins pris dans une éventualité très éloignée, nous saurions immédiatement, à notre réveil d'un pareil songe, que tout cela n'était qu'illusion ; par conséquent, nous nous sentirions d'autant plus réjouis par la réalité qui se trouve être meilleure, et nous en retirerions peut-être un avertissement contre des accidents fort éloignés, quoique possibles. Seulement notre fantaisie ne joue pas facilement avec de pareilles images ; elle ne bâtit guère, par pur amusement, que des perspectives riantes. L'étoffe de ses rêves sombres, ce sont des malheurs qui, bien qu'éloignés, nous menacent effectivement dans une certaine mesure ; voilà les objets qu'elle grossit, dont elle rapproche la possibilité en deçà de la vérité, et qu'elle peint des couleurs les plus effrayantes. Au réveil, nous ne pouvons pas secouer un semblable rêve comme nous le faisons d'un songe agréable, car ce dernier est démenti sans délai par la réalité, et ne laisse tout au plus après soi qu'un faible espoir de réalisation. En revanche, quand nous nous abandonnons à des idées noires (*blue devils*), nous rapprochons des images qui ne s'éloignent plus aussi facilement : car la possibilité de l'événement, d'une manière générale, est avérée, et nous ne sommes pas toujours en état d'en mesurer exactement le degré ; elle se transforme alors bien vite en probabilité, et nous voilà ainsi en proie à l'anxiété. C'est pourquoi nous ne devons considérer ce qui intéresse notre bonheur ou notre malheur qu'avec les yeux de la raison et du jugement ; il faut d'abord réfléchir sèchement et froidement, puis après n'opérer purement qu'avec des notions et *in abstracto*. L'imagination doit rester hors de jeu, car elle ne sait pas juger ; elle ne peut que présenter aux yeux des images qui émeuvent l'âme gratuitement et souvent très douloureusement. C'est le soir que cette règle devrait être le plus strictement observée.

Car, si l'obscurité nous rend peureux et nous fait voir partout des figures effrayantes, l'indécision des idées, qui lui est analogue, produit le même résultat ; en effet, l'incertitude engendre le manque de sécurité : par là, les objets de notre méditation, quand ils concernent nos propres intérêts, prennent facilement, le soir, une apparence menaçante et deviennent des épouvantails ; à ce moment, la fatigue a revêtu l'esprit et le jugement d'une obscurité subjective, l'intellect est affaissé et « θορυβουμενος » (troublé) et ne peut rien examiner à fond. Ceci arrive le plus souvent la nuit, au lit ; l'esprit étant entièrement détendu, le jugement n'a plus sa pleine puissance d'action, mais l'imagination est encore active. La nuit prête alors à tout être et à toute chose sa teinte noire. Aussi nos pensées, au moment de nous endormir ou au moment où nous nous réveillons pendant la nuit, nous font-elles voir les objets aussi défigurés et aussi dénaturés qu'en rêve ; nous les verrons d'autant plus noirs et plus terrifiants qu'ils touchent de plus près à des circonstances personnelles. Le matin, ces épouvantails disparaissent, tout comme les songes : c'est ce que signifie ce proverbe espagnol : « *Noche tinta, blanco el dia* » (La nuit est colorée, blanc est le jour). Mais dès le soir, sitôt la bougie allumée, la raison, la raison aussi bien que l'œil, voit moins clair que pendant le jour ; aussi ce moment n'est-il pas favorable aux méditations sur des sujets sérieux et principalement sur des sujets désagréables. C'est le matin qui est l'heure favorable pour cela, comme, en général, pour tout travail, sans exception, travail d'esprit ou travail physique. Car le matin, c'est la jeunesse du jour : tout y est gai, frais et facile ; nous nous sentons vigoureux et nous disposons de toutes nos facultés. Il ne faut pas l'abréger en se levant tard, ni le gaspiller en occupations ou en conversations vulgaires ; au contraire, il faut le considérer comme la quintessence de la vie et, pour ainsi dire, comme quelque chose de sacré. En revanche, le soir est la vieillesse du jour : nous sommes abattus, bavards et étourdis. Chaque journée est une *petite vie*, chaque réveil et chaque lever une petite naissance, chaque frais matin une petite jeunesse, et chaque coucher avec sa nuit de sommeil une petite mort.

Mais, d'une manière générale, l'état de la santé, le sommeil, la nourriture, la température, l'état du temps, les milieux, et bien d'autres conditions extérieures influent considérablement sur notre disposition, et celle-ci à son tour sur nos pensées. De là vient que notre manière d'envisager les choses, de même que notre aptitude à produire quelque œuvre, est à tel point subordonnée au temps et même au lieu. Gœthe dit :

Nehmt die gute Stimmung wahr, Denn sie kommt so selten.

(Saisissez la bonne disposition, car elle arrive si rarement.)

Ce n'est pas seulement pour des conceptions objectives et pour des pensées originales qu'il nous faut attendre *si* et *quand* il leur plaît de Venir, mais même la méditation approfondie d'une affaire personnelle ne réussit jamais à une heure fixée d'avance et au moment où nous voulons nous y livrer ; elle aussi choisit elle-même son temps, et ce n'est qu'alors que le fil convenable d'idées se développe spontanément, et que nous pouvons le suivre avec une entière efficacité.

Pour mieux refréner la fantaisie, ainsi que nous le recommandons, il ne faut pas lui permettre d'évoquer et de colorer vivement des torts, des dommages, des pertes, des offenses, des humiliations, des vexations, etc., subis dans le passé, car par là nous agitons de nouveau l'indignation, la colère, et tant d'autres odieuses passions, dès longtemps assoupies, qui reviennent salir notre âme. Suivant une belle comparaison du néo-platonicien Proclus, ainsi qu'on rencontre dans chaque ville, à côté des nobles et des gens distingués, la populace de toute sorte (οχλος), ainsi dans tout homme, même le plus noble et le plus élevé, se trouve l'élément bas et vulgaire de la nature humaine, on pourrait dire, par moments, de la nature bestiale. Cette populace ne doit pas être excitée au tumulte ; il ne faut pas lui permettre non plus de se montrer aux fenêtres, car la vue en est fort laide. Or ces productions de la fantaisie, dont nous parlions tout à l'heure, ce sont les démagogues parmi cette populace. Ajoutons que la moindre contrariété, qu'elle provienne des hommes ou des choses, si nous nous occupons constamment à la ruminer et à nous la dépeindre sous des couleurs voyantes et à une échelle grossie, peut grandir jusqu'à devenir un monstre qui nous mette hors de nous. Il faut au contraire prendre très prosaïquement et très froidement tout ce qui est désagréable, afin de s'en tourmenter le moins possible.

De même que de petits objets, tenus tout près devant l'œil, diminuent le champ de la vision et cachent le monde, de même les hommes et les choses de notre entourage le plus prochain, quand ils seraient les plus insignifiants et les plus indifférents, occuperont souvent notre attention et nos pensées au delà de toute convenance, et écarteront des pensées et des affaires importantes. Il faut réagir contre cette tendance.

14° À la vue de biens que nous ne possédons pas, nous nous disons très volontiers : « Ah ! si cela m'appartenait ! » et c'est cette pensée qui nous rend la privation sensible. Au lieu de cela, nous devrions souvent nous demander : « Comment serait-ce *si cela ne m'appartenait pas ?* » J'entends par là que nous devrions parfois nous efforcer de nous représenter les biens que nous possédons comme ils nous apparaîtraient après les avoir perdus ; et je parle ici des biens de toute espèce : richesse, santé, amis, maitresse, épouse, enfant, cheval et chien ; car ce n'est le plus souvent que la perte des choses qui nous en enseigne la valeur. Au contraire, la méthode que nous recommandons ici aura pour premier résultat de faire que leur possession nous rendra immédiatement plus heureux qu'auparavant, et en second lieu elle fera que nous nous précautionnerons par tous les moyens contre leur perte : ainsi nous ne risquerons pas notre avoir, nous n'irriterons pas nos amis, nous n'exposerons pas à la tentation la fidélité de notre femme, nous soignerons la santé de nos enfants, et ainsi de suite. Nous cherchons souvent à égayer la teinte morne du présent par des spéculations sur des possibilités de chances favorables, et nous imaginons toute sorte d'espérances chimériques dont chacune est grosse de déceptions ; aussi celles-ci ne manquent pas d'arriver dès que celles-là sont venues se briser contre la dure réalité. Il vaudrait mieux choisir les mauvaises chances pour thèmes de nos spéculations ; cela nous porterait à prendre des dispositions à l'effet de les écarter et nous procurerait parfois d'agréables surprises quand ces chances ne se réaliseraient pas. N'est-on pas bien plus gai au sortir de quelque transe ? Il est même salutaire de nous représenter à l'esprit certains grands malheurs qui peuvent éventuellement venir nous frapper ; cela nous aide à supporter plus facilement des maux moins graves lorsqu'ils viennent effectivement nous accabler, car nous nous consolons alors par un retour de pensée sur ces malheurs considérables qui ne se sont pas réalisés. Mais il faut avoir soin, tout en pratiquant cette règle, de ne pas négliger la précédente.

15° Les événements et les affaires qui nous concernent se produisent et se succèdent isolément, sans ordre et sans rapport mutuel, en contraste frappant les uns avec les autres et sans autre lien que de se rapporter à nous ; il en résulte que les pensées et les soins nécessaires devront être tout aussi nettement séparés, afin de correspondre aux intérêts qui les ont provoqués. En conséquence, quand nous entreprenons une chose, il faut en finir avec elle, en faisant abstraction de toute autre affaire, afin d'accomplir, de goûter ou de subir chaque chose en son temps, sans souci de tout le reste ; nous devons avoir, pour ainsi dire, des compartiments pour nos pensées, et n'en ouvrir qu'un seul pendant que tous les autres restent fermés. Nous y trouvons cet avantage de ne pas gâter tout petit plaisir actuel et de ne pas perdre tout repos par la préoccupation de quelque lourd souci ; nous y gagnons encore cela qu'une pensée n'en chasse pas une autre, que le soin d'une affaire importante n'en fait pas négliger beaucoup de petites, etc. Mais surtout l'homme capable de pensées nobles et élevées ne doit pas laisser son esprit s'absorber par des affaires personnelles et se préoccuper de soins bas au point de fermer l'accès à ses hautes méditations, car ce serait vraiment « *propter vitam, vivendi perdere causas* » (pour vivre, perdre les causes de la vie). Il est indubitable que pour faire exécuter à notre esprit toutes ces manœuvres et contre-manœuvres, il nous faut, comme en bien d'autres circonstances, exercer une contrainte sur nous-mêmes ; toutefois nous devrions en puiser la force dans cette réflexion que l'homme subit du monde extérieur de nombreuses et puissantes contraintes auxquelles nulle existence ne peut se soustraire, mais qu'un petit effort exercé sur soi-même et appliqué au bon endroit peut obvier souvent à une grande pression extérieure ; de même, une petite découpure dans le cercle, voisine du centre, correspond à une ouverture parfois centuple à la périphérie. Rien ne nous soustrait mieux à la contrainte du dehors que la contrainte de nous-mêmes : voilà la signification de cette sentence de Sénèque : « *Si tibi vis omnia subjicere, te subjice rationi* » (Ep. 37) (Si vous voulez que toutes choses vous soient soumises, soumettez-vous d'abord à la raison). En outre, cette contrainte sur nous-mêmes, nous l'avons toujours en notre puissance, et dans un cas extrême, ou bien lorsqu'elle porte sur notre point le plus sensible, nous avons la faculté de la relâcher un peu, tandis que la pression extérieure est pour nous sans égards, sans ménagement et sans pitié. C'est pourquoi il est sage de prévenir celle-ci par l'autre.

16° Borner ses désirs, refréner ses convoitises, maîtriser sa colère, se rappelant sans cesse que chaque individu ne peut jamais atteindre qu'une partie infiniment petite de ce qui est désirable et qu'en revanche des maux sans nombre doivent frapper chacun ; en un mot, « απεχειν χαι ανεχειν » (abstinere et sustinere, s'abstenir et se soutenir), voilà la règle sans l'observation de laquelle ni richesse ni pouvoir ne pourront nous empêcher de sentir notre misérable condition. Horace dit à ce sujet :

Inter cuncta leges, et percontabere doctos Qua ratione queas traducere leniter ævum ; Ne te semper inops agitet vexetque cupido, Ne pavor et verum mediocriter utilium spes.

(Cependant, lis et cause avec les doctes ; cherche ainsi à mener doucement ta vie ; sans quoi, le désir t'agite et te blesse en te laissant toujours pauvre, sans crainte et sans l'espérance des choses médiocrement utiles.) -(Traduction L. de Lisle, Ep. I, 18, vers 96-99.)

17° « Ο βιος εν τη χινησει εστι » (La vie est dans le mouvement), a dit Arislole avec raison : de même que notre vie physique consiste uniquement dans et par un mouvement incessant, de même notre vie intérieure, intellectuelle demande une occupation constante, une occupation avec n'importe quoi, par l'action ou par la pensée ; c'est ce que prouve déjà cette manie des gens désœuvrés, et qui ne pensent à rien, de se mettre immédiatement à tambouriner avec leurs doigts ou avec le premier objet venu. C'est que l'agitation est l'essence de notre existence ; une inaction complète devient bien vite insupportable, car elle engendre le plus horrible ennui. C'est en réglant cet instinct qu'on peut le satisfaire méthodiquement et avec plus de fruit. L'activité est indispensable au bonheur ; il faut que l'homme agisse, fasse quelque chose si cela lui est possible ou apprenne au moins quelque chose ; ses forces demandent leur emploi, et lui-même ne demande qu'à leur voir produire un résultat quelconque. Sous ce rapport, sa plus grande satisfaction consiste à faire, à confectionner quelque chose, panier ou livre ; mais ce qui donne du bonheur immédiat, c'est de voir jour par jour croître son œuvre sous ses mains et de la voir arriver à sa perfection. Une œuvre d'art, un écrit ou même un simple ouvrage manuel produisent tout cet effet ; bien entendu que plus la nature du travail est noble, plus la jouissance est élevée. Les plus heureux à cet égard sont les hommes hautement doués qui se sentent capables de produire les œuvres les plus importantes, les plus vastes et les plus fortement raisonnées. Cela répand sur toute leur existence un intérêt d'ordre supérieur et lui communique un assaisonnement qui fait défaut aux autres ; aussi la vie de ceux-ci est-elle insipide auprès de la leur. En effet, pour les hommes éminents, la vie et le monde, à côté de l'intérêt commun, matériel, en ont encore un autre plus élevé, un intérêt formel, en ce qu'ils contiennent l'étoile de leurs œuvres, et c'est à rassembler ces matériaux qu'ils s'occupent activement pendant le cours de leur existence, dès que leur part des misères terrestres leur donne un moment de répit. Leur intellect est aussi, jusqu'à un certain point, double : une partie est pour les affaires ordinaires (objets de la volonté) et ressemble à celui de tout le monde ; l'autre est pour la conception purement objective des choses. Ils vivent ainsi d'une vie double, spectateurs et acteurs à la fois, pendant que le reste n'est qu'acteurs. Cependant il faut que tout homme s'occupe à quelque chose, dans la mesure de ses facultés. On peut constater l'influence pernicieuse de l'absence d'activité régulière, d'un travail quel qu'il soit, pendant les voyages d'agrément de longue durée, où de temps en temps on se sent assez malheureux, par la seule raison que, privé de toute occupation réelle, on se trouve pour ainsi dire arraché à son élément naturel. Prendre de la peine et lutter contre les résistances est un besoin pour l'homme, comme de creuser pour la taupe. L'immobilité qu'amènerait la satisfaction complète d'une jouissance permanente lui serait insupportable. Vaincre des obstacles est la plénitude de la jouissance dans l'existence humaine, que ces obstacles soient d'une nature matérielle comme dans l'action et l'exercice, ou d'une nature spirituelle comme dans l'étude et les recherches : c'est la lutte et la victoire qui rendent l'homme heureux. Si l'occasion lui en manque, il se la crée comme il peut : selon que son individualité le comporte, il chassera ou jouera au bilboquet, ou, poussé par le penchant inconscient de sa nature, il suscitera des querelles, ourdira des intrigues, machinera des tromperies ou n'importe quelle autre vilenie, rien que pour mettre un terme à l'état d'immobilité qu'il ne peut supporter. « *Difficilis in otio quies* » (Le calme est difficile dans l'inaction).

18° Ce ne sont pas les *images de la fantaisie* mais des *notions nettement conçues* qu'il faut prendre pour guide de ses travaux. Le contraire arrive le plus souvent. En bien examinant, on trouve que ce qui, dans nos déterminations, vient en dernière instance rendre l'arrêt décisif, ce ne sont pas ordinairement des notions et des jugements, mais c'est une image de la fantaisie qui les représente et s'y substitue. Je ne sais plus dans quel roman de Voltaire ou de Diderot la vertu apparaît toujours au héros placé comme l'Hercule adolescent au carrefour de la vie, sous les traits de son vieux gouverneur tenant de la main gauche sa tabatière, de la droite une prise de tabac et moralisant ; le vice, en revanche, sous ceux de la femme de chambre de sa mère. C'est particulièrement pendant la jeunesse que le but de notre bonheur se fixe sous la forme de certaines images qui planent devant nous et qui persistent souvent pendant la moitié, quelquefois même pendant la totalité de la vie. Ce sont là de vrais lutins qui nous harcèlent ; à peine atteints, ils s'évanouissent, et l'expérience vient nous apprendre qu'ils ne tiennent rien de ce qu'ils promettaient. De ce genre sont les scènes particulières de la vie domestique, civile, sociale ou rurale, les images de l'habitation et de notre entourage, les insignes honorifiques, les témoignages du respect, etc., etc. ; « *chaque fou a sa marotte* ; »[28] l'image de la bien-aimée en est une aussi. Il est bien naturel qu'il en soi ainsi ; car ce que l'on voit, étant l'immédiat, agit aussi plus immédiatement sur notre volonté que la notion, la pensée abstraite, qui ne donne que le *général* sans le *particulier* ; or c'est ce dernier qui contient précisément la réalité : la notion ne peut donc agir que médialement sur la volonté. Et cependant il n'y a que la notion qui tienne parole : aussi est-ce un témoignage de culture intellectuelle que de mettre en elle seule toute sa foi. Par moments, le besoin se fera certainement sentir d'expliquer ou de paraphraser au moyen de quelques images, seulement « *cum granosalis* ».

19° La règle précédente rentre dans cette autre maxime plus générale, qu'il faut toujours maîtriser l'impression de tout ce qui est présent et visible.

Cela, en regard de la simple pensée, de la connaissance pure, est incomparablement plus énergique, non en vertu de sa matière et de sa valeur, qui sont souvent très insignifiantes, mais en vertu de sa forme, c'est-à-dire de la visibilité et de la présence directe, qui pénètre l'esprit dont elle trouble le repos ou ébranle les desseins. Car ce qui est

---

[28] En français dans le texte.

présent, ce qui est visible, pouvant facilement être embrassé d'un regard, agit toujours d'un seul coup et avec toute sa puissance ; par contre, les pensées et les raisons, devant être méditées pièce à pièce, demandent du temps et de la tranquillité et ne peuvent donc être à tout moment et entièrement présentes à l'esprit. C'est pour cela qu'une chose agréable à. laquelle la réflexion nous a fait renoncer nous charme encore par sa vue ; de même, une opinion dont nous connaissons cependant l'entière incompétence nous blesse ; une offense nous irrite ; bien que nous sachions qu'elle ne mérite que le mépris ; de même encore, dix raisons contre l'existence d'un danger sont renversées par la fausse apparence de sa présence réelle, etc. Dans toutes ces circonstances, c'est la déraison originelle de notre être qui prévaut. Les femmes sont fréquemment sujettes à de pareilles impressions, et peu d'hommes ont une raison assez prépondérante pour n'avoir pas à souffrir de leurs effets. Lorsque nous ne pouvons pas les maîtriser entièrement par la pensée seule, ce que nous avons de mieux à faire alors est de neutraliser une impression par l'impression contraire : par exemple, l'impression d'une offense par des visites chez les gens qui nous estiment, l'impression d'un danger qui nous menace par la vue réelle des moyens propres à l'écarter. Un Italien, dont Leibnitz nous raconte l'histoire (*Nouv. Essais*, liv. I, ch. II, § 11), réussit même à résister aux douleurs de la torture : pour cela, par une résolution prise d'avance, il imposa à son imagination de ne pas perdre de vue un seul instant l'image de la potence à laquelle l'aurait fait condamner un aveu ; aussi criait-il de temps en temps : « *Io ti vedo,* » paroles qu'il expliqua plus tard comme se rapportant au gibet. Pour la même raison, quand tous autour de nous sont d'une opinion différente de la nôtre et se conduisent en conséquence, il est très difficile de ne pas se laisser ébranler, quand même on serait convaincu qu'ils sont dans l'erreur. Pour un roi fugitif, poursuivi et voyageant sérieusement *incognito*, le cérémonial de subordination que son compagnon et confident observera quand ils sont entre quatre yeux doit être un cordial presque indispensable pour que l'infortuné n'arrive pas à douter de sa propre existence.

20° Après avoir fait ressortir, dès le 2e chapitre, la haute valeur de la santé comme condition première et la plus importante de notre bonheur, je veux indiquer ici quelques règles très générales de conduite, pour la fortifier et la conserver.

Pour s'endurcir, il faut, tant qu'on est en bonne santé, soumettre le corps dans son ensemble, comme dans chacune de ses parties, à beaucoup d'effort et de fatigue, et s'habituer à résister à tout ce qui peut l'affecter, quelque rudement que ce soit. Dès qu'il se manifeste, au contraire, un état morbide soit du tout, soit d'une partie, on devra recourir immédiatement au procédé contraire, c'est-à-dire ménager et soigner de toute façon le corps ou sa partie malade : car ce qui est souffrant et affaibli n'est pas susceptible d'endurcissement.

Les muscles se fortifient ; les nerfs, au contraire, s'affaiblissent par un fort usage. Il convient donc d'exercer les premiers par tous les efforts convenables et d'épargner au contraire tout effort aux seconds ; par conséquent, gardons nos yeux contre toute lumière trop vive, surtout quand elle est réfléchie, contre tout effort pendant le demi-jour, contre la fatigue de regarder longtemps de trop petits objets ; préservons nos oreilles également des bruits trop forts, mais surtout évitons à notre cerveau toute contention forcée, trop soutenue ou intempestive ; conséquemment, il faut le laisser reposer pendant la digestion, car à ce moment cette même force vitale qui, dans le cerveau, forme les pensées, travaille de tous ses efforts dans l'estomac et les intestins, à préparer le chyme et le chyle ; il doit également reposer pendant et après un travail musculaire considérable. Car, pour les nerfs moteurs, comme pour les nerfs sensitifs, les choses se passent de la même manière, et, de même que la douleur ressentie dans un membre lésé a son véritable siège dans le cerveau, de même ce ne sont pas les bras et les jambes qui se meurent et travaillent, mais le cerveau, c'est-à-dire cette portion du cerveau qui, par l'intermédiaire de la moelle allongée et de la moelle épinière, excite les nerfs de ces membres et les fait ainsi se mouvoir.

Par suite aussi, la fatigue que nous éprouvons dans les jambes ou les bras a son siège réel dans le cerveau ; c'est pourquoi les membres dont le mouvement est soumis à la volonté, c'est-à-dire part du cerveau, sont les seuls qui se fatiguent, tandis que ceux dont le travail est involontaire, comme le cœur, par exemple, sont infatigables. Évidemment alors, c'est nuire au cerveau que d'exiger de lui de l'activité musculaire énergique et de la tension d'esprit, que ce soit simultanément ou même seulement après un trop court intervalle. Ceci n'est nullement en contradiction avec le fait qu'au début d'une promenade, ou en général pendant de courtes marches, on éprouve une activité renforcée de l'esprit ; car dans ce dernier cas il n'y a pas encore de fatigue des parties respectives du cerveau, et d'autre part cette légère activité musculaire, en accélérant la respiration, porte le sang artériel, mieux oxygéné aussi, à monter vers le cerveau. Mais il faut surtout donner au cerveau la pleine mesure de sommeil nécessaire à sa réfection, car le sommeil est pour l'ensemble de l'homme ce que le remontage est à la pendule (Voy. *Le monde comme Volonté et comme Repr.*, vol. II). Cette mesure devra être d'autant plus grande que le cerveau sera plus développé et plus actif ; cependant l'outrepasser serait un pur gaspillage de temps, car le sommeil perd alors en intensité ce qu'il gagne en extension (Voy. *Le monde c. V. et c. R.*, vol. II).[29] En général, pénétrons-nous bien de ce fait que

---

[29] Le sommeil est une petite portion de *mort* que nous empruntons *anticipando* et par le moyen de laquelle nous regagnons et renouvelons la vie épuisée dans l'espace d'un jour. *Le sommeil est un emprunt fait à la mort**. Le sommeil emprunte à la mort pour entretenir la vie. Ou bien, il est l'*intérêt payé provisoirement à la mort*, qui elle-même est le

notre *penser* n'est autre chose que la fonction organique du cerveau, et partant se comporte, pour ce qui regarde la fatigue et le repos, d'une manière analogue à celle de toute autre activité organique. Un effort excessif fatigue le cerveau comme il fatigue les yeux. On a dit avec raison : Le cerveau pense comme l'estomac digère. L'idée d'une âme immatérielle, simple, essentiellement et constamment pensante, partant infatigable, qui ne serait là que comme logée en quartier dans le cerveau et n'aurait besoin de rien au monde, a certainement poussé plus d'un homme à une conduite insensée qui a émoussé ses forces intellectuelles ; Frédéric le Grand, par exemple, n'a-t-il pas essayé une fois de se déshabituer totalement du sommeil ? Les professeurs de philosophie devraient bien ne pas encourager une pareille illusion, nuisible même en pratique, par leur philosophie orthodoxe de vieilles femmes (*Katechismusgerechtseynwollende Rocken-Philosophie*). Il faut apprendre à considérer les forces intellectuelles comme étant absolument des fonctions physiologiques, afin de savoir les manier, les ménager ou les fatiguer en conséquence ; on doit se rappeler que toute souffrance, toute incommodité, tout désordre dans une partie quelconque du corps, affecte l'esprit. Pour bien se pénétrer de cette vérité, il faut lire Cabanis : *Des rapports du physique et du moral de l'homme*.

C'est pour avoir négligé de suivre ce conseil que bien des grands esprits et bien des grands savants sont tombés, sur leurs vieux jours, dans l'imbécillité, dans l'enfance et jusque dans la folie. Si, par exemple, de célèbres poètes anglais de notre siècle, tels que Walter Scott, Wordsworth, Southey et plusieurs autres, arrivés à la vieillesse et même dès leur soixantaine sont devenus intellectuellement obtus et

---

payement intégral du capital. Le remboursement total est exigé dans un délai d'autant plus long que l'intérêt est plus élevé et se paye plus régulièrement. (*Note de l'auteur.*)
* En français dans le texte

incapables, même imbéciles, il faut sans doute l'attribuer à ce que, séduits par des honoraires élevés, ils ont tous exercé la littérature comme un métier, en écrivant pour de l'argent. Ce métier entraîne à une fatigue contre nature : quiconque attelle son Pégase au joug et pousse sa Muse du fouet aura à l'expier de la même manière que celui qui a rendu à Vénus un culte forcé. Je soupçonne que Kant lui-même, dans un âge avancé, devenu déjà célèbre, s'est livré à un travail excessif et a provoqué par là cette seconde enfance dans laquelle il a vécu ses quatre dernières années.

Chaque mois de l'année a une influence spéciale et directe, c'est-à-dire indépendante des conditions météorologiques, sur notre santé, sur l'état général de notre corps, et même sur l'état de notre esprit.

CONCERNANT NOTRE CONDUITE ENVERS LES AUTRES

21° Pour se pousser à travers le monde, il est utile d'emporter avec soi une ample provision de *circonspection* et d'*indulgence ;* la première nous garantit contre les préjudices et les pertes, la seconde nous met à l'abri de disputes et de querelles.

Qui est appelé à vivre parmi les hommes ne doit repousser d'une manière absolue aucune individualité, du moment qu'elle est déjà déterminée et donnée par la nature, l'individualité fût-elle la plus méchante, la plus pitoyable ou la plus ridicule. Il doit plutôt l'accepter comme étant quelque chose d'immuable et qui, en vertu d'un principe éternel et métaphysique, doit être telle qu'elle est ; au pis-aller, il devra se dire : « Il faut bien qu'il y en ait de cette espèce-là aussi. » S'il prend la chose autrement, il commet une injustice et provoque l'autre à un combat à la vie et à la mort. Car nul ne peut modifier son individualité propre, c'est-à-dire son caractère moral, ses facultés intellectuelles, son tempérament, sa physionomie, etc. Si donc nous condamnons son être sans réserve, il ne lui restera plus qu'à combattre en nous un ennemi mortel, du moment où nous ne voulons lui reconnaître le droit d'exister qu'à la condition de devenir un autre que celui qu'il est immuablement. C'est pourquoi, quand on veut vivre parmi les hommes, il faut laisser chacun exister et l'accepter avec l'individualité, quelle qu'elle soit, qui lui a été départie ; il faut se préoccuper uniquement de l'utiliser autant que sa qualité et son organisation le permettent, mais sans espérer la modifier et sans la condamner purement et simplement telle qu'elle est. Voilà la vraie signification de ce dicton : « *Vivre et laisser vivre.* » Toutefois la tâche est moins facile qu'elle n'est équitable, et heureux celui à qui il est donné de pouvoir à jamais éviter certaines individualités ! En attendant, pour apprendre à supporter les hommes, il est bon d'exercer sa patience sur les objets inanimés qui, en vertu d'une nécessité mécanique ou de toute autre nécessité physique, contrarient obstinément notre action ; nous avons pour cela des occasions journalières. On apprend ensuite à reporter sur les hommes, la patience ainsi acquise, et l'on se fait à cette pensée qu'eux aussi, toutes les fois qu'ils nous sont un obstacle, le sont forcément, en vertu d'une nécessité naturelle aussi rigoureuse que celle avec laquelle agissent les objets inanimés ; que, par conséquent, il est aussi insensé de s'indigner de leur conduite que d'une pierre qui vient rouler sous nos pieds. À l'égard de maint individu, le plus sage est de se dire :

« *Je ne le changerai pas, je veux donc l'utiliser.* »

22° Il est surprenant de voir à quel point se manifeste dans la conversation l'homogénéité ou l'hétérogénéité d'esprit et de caractère entre les hommes ; elle devient sensible à la moindre occasion. Entre deux personnes de natures essentiellement dissemblables qui causeront sur les sujets les plus indifférents, les plus étrangers, chaque phrase de l'une déplaira plus ou moins à l'autre, un mot parfois ira jusqu'à la mettre en colère. Quand elles se ressemblent au contraire, elles sentent de suite et en tout un certain accord qui, lorsque l'homogénéité est très marquée, se fond en une harmonie parfaite et peut aller jusqu'à l'unisson. Ainsi s'explique premièrement pourquoi les individus très ordinaires sont tellement sociables et trouvent si facilement partout de l'excellente société, ce qu'ils appellent « d'aimables, bonnes et braves gens. » C'est l'inverse pour les hommes qui ne sont pas ordinaires, et ils seront d'autant moins sociables qu'ils sont plus distingués ; tellement que parfois, dans leur isolement, ils peuvent éprouver une véritable joie à avoir découvert chez un autre une libre quelconque, si mince qu'elle puisse être, de la même nature que la leur. Car chacun ne peut être à un autre homme que ce que celui-ci est au premier. Comme l'aigle, les esprits réellement supérieurs errent sur la hauteur, solitaires. Cela explique, en second lieu, comment les hommes de même disposition se trouvent si vite réunis, comme s'ils s'attiraient magnétiquement : les âmes sœurs se saluent de loin. On pourra remarquer cela le plus fréquemment chez les gens à sentiments bas ou de faible intelligence ; mais c'est seulement parce que ceux-ci s'appellent légion, tandis que les bons et les nobles sont et s'appellent les natures rares. C'est ainsi qu'il se fera, par exemple, que dans quelque vaste association, fondée en vue de résultats effectifs, deux fieffés coquins se reconnaissent mutuellement aussi vite que s'ils portaient une cocarde et se rapprochent aussitôt pour forger quelque abus ou quelque trahison. De même, supposons, *per impossibile*, une société nombreuse composée entièrement d'hommes intelligents et spirituels, sauf deux imbéciles qui en feraient partie aussi ; ces deux se sentiront sympathiquement attirés l'un vers l'autre, et bientôt chacun des deux se réjouira dans son cœur d'avoir enfin rencontré au moins un homme raisonnable. Il est vraiment remarquable de voir de ses yeux comment deux êtres, principalement parmi ceux qui sont arriérés au moral et à l'intellectuel, se reconnaissent à première vue, tendent ardemment à se rapprocher, se saluent avec amour et joie, et courent l'un au-devant de l'autre comme d'anciennes connaissances ; cela est si frappant que l'on est tenté d'admettre, selon la doctrine bouddhique de la métempsycose, qu'ils étaient déjà liés d'amitié dans une vie antérieure.

Cependant il est un fait qui, même dans le cas de grande harmonie, maintient les hommes éloignés les uns des autres et qui va jusqu'à faire naître entre eux une dissonnance passagère : c'est la différence de la disposition du moment qui est presque toujours autre chez chacun, selon sa situation momentanée, l'occupation, le milieu, l'état de son corps, le courant actuel de ses pensées, etc. C'est là ce qui produit des dissonnances parmi les individualités qui s'accordent le mieux. Travailler sans relâche à corriger ce qui fait naître ces troubles et à établir l'égalité de la température ambiante, serait l'effet d'une suprême culture intellectuelle. On aura la mesure de ce que peut produire pour la société l'égalité de sentiments, par ce fait que les membres d'une réunion, même très nombreuse, seront portés à se communiquer réciproquement leurs idées, à prendre sincèrement part à l'intérêt et au sentiment général, dès que quelque chose d'extérieur, un danger, une espérance, une nouvelle, la vue d'une chose extraordinaire, un spectacle, de la musique, ou n'importe quoi, vient les impressionner tous au même instant et de la même manière. Car ces motifs subjuguent tous les intérêts particuliers et font naitre de la sorte l'unité parfaite de disposition. À défaut d'une pareille influence objective, on a recours d'ordinaire à quelque ressource subjective, et c'est alors la bouteille qui est appelée habituellement à procurer une disposition, commune à la compagnie. Le thé et le café sont également employés à cet effet.

Mais ce même désaccord qu'amène si facilement dans toute réunion la diversité d'humeur momentanée donne aussi l'explication partielle de ce phénomène que chacun apparaît comme idéalisé, parfois même transfiguré dans le souvenir, quand celui-ci n'est plus sous l'empire de cette influence passagèrement perturbatrice ou de toute autre semblable. La mémoire agit à la manière de la lentille convergente dans la chambre obscure : elle réduit toutes les dimensions et produit de la sorte une image bien plus belle que l'original. Chaque absence nous procure partiellement l'avantage d'être vus sous cet aspect. Car bien que, pour achever son œuvre, le souvenir idéalisateur demande un temps considérable, néanmoins son travail commence immédiatement. C'est pourquoi même il est sage de ne se montrer à ses connaissances et à ses bons amis qu'à de longs intervalles ; on remarquera, en se revoyant, que le souvenir a déjà travaillé.

23° Nul ne peut voir *par-dessus soi*. Je veux dire par là qu'on ne peut voir en autrui plus que ce qu'on est soi-même, car chacun ne peut saisir et comprendre un autre que dans la mesure de sa propre intelligence. Si celle-ci est de la plus basse espèce, tous les dons intellectuels les plus élevés ne l'impressionneront nullement, et il n'apercevra dans cet homme si hautement doué que ce qu'il y a de plus bas dans l'individualité, savoir toutes les faiblesses et tous les défauts de tempérament et de caractère. Voilà de quoi le grand homme sera composé aux yeux de l'autre. Les facultés intellectuelles éminentes de l'un existent aussi peu pour le second que les couleurs pour les aveugles. C'est que tous les esprits sont invisibles pour qui n'a pas soi-même d'esprit : et toute évaluation est le produit de la valeur de l'estimé par la sphère d'appréciation de l'estimateur.

Il résulte de là que lorsqu'on cause avec quelqu'un on se met toujours à son niveau, puisque tout ce qu'on a au delà disparaît, et même l'abnégation de soi qu'exige ce nivellement reste parfaitement méconnue. Si donc on réfléchit combien la plupart des hommes ont de sentiments et de facultés de bas étage, en un mot combien ils sont *communs*, on verra qu'il est impossible de parler avec eux sans devenir soi-même *commun* pendant cet intervalle (par analogie avec la répartition de l'électricité) ; on saisira alors la signification propre et la vérité de cette expression allemande : « *sich gemein machen* » (se mettre de pair à compagnon), et l'on cherchera à éviter toute compagnie avec laquelle on ne peut communiquer que moyennant la *partie honteuse*[30] de sa propre nature. On comprendra également qu'en présence d'imbéciles et de fous il n'y a qu'*une seule* manière de montrer qu'on a de la raison : c'est de ne pas parler avec eux. Mais il est vrai qu'alors, en société, maint homme pourra se trouver dans la situation d'un danseur, entrant dans un bal où il n'y aurait que des perclus ; avec qui dansera-t-il ?

24° J'accorde toute ma considération, comme à un élu sur cent individus, à celui qui étant inoccupé, parce qu'il attend quelque chose, ne se met pas immédiatement à frapper ou à tapoter en mesure avec tout ce qui lui tombe sous la main, avec sa canne, son couteau, sa fourchette ou avec tout autre objet. Il est probable que cet homme-là pense à quelque chose. On reconnaît à la mine de la plupart des gens que chez eux la vue remplace entièrement le penser ; ils cherchent à s'assurer de leur existence en faisant du bruit, à moins qu'ils n'aient un cigare sous la main, ce qui leur rend le même service. C'est pour la même raison qu'ils sont constamment tout yeux, tout oreilles pour tout ce qui se passe autour d'eux.

25° La Rochefoucauld a très justement observé qu'il est difficile de beaucoup estimer un homme et de l'aimer

---

[30] En français dans le texte.

beaucoup à la fois.³¹ Nous aurions donc le choix entre briguer l'amour ou l'estime des gens. Leur amour est toujours intéressé, bien qu'à des titres divers. De plus, les conditions auxquelles on l'acquiert ne sont pas toujours faites pour nous en rendre fiers. Avant tout, on se fera aimer dans la mesure dans laquelle on baissera ses prétentions à trouver de l'esprit et du cœur chez les autres, mais cela sérieusement, sans dissimulation, et non en vertu de cette indulgence qui prend sa source dans le mépris. Pour compléter les prémisses qui aideront à tirer la conclusion, rappelons encore cette sentence si vraie d'Helvétius : « *Le degré d'esprit nécessaire pour nous plaire est une mesure assez exacte du degré d'esprit que nous avons.* » C'est tout le contraire quand il s'agit de l'estime des gens : on ne la leur arrache qu'à leur corps défendant ; aussi la cachent-ils le plus souvent. C'est pourquoi elle nous procure une bien plus grande satisfaction intérieure ; elle est en proportion avec notre valeur, ce qui n'est pas vrai directement de l'amour des gens, car celui-ci est subjectif et l'estime objective. Mais l'amour nous est certainement plus utile.

26° La plupart des hommes sont tellement personnels qu'au fond rien n'a d'intérêt à leurs yeux qu'eux-mêmes et exclusivement eux. Il en résulte que, quoi que ce soit dont on parle, ils pensent aussitôt à eux-mêmes, et que tout ce qui, par hasard et du plus loin que ce soit, se rapporte à quelque chose qui les touche, attire et captive tellement toute leur attention qu'ils n'ont plus la liberté de saisir la partie objective de l'entretien ; de même, il n'y a pas de raisons valables pour eux dès qu'elles contrarient leur intérêt ou leur vanité. Aussi sont-ils si facilement distraits, si facilement blessés, offensés ou affligés que, lors même qu'on cause avec

---

³¹ Voici le texte de la maxime à laquelle Schopenhauer fait allusion : « Il est difficile d'aimer ceux que nous n'estimons point ; mais il ne l'est pas moins d'aimer ceux que nous estimons beaucoup plus que nous. » (La Roch., édit. de la *Bibl. nationale*, p. 71, 303.)

eux, à un point de vue objectif, sur n'importe quelle matière, on ne saurait assez se garder de tout ce qui pourrait, dans le discours, avoir un rapport possible, peut-être fâcheux avec le précieux et délicat *moi* que l'on a devant soi ; rien que ce moi ne les intéresse, et, pendant qu'ils n'ont ni sens ni sentiment pour ce qu'il y a de vrai et de remarquable, ou de beau, de fin, de spirituel dans les paroles d'autrui, ils possèdent la plus exquise sensibilité pour tout ce qui, du plus loin et le plus indirectement, peut toucher leur mesquine vanité ou se rapporter désavantageusement, en quelque façon que ce soit, à leur inappréciable moi. Ils ressemblent, dans leur susceptibilité, à ces roquets auxquels on est si facilement exposé, par mégarde, à marcher sur la patte et dont il faut subir ensuite les piailleries ; ou bien encore à un malade couvert de plaies et de meurtrissures et qu'il faut éviter soigneusement de toucher. Il y en a chez qui la chose est poussée si loin, qu'ils ressentent exactement comme une offense l'esprit et le jugement que l'on montre, ou qu'on ne dissimule pas suffisamment, en causant avec eux ; ils s'en cachent, il est vrai, au premier moment, mais ensuite celui qui n'a pas assez d'expérience réfléchira et se creusera vainement la cervelle pour savoir par quoi il a pu s'attirer leur rancune et leur haine. Mais il est tout aussi facile de les flatter et de les gagner. Par suite, leur sentence est, d'ordinaire, achetée : elle n'est qu'un arrêt en faveur de leur parti ou de leur classe et non un jugement objectif et impartial. Cela vient de ce que chez eux la volonté surpasse de beaucoup l'intelligence, et de ce que leur faible intellect est entièrement soumis au service de la volonté dont il ne peut s'affranchir un seul moment.

Cette pitoyable subjectivité des hommes, qui les fait tout rapporter à eux et revenir, de tout point de départ, immédiatement et en droite ligne vers leur personne, est surabondamment prouvée par l'*astrologie*, qui rapporte la marche des grands corps de l'univers au chétif *moi* et qui trouve une corrélation entre les comètes au ciel et les querelles et les gueuseries sur la terre. Mais cela s'est toujours passé ainsi, même dans les temps les plus reculés (voir par exemple Stobée. *Eclog.*, l. I, ch. 22, 9, p. 478).

27° Il ne faut pas désespérer à chaque absurdité qui se dit en public ou dans la société, qui s'imprime dans les livres et qui est bien accueillie ou du moins n'est pas réfutée ; il ne faut pas croire non plus que cela restera acquis à jamais. Sachons, pour notre consolation, que plus tard et insensiblement la chose sera ruminée, élucidée, méditée, pesée, discutée et le plus souvent jugée justement à la fin, en sorte que, après un laps de temps variable en raison de la difficulté de la matière, presque tout le monde finira par comprendre ce que l'esprit lucide avait vu de prime abord. Il est certain que dans l'entre-temps il faut prendre patience. Car un homme d'un jugement juste parmi des gens qui sont dans l'erreur ressemble à celui dont la montre va juste dans une ville dont toutes les horloges sont mal réglées. Lui seul sait l'heure exacte, mais à quoi bon ? Tout le monde se règle sur les horloges publiques qui indiquent une heure fausse, ceux-là même qui savent que la montre du premier donne seule l'heure vraie.

28° Les hommes ressemblent aux enfants qui prennent de mauvaises manières dès qu'on les gâte ; aussi ne faut-il être trop indulgent ni trop aimable envers personne. De même qu'ordinairement on ne perdra pas un ami pour lui avoir refusé un prêt, mais plutôt pour le lui avoir accordé, de même ne le perdra-t-on pas par une attitude hautaine et un peu de négligence, mais plutôt par un excès d'amabilité et de prévenance : il devient alors arrogant, insupportable, et la rupture ne tarde pas à se produire. C'est surtout l'idée qu'on a besoin d'eux que les hommes ne peuvent absolument pas supporter ; elle est toujours suivie inévitablement d'arrogance et de présomption. Chez quelques gens, cette idée naît déjà par cela seul qu'on est en relations ou bien qu'on cause souvent ou familièrement avec eux : ils s'imaginent aussitôt qu'il faut bien leur passer quelque chose et ils chercheront à étendre les bornes de la politesse. C'est pourquoi il y a si peu d'individus qu'on puisse fréquenter un peu plus intimement ; surtout faut-il se garder de toute familiarité avec des natures de bas étage. Que si, par malheur, un individu de cette espèce s'imagine que j'ai beaucoup plus besoin de lui qu'il n'a besoin de moi, alors il éprouvera soudain un sentiment comme si je lui avais volé quelque chose : il cherchera à se venger et à rentrer dans sa propriété. N'avoir jamais et d'aucune façon besoin des autres et le leur faire voir, voilà absolument la seule manière de maintenir sa supériorité dans les relations. En conséquence, il est sage de leur faire sentir à tous, homme ou femme, qu'on peut très bien se passer d'eux ; cela fortifie l'amitié : il est même utile de laisser s'introduire parfois, dans notre attitude à l'égard de la plupart d'entre eux, une parcelle de dédain ; ils n'en attacheront que plus de prix à notre amitié. « *Chi non istima, vien stimato* » (Qui n'estime pas est estimé), dit finement un proverbe italien. Mais, si quelqu'un a réellement une grande valeur à nos yeux, il faut le lui dissimuler comme si c'était un crime. Cela n'est pas précisément réjouissant, mais en revanche c'est vrai. C'est à peine si les chiens supportent le trop de bienveillance, bien moins encore les hommes.

29° Les gens d'une espèce plus noble et doués de facultés plus élevées trahissent, principalement dans leur jeunesse, un manque surprenant de connaissance des hommes et de savoir-faire ; ils se laissent ainsi facilement tromper ou égarer ; tandis que les natures inférieures savent bien mieux et bien plus vite se tirer d'affaire dans le monde ; cela vient de ce que, à défaut d'expérience, l'on doit juger *a priori* et qu'en général aucune expérience ne vaut l'*a priori*. Chez les gens de calibre ordinaire, cet *a priori* leur est fourni par leur propre *moi*, tandis qu'il ne l'est pas à ceux de nature noble et distinguée, car c'est par là précisément que ceux-ci diffèrent des autres. En évaluant donc les pensées et les actes des hommes ordinaires d'après les leurs propres, le calcul se trouve être faux.

Mais même alors qu'un tel homme aura appris enfin *a posteriori*, c'est-à-dire par les leçons d'autrui et par sa propre expérience, ce qu'il y a à attendre des hommes ; même alors qu'il aura compris que les cinq sixièmes d'entre eux sont ainsi faits, au moral comme à l'intellectuel, que celui qui n'est pas forcé par les circonstances d'être en relation avec eux fait mieux de les éviter dès l'abord et de se tenir autant que possible hors de leur contact, même alors cet homme ne pourra, malgré tout, avoir une connaissance *suffisante* de leur petitesse et de leur mesquinerie ; il aura durant toute sa vie à étendre et à compléter cette notion ; mais jusqu'alors il fera encore bien des faux calculs à son détriment. En outre, bien que pénétré des enseignements reçus, il lui arrivera encore parfois, se trouvant dans une société de gens qu'il ne connaît pas encore, d'être émerveillé en les voyant tous paraître, dans leurs discours et dans leurs manières, entièrement raisonnables, loyaux, sincères, honnêtes et vertueux, et peut-être bien aussi intelligents et spirituels. Mais que cela ne l'égare pas ; cela provient tout simplement de ce que la nature ne fait pas comme les méchants poètes, qui, lorsqu'ils ont à présenter un coquin ou un fou, s'y prennent si lourdement et avec une intention si accentuée que l'on voit paraître pour ainsi dire derrière chacun de ces personnages l'auteur désavouant constamment leur caractère et leurs discours et disant à haute voix et en manière d'avertissement : « Celui-ci est un coquin, cet autre un fou ; n'ajoutez pas foi à ce qu'il dit. » La nature au contraire s'y prend à la façon de Shakespeare et de Gœthe : dans leurs ouvrages, chaque personnage, fût-il le diable lui-même, tant qu'il est en scène, parle comme il a raison de parler ; il est conçu d'une manière si objectivement réelle qu'il nous attire et nous force à prendre part à ses intérêts ; pareil aux créations de la nature, il est le développement d'un principe intérieur en vertu duquel ses discours et ses actes apparaissent comme naturels et par conséquent comme nécessaires. Celui qui croit que dans le monde les diables ne vont jamais sans cornes et les fous sans grelots sera toujours leur proie ou leur jouet. Ajoutons encore à tout cela que, dans leurs relations, les gens font comme la lune et les bossus, c'est-à-dire qu'ils ne nous montrent jamais qu'une face ; ils ont même un talent inné pour transformer leur visage, par une mimique habile, en un masque représentent très exactement *ce qu'ils devraient être* en réalité ; ce masque, découpé exclusivement à la mesure de leur individualité, s'adapte et s'ajuste si bien que l'illusion est complète. Chacun se l'applique toutes les fois qu'il s'agit de se faire bien venir. Il ne faut pas plus s'y lier qu'a un masque de toile cirée, et rappelons-nous cet excellent proverbe italien : « *Non è si tristo cane, che non meni la coda* » (Il n'est si méchant chien qui ne remue la queue).

Gardons-nous bien, en tout cas, de nous faire une opinion très favorable d'un homme dont nous venons de faire la connaissance ; nous serions ordinairement déçus à notre confusion, peut-être même à notre détriment. Encore une observation digne d'être notée : c'est précisément dans les petites choses, où il ne songe pas à soigner sa contenance, que l'homme dévoile son caractère ; c'est dans des actions insignifiantes, quelquefois dans de simples manières, que l'on peut facilement observer cet égoïsme illimité, sans égard pour personne, qui ne se démentira pas non plus ensuite dans les grandes choses, mais qui se dissimulera. Que de semblables occasions ne soient pas perdues pour nous ! Quand un individu se conduit sans aucune discrétion dans les petits incidents journaliers, dans les petites affaires de la vie, auxquelles s'applique le : « *De minimis lex non curat* » (La loi ne s'occupe pas des affaires minimes), quand il ne recherche dans ces occasions que son intérêt ou ses aises au détriment d'autrui, ou s'approprie ce qui est là pour servir à tous, etc., cet individu, soyez-en bien convaincu, n'a pas dans le cœur le sentiment du juste ; il sera un gredin tout aussi bien dans les grandes circonstances, toutes les fois que la loi ou la force ne lui lieront pas les bras ; ne permettez pas à cet homme de franchir votre seuil. Oui, je l'affirme, qui viole sans scrupule les règlements de son club violera également les lois de l'État dès qu'il pourra le faire sans danger.[32]

Quand un homme avec qui nous sommes en rapports plus ou moins étroits nous fait quelque chose qui nous déplaît ou nous fâche, nous n'avons qu'à nous demander s'il a ou non assez de prix à nos yeux pour que nous acceptions de sa part, une seconde fois et à reprises toujours plus fréquentes, un traitement semblable, voire même un peu plus accentué (pardonner et oublier signifient jeter par la fenêtre des expériences chèrement acquises). Dans le cas affirmatif, tout est dit ; car parler simplement ne servirait de rien : il faut alors laisser passer la chose, avec ou sans admonition ; mais nous devrons nous rappeler que, de cette façon, nous nous en attirons bénévolement la répétition. Dans la seconde alternative, il nous faut, sur-le-champ et à jamais, rompre avec le cher ami, ou, si c'est un serviteur, le congédier. Car il fera, le cas échéant, inévitablement et exactement la même chose, ou quelque chose d'entièrement analogue, quand même en ce moment il nous jurerait le contraire, bien haut et bien sincèrement. On peut tout oublier, tout, excepté soi-même, excepté son propre être. En effet, le caractère est absolument incorrigible, parce que toutes les actions humaines partent d'un principe intime, en vertu duquel un homme doit toujours agir de même dans les mêmes circonstances et ne peut pas agir autrement. Lisez mon mémoire couronné sur la prétendue liberté de la

---

[32] Si dans les hommes, tels qu'ils sont pour la plupart, le bon dépassait le mauvais, il serait plus sage de se fier à leur justice, à leur équité, leur fidélité, leur affection ou leur charité qu'à leur crainte ; mats, comme c'est tout l'inverse, c'est l'inverse qui est le plus sage. *(Note de l'auteur.)*

volonté[33] et chassez toute illusion. Se réconcilier avec un ami avec lequel on avait rompu est donc une faiblesse que l'on aura à expier alors que celui-ci, à la première occasion recommencera à faire exactement ce qui avait amené la rupture, et même avec un peu plus d'assurance, car il a la secrète conscience de nous être indispensable. Ceci s'applique également aux domestiques congédiés que l'on reprend à son service. Nous devons tout aussi peu, et pour les mêmes motifs, nous attendre à voir un homme se comporter de la même manière qu'une fois précédente, quand les circonstances ont changé. Au contraire, la disposition et la conduite des hommes changent tout aussi vite que leur intérêt : les intentions qui les meuvent émettent leurs lettres de change à si courte vue, qu'il faudrait avoir soi-même la vue plus courte encore pour ne pas les laisser protester.

Supposons maintenant que nous voulions savoir comment agira une personne dans une situation où nous avons l'intention de la placer ; pour cela, il ne faudra pas compter sur ses promesses et ses protestations. Car, en admettant même qu'elle parle sincèrement, elle n'en parle pas moins d'une chose qu'elle ignore. C'est donc par l'appréciation des circonstances dans lesquelles elle va se trouver, et de leur conflit avec son caractère, que nous aurons à nous rendre compte de son attitude.

En thèse générale, pour acquérir la compréhension nette, approfondie et si nécessaire de la véritable et triste condition des hommes, il est éminemment instructif d'employer, comme commentaire à leurs menées et à leur conduite sur le terrain de la vie pratique, leurs menées et leur conduite dans le domaine littéraire, et *vice versa*. Cela est très

---

[33] Ce mémoire, traduit en français, a reçu pour titre : *Essai sur le libre arbitre*. 1 vol. in-18. Germer Baillière et Cie. Paris.

utile pour ne se tromper ni sur soi ni sur eux. Mais, dans le cours de cette étude, aucun trait de grande infamie ou sottise, que nous rencontrions soit dans la vie soit en littérature, ne devra nous devenir matière à nous attrister ou irriter ; il devra servir uniquement à nous instruire comme nous offrant un trait complémentaire du caractère de l'espèce humaine, qu'il sera bon de ne pas oublier. De cette façon, nous envisagerons la chose comme le minéralogiste considère un spécimen bien caractérisé d'un minéral, qui lui serait tombé entre les mains. Il y a des exceptions, il y en a même d'incompréhensiblement grandes, et les différences entre les individualités sont immenses ; mais, pris en bloc, on l'a dit dès longtemps, le monde est mauvais ; les sauvages s'entre-dévorent et les civilisés s'entre-trompent, et voilà ce qu'on appelle le cours du monde. Les États, avec leurs ingénieux mécanismes dirigés contre le dehors et le dedans et avec leurs voies de contrainte, que sont-ils donc, sinon des mesures établies pour mettre des bornes à l'iniquité illimitée des hommes ? Ne voyons-nous pas, dans l'histoire entière, chaque roi, dès qu'il est solidement assis et que son pays jouit de quelque prospérité, en profiter pour tomber avec son armée, comme avec une bande de brigands, sur les États voisins ? Toutes les guerres ne sont-elles pas, au fond, des actes de brigandage ? Dans l'antiquité reculée comme aussi pendant une partie du moyen âge, les vaincus devenaient les esclaves des vainqueurs, ce qui, au fond, revient à dire qu'ils devaient travailler pour ceux-ci ; mais ceux qui payent des contributions de guerre doivent en faire autant, c'est-à-dire qu'ils livrent le produit de leur travail antérieur. *Dans toutes les guerres, il ne s'agit que de voler,* a écrit Voltaire ; et que les Allemands se le tiennent pour dit.

30° Aucun caractère n'est tel qu'on puisse l'abandonner à lui-même et le laisser aller entièrement ; il a besoin d'être guidé par des notions et des maximes. Mais si, poussant la chose à l'extrême, on voulait faire du caractère non pas le résultat de la nature innée, mais uniquement le produit d'une délibération raisonnée, par conséquent un caractère entièrement acquis et artificiel, on verrait bientôt se vérifier la sentence latine : « *Naturam expelles furca, tamen usque recurret* » (Chassez le naturel, il revient au galop). En effet, on pourra très bien comprendre, découvrir même et formuler admirablement une règle de conduite envers les autres, et néanmoins, dans la vie réelle, on péchera dès l'abord contre elle. Toutefois, il ne faut pas pour cela perdre courage et croire qu'il soit impossible de diriger sa conduite dans la vie sociale par des règles et des maximes abstraites, et qu'il vaille mieux, par conséquent, se laisser aller tout bonnement. Car il en est de celles-ci comme de toutes les instructions et directions pratiques ; comprendre la règle est une chose, et apprendre à l'appliquer une autre. La première s'acquiert d'un seul coup par l'intelligence, la seconde peu à peu par l'exercice. On montre à l'élève les touches d'un instrument, les parades et les attaques au fleuret ; il se trompe immédiatement, malgré la meilleure volonté, et s'imagine alors que se rappeler ces leçons dans la rapidité de la lecture musicale, ou dans l'ardeur du combat, est chose presque impossible. Et cependant, petit à petit, à force de trébucher, de tomber et de se relever, l'exercice finit par les lui apprendre ; il en est de même pour les règles de grammaire, quand on apprend à lire et à écrire en latin. Ce n'est pas autrement que le rustre devient courtisan ; le cerveau brûlé, un homme du monde distingué ; l'homme ouvert, taciturne ; le noble, sarcastique. Néanmoins cette éducation de soi-même, obtenue ainsi par une longue habitude, agira toujours comme un effort venant de l'extérieur, auquel la nature ne cesse jamais de s'opposer, et malgré lequel elle arrive parfois à éclater inopinément. Car toute conduite ayant pour mobile des maximes abstraites se rapporte à une conduite mue par le penchant primitif et inné, comme un mécanisme fait de main d'homme, une montre, par exemple, où la forme et le mouvement sont imposés à une matière qui leur est étrangère, se rapporte à un organisme vivant, où forme et matière se pénètrent mutuellement et ne font qu'un. Ce rapport entre le caractère acquis et le caractère naturel confirme la pensée énoncée par l'empereur Napoléon : « *Tout ce qui n'est pas naturel est imparfait.* » Ceci est vrai en tout et pour tous, au physique comme au moral ; et la seule exception que je me rappelle à cette règle, c'est l'aventurine naturelle, qui ne vaut pas l'artificielle.

Aussi, gardons-nous de toute *affectation*. Elle provoque toujours le mépris : d'abord elle est une tromperie, et comme telle une lâcheté, car elle repose sur la peur ; ensuite elle implique condamnation de soi-même par soi-même, puisqu'on veut paraître ce qu'on n'est pas et qu'on estime être meilleur que ce que l'on est. Le fait d'affecter une qualité, de s'en vanter, est un aveu qu'on ne la possède pas. Que des gens se vantent de quoi que ce soit, courage ou instruction, intelligence ou esprit, succès auprès des femmes ou richesses, ou noblesse, et l'on pourra en conclure que c'est précisément sur ce chapitre-là qu'il leur manque quelque chose ; car celui qui possède réellement et complètement une qualité ne songe pas à l'étaler et à l'affecter ; il est parfaitement tranquille sous ce rapport. C'est ce que veut dire ce proverbe espagnol :

« *Herradura que chacolotea clavo le falta* » (A ferrure qui sonne il manque un clou). Il ne faut certainement pas, nous l'avons déjà dit, lâcher entièrement les rênes et se montrer en entier tel qu'on est ; car le côté mauvais et bestial de notre nature est considérable et a besoin d'être voilé ; mais cela ne légitime que l'acte négatif, la dissimulation, mais nullement le positif, la simulation. Il faut savoir aussi que l'on reconnaît l'affectation dans un individu avant même d'apercevoir clairement ce qu'il affecte au juste. Enfin, cela ne peut pas durer à la longue, et le masque finira par tomber un jour.

« *Nemo potest personam diu ferre ; ficta cito in naturam suam recidunt* » (Sénèque, *De clem.*, l. I, c.

1) (Personne ne peut longtemps porter le masque, tout ce qui est déguisé reprend bientôt sa nature).

31° De même qu'on porte le poids de son propre corps sans le sentir, comme on le sentirait de tout corps étranger qu'on voudrait mouvoir, de même on ne remarque que les défauts et les vices des autres, et non les siens. Mais en revanche chacun possède en autrui un miroir dans lequel il peut voir distinctement ses propres vices, ses défauts, ses manières grossières et répugnantes. Mais il fait d'ordinaire comme le chien qui aboie contre le miroir, parce qu'il ne sait pas que c'est lui-même qu'il y aperçoit et qu'il s'imagine voir un autre chien. Qui critique les autres travaille à son propre amendement. Ceux-là donc qui ont une tendance habituelle à soumettre tacitement dans leur for intérieur les manières des hommes, et en général tout ce qu'ils font ou ne font pas, à une critique attentive et sévère, ceux-là travaillent ainsi à se corriger et à se perfectionner eux-mêmes : car ils auront assez d'équité, ou du moins assez d'orgueil et de vanité pour éviter ce qu'ils ont tant de fois et si rigoureusement blâmé. C'est l'inverse qui est vrai pour les *tolérants*, savoir : « *Hanc veniam damus petimusque vicissim* » (Nous accordons et réclamons le pardon tour à tour). L'Évangile moralise admirablement sur ceux qui voient la paille dans l'œil du voisin et ne voient pas la poutre dans le leur ; mais la nature de l'œil ne lui permet de regarder qu'au dehors, il ne peut pas se voir lui-même ; c'est pourquoi remarquer et blâmer les défauts des autres est un moyen propre à nous faire sentir les nôtres. Il nous faut un miroir pour nous corriger. Cette règle est bonne également quand il s'agit du style et de la manière d'écrire ; celui qui en ces matières admire toute nouvelle folie, au lieu de la blâmer, finira par l'imiter. De là vient qu'en Allemagne ces sortes de folies se propagent si vite. Les Allemands sont très tolérants : on s'en aperçoit. *Hanc veniam damus petimusque vicissim*, voilà leur devise.

32° L'homme de noble espèce, pendant sa jeunesse, croit que les relations essentielles et décisives, celles qui créent les liens véritables entre les hommes, sont de nature *idéale*, c'est-à-dire fondées sur la conformité de caractère, de tournure d'esprit, de goût, d'intelligence, etc. ; mais il s'aperçoit plus tard que ce sont les *réelles*, c'est-à-dire celles qui reposent sur quelque intérêt matériel. Ce sont celles-ci qui forment la base de tous les rapports, et la majorité des hommes ignore totalement qu'il en existe d'autres. Par conséquent, chacun est choisi en raison de sa fonction, de sa profession, de sa nation ou de sa famille, en général donc suivant la position et le rôle attribués pour la *convention* ; c'est d'après cela qu'on assortit les gens et qu'on les classe comme articles de fabrique. Par contre, ce qu'un homme est en soi et pour soi, comme homme, en vertu de ses qualités propres, n'est pris en considération que selon le bon plaisir, par exception ; chacun met ces choses de côté dès que cela lui convient mieux, et l'ignore sans plus de façon. Plus un homme a de valeur personnelle, moins ce classement pourra lui convenir ; aussi cherchera-t-il à s'y soustraire. Remarquons cependant que cette manière de procéder est basée sur ce que dans ce monde, où la misère et l'indigence règnent, les ressources qui servent à les écarter sont la chose essentielle et nécessairement prédominante.

33° De même que le papier-monnaie circule en place d'argent, de même, au lieu de l'estime et de l'amitié véritables, ce sont leurs démonstrations et leurs allures imitées le plus naturellement possible qui ont cours dans le monde. On pourrait, il est vrai, se demander s'il y a vraiment des gens qui méritent l'estime et l'amitié sincères. Quoi qu'il en soit, j'ai plus de confiance dans un brave chien, quand il remue la queue, que dans toutes ces démonstrations et ces façons.

La vraie, la sincère amitié présuppose que l'un prend une part énergique, purement objective et tout à fait désintéressée au bonheur et au malheur de l'autre, et cette participation suppose à son tour une véritable identification de l'ami avec son ami. L'égoïsme de la nature humaine est tellement opposé à ce sentiment que l'amitié vraie fait partie de ces choses dont on ignore, comme du grand serpent de mer, si elles appartiennent à la fable ou si elles existent en quelque lieu. Cependant il se rencontre parfois entre les hommes certaines relations qui, bien que reposant essentiellement sur des motifs secrètement égoïstes et de natures différentes, sont additionnées néanmoins d'un grain de cette amitié véritable et sincère, ce qui suffit à leur donner un tel cachet de noblesse qu'elles peuvent, en ce monde des imperfections, porter avec quelque droit le nom d'amitié. Elles s'élèvent haut au-dessus des liaisons de tous les jours ; celles-ci sont à vrai dire de telle nature que nous n'adresserions plus la parole à la plupart de nos bonnes connaissances, si nous entendions comment elles parlent de nous en notre absence.

À côté des cas où l'on a besoin de secours sérieux et de sacrifices considérables, la meilleure occasion pour éprouver la sincérité d'un ami, c'est le moment où vous lui annoncez un malheur qui vient de vous frapper. Vous verrez alors se peindre sur ses traits une affliction vraie, profonde et sans mélange, ou au contraire, par son calme imperturbable, par un trait se dessinant fugitivement, il confirmera la maxime de La Rochefoucauld : « *Dans l'adversité de nos meilleurs amis, nous trouvons toujours*[34] *quelque chose qui ne nous déplaît pas.* » Ceux qu'on appelle habituellement des amis peuvent à peine, dans ces occasions, réprimer le petit frémissement, le léger sourire de la satisfaction. Il y a peu de choses qui mettent les gens aussi sûrement en bonne humeur que le récit de quelque calamité dont on a été

---

[34] Schopenhauer force la note ; car La Rochefoucauld a dit : nous trouvons *souvent*... (*Note du traducteur.*)

récemment frappé, ou encore l'aveu sincère qu'on leur fait de quelque faiblesse personnelle. C'est vraiment caractéristique.

L'éloignement et la longue absence nuisent à toute amitié, quoiqu'on ne l'avoue pas volontiers. Les gens que nous ne voyons pas seraient-ils nos plus chers amis, insensiblement avec la marche du temps s'évaporent jusqu'à l'état de notions abstraites, ce qui fait que notre intérêt pour eux devient de plus en plus une affaire de raison, pour ainsi dire de tradition ; le sentiment vif et profond demeure réservé à ceux que nous avons sous les yeux, même quand ceux-là ne seraient que des animaux que nous aimons. Tellement la nature humaine est guidée par les sens. Ici encore, Gœthe a raison de dire :

Die Gegenwart ist eine mächtige Göttin. (*Tasso*, acte 4, sc. 4.)

(Le présent est une puissante divinité.)

Les *amis de la maison* sont ordinairement bien nommés de ce nom, car ils sont plus attachés à la maison qu'au maître ; ils ressemblent aux chats plus qu'aux chiens.

Les amis se disent sincères ; ce sont les ennemis qui le sont ; aussi devrait-on, pour apprendre à se connaître soi-même, prendre leur blâme comme on prendrait une médecine amère.

Comment peut-on prétendre que les amis sont rares, dans le besoin ? Mais c'est le contraire. À peine a-t-on fait amitié avec un homme, que le voilà aussitôt dans le besoin et qu'il vous emprunte de l'argent.

34° Comme il faut être novice pour croire que montrer de l'esprit et de la raison est un moyen de se faire bien venir dans la société ! Bien au contraire, cela éveille chez la plupart des gens un sentiment de haine et de rancune, d'autant plus amer que celui qui l'éprouve n'est pas autorisé à en déclarer le motif ; bien plus, il se le dissimule à lui-même. Voici en détail comment cela se passe : de deux interlocuteurs, dès que l'un remarque et constate une grande supériorité chez l'autre, il en conclut tacitement, et sans en avoir la conscience bien exacte, que cet autre remarque et constate au même degré l'infériorité et l'esprit borné du premier. Cette opposition excite sa haine, sa rancune, sa rage la plus amère. Aussi Gracian dit-il avec raison : « *Para ser bien quisto, el unico medio vestirse la piel del mas simple de los brutos* » (Pour être bien tranquille, le seul moyen est de revêtir la peau du plus simple des animaux). Mettre au jour de l'esprit et du jugement, n'est-ce pas une manière détournée de reprocher aux autres leur incapacité et leur bêtise ? Une nature vulgaire se révolte à l'aspect d'une nature opposée ; le fauteur secret de la révolte, c'est l'envie. Car satisfaire sa vanité est, ainsi qu'on peut le voir à tout moment, une jouissance qui, chez les hommes, passe avant toute autre, mais qui n'est possible qu'en vertu d'une comparaison entre eux-mêmes et les autres. Mais il n'est pas de mérites dont ils soient plus fiers que de ceux de l'intelligence, vu que c'est sur ceux-là que se fonde leur supériorité à l'égard des animaux. Il est donc de la plus grande témérité de leur montrer une supériorité intellectuelle marquée, surtout devant témoins. Cela provoque leur vengeance, et d'ordinaire ils chercheront à l'exercer par des injures, car ils passent ainsi du domaine de l'intelligence à celui de la volonté, sur lequel nous sommes tous égaux. Si donc la position et la richesse peuvent toujours compter sur la considération dans la société, les qualités intellectuelles ne doivent nullement s'y attendre ; ce qui peut leur arriver de plus heureux, c'est qu'on n'y fasse pas attention ; mais, autrement, on les envisage comme une espèce d'impertinence, ou comme un bien que son propriétaire a acquis par des voies illicites et dont il a l'audace de se targuer ; aussi chacun se propose-t-il en silence de lui infliger ultérieurement quelque humiliation à ce sujet, et l'on n'attend pour cela qu'une occasion favorable. C'est à peine si, par une attitude des plus humbles, on réussira à arracher le pardon de sa supériorité d'esprit, comme on arrache une aumône. Saadi dit dans le Gulistan : « *Sachez qu'il se trouve chez l'homme irraisonnable cent fois plus d'aversion pour le raisonnable que celui-ci n'en ressent pour le premier.* » Par contre, l'infériorité intellectuelle équivaut à un véritable titre de recommandation. Car le sentiment bienfaisant de la supériorité est pour l'esprit ce que la chaleur est pour le corps ; chacun se rapproche de l'individu qui lui procure cette sensation, par le même instinct qui le pousse à s'approcher du poêle ou à aller se mettre au soleil. Or il n'y a pour cela uniquement que l'être décidément inférieur, en facultés intellectuelles pour les hommes, en beauté pour les femmes. Il faut avouer que, pour laisser paraître de l'infériorité non simulée, en présence de bien des gens, il faut en posséder une dose respectable. En revanche, voyez avec quelle cordiale amabilité une jeune fille médiocrement jolie va à la rencontre de celle qui est foncièrement laide. Le sexe masculin n'attache pas grande valeur aux avantages physiques, bien que l'on préfère se trouver à côté d'un plus petit que d'un plus grand que soi. En conséquence, parmi les hommes, ce sont les bêtes et les ignorants qui sont agréés et recherchés partout ; parmi les femmes, les laides ; on leur fait immédiatement la réputation d'avoir un cœur excellent, vu que chacun a besoin d'un prétexte pour justifier sa sympathie, à ses yeux et à ceux des autres. Pour la même raison, toute supériorité d'esprit a la propriété d'isoler : on la fuit, on la hait, et pour avoir un prétexte on prête à celui qui la possède des défauts de toute sorte.[35] La beauté produit

---

[35] Pour *faire son chemin dans le monde*, amitiés et camaraderie sont, entre tous, le moyen le plus puissant. Or *les grandes capacités donnent de la fierté* ; on est peu fait alors à flatter ceux qui n'en ont guère et devant lesquels, à cause de cela même, il faut dissimuler et renier ses hautes qualités. La conscience de n'avoir que des moyens bornés agit à

exactement le même effet parmi les femmes ; les jeunes filles, quand elles sont très belles, ne trouvent pas d'amies, pas même de compagnes. Qu'elles ne s'avisent pas de se présenter quelque part pour une place de demoiselle de compagnie ; dès qu'elles paraîtront, le visage de la dame chez qui elles espèrent entrer s'assombrira ; car, soit pour son propre compte, soit pour celui de ses filles, elle n'a nullement besoin d'une jolie figure pour doublure. Il en est tout autrement, en revanche, quand il s'agit des avantages du rang, car ceux-ci n'agissent pas, comme les mérites personnels, par effet de contraste et de relief, mais par voie de réflexion, comme les couleurs environnantes quand elles se réfléchissent sur le visage.

35° La paresse, l'égoïsme et la vanité ont très souvent la plus grande part dans la confiance que nous montrons à autrui : paresse, lorsque, pour ne pas examiner, soigner, faire par nous-mêmes, nous préférons nous confier à un autre ; égoïsme, lorsque le besoin de parler de nos affaires nous porte à lui en faire quelque confidence ; vanité, quand ces affaires sont de nature à nous en rendre glorieux. Mais nous n'en exigeons pas moins que l'on apprécie notre confiance.

Nous ne devrions jamais, au contraire, être irrités par la méfiance, car elle renferme un compliment à l'adresse de la probité, et c'est l'aveu sincère de son extrême rareté qui fait qu'elle appartient à ces choses dont on met l'existence en doute.

---

l'inverse ; elle s'accorde parfaitement avec l'humilité, l'affabilité, la complaisance, et le respect de ce qui est mauvais ; elle aide, par conséquent, à se faire des amis et des protecteurs.
Ceci ne s'applique pas seulement aux fonctions de l'État, mais aussi aux places honorifiques, aux dignités, et même à la gloire dans le monde savant ; ce qui fait que, par exemple, dans les académies, la bonne et brave médiocrité occupe toujours la haute place, et que les gens de mérite n'y entrent que tard ou pas du tout : il en est de même en toute chose.

36° J'ai exposé dans ma *Morale* l'une des bases de la *politesse*, cette vertu cardinale chez les Chinois ; l'autre est la suivante. La politesse repose sur une convention tacite de ne pas remarquer les uns chez les autres la misère morale et intellectuelle de la condition humaine, et de ne pas se la reprocher mutuellement ; d'où il résulte, au bénéfice des deux parties, qu'elle apparaît moins facilement.

Politesse est prudence ; impolitesse est donc niaiserie : se faire, par sa grossièreté, des ennemis, sans nécessité et de gaieté de cœur, c'est de la démence ; c'est comme si l'on mettait le feu à sa maison. Car la politesse est, comme les jetons, une monnaie notoirement fausse : l'épargner prouve de la déraison ; en user avec libéralité, de la raison. Toutes les nations terminent leurs lettres par cette formule : « *Votre très humble serviteur* », « *Your most obedient servant,* » « *Suo devotissimo servo* ». Les Allemands seuls suppriment le « *Diener* » (serviteur), car ce n'est pas vrai, disent-ils. Celui, au contraire, qui pousse la politesse jusqu'au sacrifice d'intérêts réels, ressemble à un homme qui donnerait des pièces d'or en place de jetons. De même que la cire, dure et cassante de sa nature, devient moyennant un peu de chaleur si malléable qu'elle prend toutes les formes qu'il plaira de lui donner, on peut, par un peu de politesse et d'amabilité, rendre souples et complaisants jusqu'à des hommes revêches et hostiles. La politesse est donc à l'homme ce que la chaleur est à la cire.

Il est vrai de dire qu'elle est une rude tâche, en ce sens qu'elle nous impose des témoignages de considération pour tous, alors que la plupart n'en méritent aucune ; en outre, elle exige que nous feignions le plus vif intérêt, quand nous devons nous sentir heureux de ne leur en porter nullement. Allier la politesse à la dignité est un coup de maître.

Les offenses, consistant toujours au fond dans des manifestations de manque de considération, ne nous mettraient pas si facilement hors de nous si, d'une part, nous ne nourrissions pas une opinion très exagérée de notre haute valeur et de notre dignité, ce qui est de l'orgueil démesuré, et si, d'autre part, nous nous étions bien rendu compte de ce que d'ordinaire, au fond de son cœur, chacun croit et pense à l'égard des autres. Quel criant contraste pourtant entre la susceptibilité de la plupart des gens pour la plus légère allusion critique dirigée contre eux et ce qu'ils auraient à entendre s'ils pouvaient surprendre ce que disent d'eux leurs connaissances ! Nous ferions mieux de toujours nous souvenir que la politesse n'est qu'un masque ricaneur ; de cette façon, nous ne nous mettrions pas à pousser des cris de paon, toutes les fois que le masque se dérange un peu ou qu'il est déposé pour un instant. Quand un individu devient ouvertement grossier, c'est comme s'il se dépouillait de ses vêtements et se présentait *in puris naturalibus*. Il faut avouer qu'il se montre fort laid ainsi, comme la plupart des gens dans cet état.

37° Il ne faut jamais prendre modèle sur un autre pour ce qu'on veut faire ou ne pas faire, car les situations, les circonstances, les relations ne sont jamais les mêmes et parce que la différence de caractère donne aussi une tout autre teinte à l'action ; c'est pourquoi « *duo cum faciunt idem, non est idem* » (quand deux hommes font la même chose, ce n'est pas la même chose). Il faut, après mûre réflexion, après méditation sérieuse, agir conformément à son propre caractère. L'originalité est donc indispensable même dans la vie pratique ; sans elle, ce qu'on fait ne s'accorde pas avec ce qu'on est.

38° Ne combattez l'opinion de personne ; songez que, si l'on voulait dissuader les gens de toutes les absurdités auxquelles ils croient, on n'en aurait pas fini, quand on atteindrait l'âge de Mathusalem.

Abstenons-nous aussi, dans la conversation, de toute observation critique, fût-elle faite dans la meilleure intention, car blesser les gens est facile, les corriger difficile, sinon impossible.

Quand les absurdités d'une conversation que nous sommes dans le cas d'écouter commencent à nous mettre en colère, il faut nous imaginer que nous assistons à une scène de comédie entre deux fous :

« *Probatum est.* » L'homme né pour instruire le monde sur les sujets les plus importants et les plus sérieux peut parler de sa chance quand il s'en tire sain et sauf.

39° Celui qui veut que son opinion trouve crédit doit l'énoncer froidement et sans passion. Car tout emportement procède de la volonté ; c'est donc à *celle-ci* et non à la connaissance, qui est froide de sa nature, que l'on attribuerait le jugement émis. En effet, la volonté étant le principe radical dans l'homme, et la connaissance n'étant que secondaire et venue accessoirement, on considérera plutôt le jugement comme né de la volonté excitée que l'excitation de la volonté comme produite par le jugement.

40° Il ne faut pas se laisser aller à se louer soi-même, alors même qu'on en aurait tout le droit. Car la vanité est chose si commune, le mérite au contraire si rare, que toutes les fois que nous semblons nous louer, quelque indirectement que ce soit, chacun pariera cent contre un que ce qui a parlé par notre bouche c'est la vanité, parce qu'elle n'a pas assez de raison pour comprendre le ridicule de la vanterie. Néanmoins, Bacon de Verulam pourrait bien n'avoir pas tout à fait tort quand il prétend que le « *semper aliquid hæret* » (il en reste toujours quelque chose) n'est pas vrai uniquement de la calomnie, mais aussi de la louange de soi-même, et quand il la recommande à doses modérées.[36]

41° Quand vous soupçonnez quelqu'un de mentir, feignez la crédulité ; alors il devient effronté, ment plus fort, et on le démasque. Si vous remarquez au contraire qu'une vérité qu'il voudrait dissimuler lui échappe en partie, faites l'incrédule, afin que, provoqué par la contradiction, il fasse avancer toute la réserve.

42° Considérons toutes nos affaires personnelles comme des secrets ; au delà de ce que les bonnes connaissances voient de leurs propres yeux, il faut leur rester entièrement inconnu. Car ce qu'elles sauraient touchant les choses les plus innocentes peut, en temps et lieu, nous être funeste. En général, il vaut mieux manifester sa raison par tout ce que l'on tait que par ce qu'on dit. Effet de prudence dans le premier cas, de vanité dans le second. Les occasions de se taire et celles de parler se présentent en nombre égal, mais nous préférons souvent la fugitive satisfaction que procurent les dernières au profit durable que nous tirons des premières. On devrait se refuser jusqu'à ce soulagement de cœur que l'on éprouve à se parler parfois à haute voix à soi-même, ce qui arrive facilement aux personnes vives, pour n'en pas prendre l'habitude ; car, par là, la pensée devient à tel point l'âme et la sœur de la parole, qu'insensiblement nous arrivons à parler aussi avec les autres comme si nous pensions tout haut ; et cependant la prudence commande d'entretenir un large fossé toujours ouvert entre la pensée et la parole.

Il nous semble parfois que les autres ne peuvent absolument pas croire à une chose qui nous concerne, tandis qu'ils ne songent nullement à en douter ; s'il nous arrive

---

[36] Voy. *De augmentis scientiarum*, Lud. Batav., 1645, l. VIII, ch. 2, p. 644 et suiv.

cependant d'éveiller ce doute en eux, alors en effet ils ne pourront plus y ajouter foi. Mais nous ne nous trahissons uniquement que dans l'idée qu'il est impossible qu'on ne le remarque pas ; c'est ainsi aussi que nous nous précipitons en bas d'une hauteur par l'effet d'un vertige, c'est-à-dire de cette pensée qu'il n'est pas possible de rester solidement à cette place et que l'angoisse d'y rester est si poignante qu'il vaut mieux l'abréger : cette illusion s'appelle vertige.

D'autre part, il faut savoir que les gens, même ceux qui ne trahissent d'ailleurs qu'une médiocre perspicacité, sont d'excellents algébristes quand il s'agit des affaires personnelles des autres ; dans ces matières, une seule quantité étant donnée, ils résolvent les problèmes les plus compliqués. Si, par exemple, on leur raconte une histoire passée en supprimant tous les noms et toutes les autres indications sur les personnes, il faut se garder d'introduire dans la narration le moindre détail positif et spécial, tel que la localité, ou la date, ou le nom d'un personnage secondaire, ou quoi que ce soit qui aurait avec l'affaire la connexion la plus éloignée, car ils y trouvent aussitôt une grandeur donnée positivement, à l'aide de laquelle leur perspicacité algébrique déduit tout le reste. L'exaltation de la curiosité est telle dans ces cas, qu'avec son secours la volonté met les éperons aux flancs de l'intellect, qui, poussé de la sorte, arrive aux résultats les plus lointains. Car, autant les hommes ont peu d'aptitude et de curiosité pour les vérités *générales*, autant ils sont avides des vérités individuelles.

Voilà pourquoi le silence a été si instamment recommandé par tous les docteurs en sagesse avec les arguments les plus divers à l'appui. Je n'ai donc pas besoin d'en dire davantage et me contenterai de rapporter quelques maximes arabes très énergiques et peu connues : « *Ce que ton ennemi ne doit pas apprendre, ne le dis pas à ton ami.* »— » *Faut que je garde mon secret, il est mon prisonnier ; dès que je le lâche, c'est moi qui deviens son prisonnier. »—» A l'arbre du silence pend son fruit, la tranquillité. »*

43° Point d'argent mieux placé que celui dont nous nous sommes laissé voler, car il nous a immédiatement servi à acheter de la prudence.

44° Ne gardons d'animosité contre personne, autant que possible ; contentons-nous de bien noter les « procédés » de chacun, et souvenons-nous-en, pour fixer par là la valeur de chacun au moins en ce qui nous concerne, et pour régler en conséquence notre attitude et notre conduite envers les gens ; soyons toujours bien convaincus que le caractère ne change jamais : oublier un vilain trait, c'est jeter par la fenêtre de l'argent péniblement acquis. Mais, en suivant ma recommandation, on sera protégé contre la folle confiance et contre la folle amitié.

« *Ni aimer ni haïr* » comprend la moitié de toute sagesse ; « *ne rien dire et ne rien croire,* » voilà l'autre moitié. Il est vrai qu'on tournera volontiers le dos à un monde qui rend nécessaires des règles comme celles-là et comme les suivantes.

45° Montrer de la colère ou de la haine dans ses paroles ou dans ses traits est inutile, est dangereux, imprudent, ridicule, vulgaire. On ne doit donc témoigner de colère ou de haine que par des actes. La seconde manière réussira d'autant plus sûrement qu'on se sera mieux gardé de la première. Les animaux à sang froid sont les seuls venimeux.

46° « *Parler sans accent* » : cette vieille règle des gens du monde enseigne qu'il faut laisser à l'intelligence des autres le soin de démêler ce que vous avez dit ; leur compréhension est lente, et, avant qu'elle ait achevé, vous êtes loin. Au contraire, « *parler avec accent* » signifie s'adresser au sentiment, et alors tout est renversé. Il est telles gens à qui l'on peut, avec un geste poli et un ton amical, dire en réalité des sottises sans danger immédiat.

Concernant notre conduite en face de la marche du monde et en face du sort

47° Quelque forme que revête l'existence humaine, les éléments en sont toujours semblables ; aussi les conditions essentielles en restent-elles les mêmes, qu'on vive dans une cabane ou à la cour, au couvent, ou à l'armée. Malgré leur variété, les événements, les aventures, les accidents heureux ou malheureux de la vie rappellent les articles de confiseur ; les figures sont nombreuses et variées, il y en a de contournées et de bigarrées ; mais le tout est pétri de la même pâte, et les incidents arrivés à l'un ressemblent à ceux survenus à l'autre bien plus que celui-ci ne s'en doute à les entendre raconter. Les événements de notre vie ressemblent encore aux images du kaléidoscope : à chaque tour, nous en voyons d'autres, tandis qu'en réalité c'est toujours la même chose que nous avons devant les yeux.

48° Trois puissances dominent le monde, a dit très justement un ancien : « συνεσις, χρατος, χαι τνχη » prudence, force et fortune. Cette dernière, selon moi, est la plus influente. Car le cours de la vie peut être comparé à la marche d'un navire. Le sort, la « τνχη », la « *secunda aut adversa fortuna* », remplit le rôle du vent qui rapidement nous pousse au loin en avant ou en arrière, pendant que nos propres efforts et nos peines ne sont que d'un faible secours.

Leur office est celui des rames ; quand celles-ci, après bien des heures d'un long travail, nous ont fait avancer d'un bout de chemin, voilà subitement un coup de vent qui nous rejette d'autant en arrière. Le vent, au contraire, est-il favorable, il nous pousse si bien que nous pouvons nous passer de rames. Un proverbe espagnol exprime avec une énergie incomparable cette puissance de la fortune : « *Da ventura a tu hijo, y echa lo en el mar* » (Donne à ton fils du bonheur, et jette-le à la mer.[37]

Mais le hasard est une puissance maligne, à laquelle il faut se fier le moins possible. Et cependant quel est, entre tous les dispensateurs de biens, le seul qui, lorsqu'il donne, nous indique en même temps, à ne pas s'y tromper, que nous n'avons nul droit de prétendre à ses dons, que nous devons en rendre grâces non à notre mérite, mais à sa seule bonté et à sa faveur, et qu'à cause de cela précisément nous pouvons nourrir la réjouissante espérance de recevoir avec humilité bien d'autres dons encore, tout aussi peu mérités ? C'est le hasard : lui, qui entend cet art régalien de faire comprendre que, opposé à sa faveur et à sa grâce, tout mérite est sans force et sans valeur.

Lorsqu'on jette les yeux en arrière sur le chemin de la vie, et lorsque, embrassant dans l'ensemble son cours tortueux et perfide comme le labyrinthe, on aperçoit tant de bonheurs manqués, tant de malheurs attirés, on est amené facilement à exagérer les reproches qu'on s'adresse à soi-même. Car la marche de notre existence n'est pas uniquement notre propre œuvre ; elle est le produit de deux facteurs, savoir la série des événements et la série de nos décisions, qui sans cesse se croisent et se modifient réciproquement. En outre, notre horizon, pour les deux facteurs, est toujours très limité, vu que nous ne pouvons prédire nos résolutions longtemps à l'avance, et, encore moins, prévoir les événements ; dans les deux séries, il n'y a que celles du moment, qui nous soient bien connues. C'est

---

[37] Je ne puis résister à la tentation de citer le proverbe analogue, populaire en Roumanie :
Fa-me, mamà, cu noroc (Donne-moi, mère, du bonheur), Si aruncà-me in foc (Et jette-moi au feu). (*Le trad.*)

pourquoi, aussi longtemps que notre but est encore éloigné, nous ne pouvons même pas gouverner droit sur lui ; tout au plus pouvons-nous nous diriger approximativement et par des probabilités ; il nous faut donc souvent louvoyer. En effet, tout ce qui est en notre pouvoir, c'est de nous décider chaque fois selon les circonstances présentes, avec l'espoir de tomber assez juste pour que cela nous rapproche du but principal. En ce sens, les événements et nos résolutions importantes sont comparables à deux forces agissant dans des directions différentes, et dont la diagonale représente la marche de notre vie. Térence a dit : « *In vita est hominum quasi cum ludas tesseris : si illud quod maxime opus est jactu, non cadit, illud, quod cecidit forte, id arte ut corrigas* » (Il en est de la vie humaine comme d'une partie de dés ; si l'on n'obtient pas le dé dont on a besoin, il faut savoir tirer parti de celui que le sort a amené) ; c'est une espèce de trictrac que Térence doit avoir eu en vue dans ce passage. Nous pouvons dire en moins de mots : Le sort mêle les cartes, et nous, nous jouons. Mais, pour exprimer ce que j'entends ici, la meilleure comparaison est la suivante. Les choses se passent dans la vie comme au jeu d'échecs : nous combinons un plan ; mais celui-ci reste subordonné à ce qu'il plaira de faire, dans la partie d'échecs à l'adversaire, dans la vie au sort. Les modifications que notre plan subit à la suite sont, le plus souvent, si considérables que c'est à peine si dans l'exécution il est encore reconnaissable à quelques traits fondamentaux.

Au reste, dans la marche de notre existence, il y a quelque chose qui est placé plus haut que tout cela. Il est, en effet, d'une vérité banale et trop souvent confirmée, que nous sommes fréquemment plus fous que nous ne le croyons ; en revanche, avoir été plus sage qu'on ne le supposait soi-même, voilà une découverte que font ceux-là seuls qui se sont trouvés dans ce cas, et, même alors, longtemps après seulement. Il y a en nous quelque chose de plus avisé que la tête. Nous agissons, en effet, dans les grands moments, dans les pas importants de la vie, moins par une connaissance exacte de ce qu'il convient de faire que par une impulsion intérieure ; on dirait un instinct venant du plus profond de notre être, et ensuite nous critiquons notre conduite en vertu de notions précises, mais à la fois mesquines, acquises, voire même empruntées, d'après des règles générales, ou selon l'exemple de ce que d'autres ont fait, et ainsi de suite, sans peser assez qu' » *une chose ne convient pas à tous* » ; de cette manière, nous devenons facilement injustes envers nous-mêmes. Mais la fin démontre qui a eu raison, et seule une vieillesse que l'on atteint sans encombre autorise à juger la question, tant par rapport au monde extérieur que par rapport à soi-même.

Peut-être cette impulsion intérieure est-elle guidée, sans que nous nous en apercevions, par des songes prophétiques, oubliés au réveil, qui donnent ainsi précisément à notre vie ce ton toujours également cadencé, cette unité dramatique que ne pourrait lui prêter la conscience cérébrale si souvent chancelante, abusée et si facilement variable ; c'est là peut-être ce qui fait, par exemple, que l'homme appelé à produire de grandes œuvres dans une branche spéciale en a, dès sa jeunesse, le sentiment intime et secret, et travaille en vue de ce résultat, comme l'abeille à la construction de sa ruche. Mais pour chaque homme, ce qui le pousse, c'est ce que Balthazar Gracian appelle « *la gran sindéresis* », c'est-à-dire le soin instinctif et énergique de soi-même, sans lequel l'être périt. Agir en vertu de *principes abstraits* est difficile, et ne réussit qu'après un long apprentissage et, même alors, pas toujours ; souvent aussi, ces principes sont insuffisants. En revanche, chacun possède certains *principes innés et concrets*, logés dans son sang et dans sa chair, car ils sont le résultat de tout son penser, de son sentir et de son vouloir. La plupart du temps, il ne les connaît pas *in abstracto*, et ce n'est qu'en portant ses regards sur sa vie passée qu'il s'aperçoit leur avoir obéi sans cesse et avoir été mené par ces principes comme par un fil invisible. Selon leur qualité, ils le conduiront à son bonheur ou à son malheur.

49° On devrait ne jamais perdre de vue l'action qu'exerce le temps ni la mobilité des choses ; par conséquent, dans tout ce qui arrive actuellement, il faudrait évoquer de suite l'image du contraire : ainsi, dans le bonheur, se représenter vivement l'infortune ; dans l'amitié, l'inimitié ; par le beau temps, la mauvaise saison ; dans l'amour, la haine ; dans la confiance et l'épanchement, la trahison et le repentir ; et l'inverse également. Nous trouverions là une source intarissable de sagesse pour ce monde, car nous serions toujours prudents et nous ne nous laisserions pas abuser si facilement. Du reste, dans la plupart des cas, nous n'aurions fait ainsi qu'anticiper sur l'action du temps. Il n'est peut-être aucune notion pour laquelle l'expérience soit aussi indispensable que pour la juste appréciation de l'inconstance et de la vicissitude des choses. Comme chaque situation, pour le temps de sa durée, existe nécessairement et par conséquent de plein droit, il semble que chaque année, chaque mois, chaque jour va enfin conserver ce plein droit pour l'éternité. Mais rien ne le conserve, ce droit d'actualité, et le changement seul est la chose immuable. L'homme prudent est celui que n'abuse pas la stabilité apparente et qui prévoit, en outre, la direction dans laquelle s'opérera le prochain changement.[38] Ce qui fait que les hommes considèrent ordinairement l'état précaire des choses ou la direction de leur cours comme ne devant jamais changer, c'est que, tout en ayant les effets sous les yeux, ils ne saisissent pas les causes ; or ce sont celles-ci qui portent en elles le germe des futurs changements ; l'effet, qui seul existe à leurs yeux, ne contient rien de semblable. Ils s'attachent au

---

[38] Le *hasard* a un si grand rôle dans toutes les choses humaines, que lorsque nous cherchons à obvier par des sacrifices immédiats à quelque danger qui nous menace de loin, celui-ci disparaît souvent par un tour imprévu que prennent les événements, et non seulement les sacrifices faits restent perdus, mais le changement qu'ils ont amené devient lui-même désavantageux en présence du nouvel état des choses. Aussi avec nos mesures ne devons-nous pas pénétrer trop avant dans l'avenir ; il faut compter aussi sur les hasard et affronter hardiment plus d'un danger, en se fondant sur l'espoir de le voir s'éloigner, comme tant de sombres nuées d'orage.

résultat, et quant à ces causes qu'ils ignorent, ils supposent que, ayant pu produire l'effet, elles seront aussi capables de le maintenir. Ils ont en cela cet avantage que, lorsqu'ils se trompent, c'est toujours *uni sono*, d'une seule voix ; aussi la calamité que cette erreur attire sur leur tête est toujours générale, tandis que le penseur, quand il se trompe, reste, en outre, isolé. Pour le dire en passant, ceci confirme mon assertion que l'erreur provient toujours d'une conclusion d'effet à cause (voy. *Le monde comme V. et R.*, vol. I).

Toutefois il ne convient qu'en théorie d'*anticiper sur le temps* en prévoyant son effet, et non pas pratiquement ; ce qui veut dire qu'il ne faut pas empiéter sur l'avenir en demandant *avant* le temps ce qui ne peut venir qu'*avec* le temps. Quiconque s'avise de le faire éprouvera qu'il n'est pas d'usurier pire et plus intraitable que le temps, et que, lorsqu'on lui demande des avances de payement, il exige de plus lourds intérêts que n'importe quel juif. Par exemple, on peut, au moyen de chaux vive et de chaleur, pousser la végétation d'un arbre au point de lui faire porter en quelques jours ses feuilles, ses fleurs et ses fruits ; mais il dépérit ensuite. Quand l'adolescent veut exercer dès à présent, même pendant peu de jours, la puissance génitale de l'homme fait, et accomplir à dix-neuf ans ce qui lui sera facile à trente, le temps lui en fera bien l'avance, mais une partie de la force de ses années à venir, peut-être une partie même de sa vie, servira d'intérêt. Il est des maladies que l'on ne peut guérir convenablement et radicalement qu'en leur laissant suivre leur cours naturel ; elles disparaissent alors d'elles-mêmes, sans laisser de traces. Mais si l'on demande à se rétablir immédiatement, tout de suite, alors encore le temps devra faire l'avance ; la maladie sera écartée, mais l'intérêt sera représenté par un affaiblissement et des maux chroniques pour toute la vie. Lorsque, en temps de guerre ou de troubles, on veut trouver de l'argent bien vite, tout de suite, on est obligé de vendre au tiers de leur valeur, et peut-être moins encore, des immeubles ou des papiers de l'État, dont on obtiendrait le prix intégral si on laissait faire le temps, c'est-à-dire si l'on attendait quelques années ; mais on l'oblige à des avances. Ou bien encore on a besoin d'une certaine somme pour faire un long voyage : on pourrait ramasser l'argent nécessaire en un ou deux ans en épargnant sur ses revenus. Mais on ne veut pas attendre : on emprunte ou bien on prend sur son capital ; en d'autres mots, le temps est appelé à faire une avance. Ici, l'intérêt sera le désordre faisant irruption dans les finances, et un déficit permanent et croissant dont on ne peut plus se débarrasser. C'est là donc l'usure pratiquée par le temps, et tous ceux qui ne peuvent pas attendre seront ses victimes. Il n'est pas d'entreprise plus coûteuse que de vouloir précipiter le cours mesuré du temps. Gardons-nous bien aussi de lui devoir des intérêts.

50° Entre les cerveaux communs et les têtes sensées, il y a une différence caractéristique et qui se produit fréquemment dans la vie ordinaire : c'est que les premiers, quand ils réfléchissent à un danger possible dont ils veulent apprécier la grandeur, ne cherchent et ne considèrent que ce qui *peut être arrivé* déjà de semblable ; tandis que les secondes pensent par elles-mêmes à ce qui *pourrait arriver*, se rappelant le proverbe espagnol qui dit : « *Lo que no acaece en un ano, acaece en un rato* » (Ce qui n'arrive pas en un an arrive en un instant). Du reste, la différence dont je parle est toute naturelle ; car, pour embrasser du regard *ce qui peut arriver*, il faut du jugement, et, pour voir *ce qui est arrivé*, les sens suffisent.

Sacrifions aux esprits malins ! voilà quelle doit être notre maxime. Ce qui veut dire qu'il ne faut pas reculer devant certains frais de soins, de temps, de dérangement, d'embarras, d'argent ou de privations, quand on peut ainsi fermer l'accès à l'éventualité d'un malheur et faire que plus l'accident peut être grave, plus la possibilité en devienne faible, éloignée et invraisemblable. L'exemple le plus frappant à l'appui de cette règle, c'est la prime d'assurance.

Celle-ci est un sacrifice public et général sur l'autel des esprits malins.

51° Nul événement ne doit nous faire éclater en grands éclats de joie ni de lamentations, en partie à cause de la versatilité de toutes choses qui peut à tout moment modifier la situation, et en partie à cause de la facilité de notre jugement à se tromper sur ce qui nous est salutaire ou préjudiciable ; ainsi il est arrivé à chacun, au moins une fois dans sa vie, de gémir sur ce qui s'est trouvé plus tard être tout ce qu'il y avait de plus heureux pour lui, ou d'être ravi de ce qui est devenu la source de ses plus grandes souffrances. Le sentiment que nous recommandons ici, Shakespeare l'a exprimé dans les beaux vers suivants :

I have felt so many quirks of joy and grief That the first face of neither, on the start, Can woman me unto it.

(J'ai éprouvé tant de secousses de joie et de douleur que le premier aspect et le choc imprévu de l'une ou de l'autre ne peuvent plus me faire descendre à la faiblesse d'une femme.)—(*Tout est bien...* Acte 3, sc. 2.)

L'homme, surtout, qui reste calme dans les revers, prouve qu'il sait combien les maux possibles dans la vie sont immenses et multiples, et qu'il ne considère le malheur qui survient en ce moment que comme une petite partie de ce qui pourrait arriver : c'est là le sentiment stoïque, qui porte à ne jamais être « *conditionis humanæ oblitus* » (oublieux de la condition humaine), mais à se rappeler sans cesse la triste et déplorable destinée générale de l'existence humaine, ainsi que le nombre infini de souffrances auxquelles elle est exposée. Pour aviver ce sentiment, il n'y a qu'à jeter partout un regard autour de soi : en tout lieu, on aura bientôt sous les yeux cette lutte, ces trépignements, ces tourments pour une misérable existence, nue et insignifiante. Alors on rabattra de ses prétentions, on saura s'accommoder à l'imperfection de toutes choses et de toutes conditions, et l'on verra venir les désastres pour apprendre à les éviter ou à les supporter. Car les revers, grands ou petits, sont l'élément de notre vie. Voilà ce qu'on devrait toujours avoir présent à l'esprit, sans pour cela, en vrai « δνσχολος », se lamenter et se contorsionner avec Beresford à cause des *miseries of human life*, et encore moins in *pulicis morsu Deum invocare* (invoquer Dieu pour une morsure de puce) ; il faut, en « ευλαβης », pousser si loin la prudence à prévenir et écarter les malheurs, qu'ils viennent des hommes ou des choses, et se perfectionner si bien dans cet art, que, pareil à un fin renard, on évite bien gentiment tout accident (il n'est le plus souvent qu'une maladresse déguisée), petit ou grand.

La raison principale pour laquelle un événement malheureux est moins lourd à porter quand nous l'avons considéré à l'avance comme possible et que nous en avons pris notre parti, comme on dit, cette raison doit être la suivante : lorsque nous pensons avec calme à un malheur avant qu'il se produise, comme à une simple possibilité, nous en apercevons l'étendue clairement et de tous les côtés, et nous en avons alors la notion comme de quelque chose de fini et de facile à embrasser d'un regard ; de façon que, lorsqu'il arrive effectivement, il ne peut pas agir avec plus de poids qu'il n'en a en réalité. Si, au contraire, nous n'avons pas pris ces précautions, si nous sommes frappés sans préparation, l'esprit effrayé ne peut, au premier abord, mesurer exactement son étendue, et, ne pouvant le voir d'un seul regard, il est porté à le considérer comme incommensurable, ou, au moins, comme beaucoup plus grand qu'il ne l'est vraiment. C'est ainsi que l'obscurité et l'incertitude grossissent tout danger. Ajoutons que certainement, en considérant ainsi à l'avance un malheur comme possible, nous avons médité en même temps sur les motifs que nous aurons de nous en consoler et sur les moyens d'y remédier, ou pour le moins nous nous sommes familiarisés avec sa vue.

Mais rien ne nous fera supporter avec plus de calme les malheurs, que de bien nous convaincre de la vérité que j'ai fermement établie, en remontant à leurs principes premiers, dans mon ouvrage couronné sur *le Libre arbitre* ; je l'ai énoncée en ces termes : *Tout ce qui arrive, du plus grand au plus petit, arrive nécessairement.* Car l'homme sait bien vite se résigner à ce qui est inévitablement nécessaire, et la connaissance du précepte ci-dessus lui fait envisager tous les événements, même ceux qu'amènent les hasards les plus étranges, comme aussi nécessaires que ceux qui dérivent des lois les mieux connues et se conforment aux prévisions les plus exactes. Je renvoie donc le lecteur à ce que j'ai dit (voyez *Le monde comme volonté et comme représentation*) sur l'influence calmante qu'exerce la notion de l'inévitable et du nécessaire. Tout homme qui s'en sera pénétré commencera par faire bravement ce qu'il peut faire, puis souffrira bravement ce qu'il doit souffrir.

Nous pouvons considérer les petits accidents qui viennent nous vexer à toute heure, comme destinés à nous tenir en haleine, afin que la force nécessaire pour supporter les grands malheurs ne se relâche pas dans les jours heureux. Quant aux tracasseries journalières, aux petits frottements dans les rapports entre les hommes, aux chocs insignifiants, aux inconvenances, aux caquets et autres choses semblables, il faut être cuirassé à leur égard, c'est-à-dire non seulement ne pas les prendre à cœur et les ruminer, mais ne pus même les ressentir ; ne nous laissons pas toucher par tout cela, repoussons-le du pied comme les cailloux qui gisent sur la route, et n'en faisons jamais un objet intime de réflexion et de méditation.

52° Le plus souvent, ce sont simplement leurs propres sottises que les gens appellent communément le sort. On ne peut donc assez se pénétrer de ce beau passage d'Homère (*Il.*, XXIII, 313 et suiv.) où il recommande la « μηλις », c'est-à-dire une sage circonspection. Car, si l'on n'expie ses fautes que dans l'autre monde, c'est déjà dans celui-ci qu'on paye ses sottises, bien que de temps à autre celles-ci trouvent grâce, à l'occasion.

Ce n'est pas le tempérament violent, c'est la prudence qui fait paraître terrible et menaçant : tellement le cerveau de l'homme est une arme plus redoutable que la griffe du lion.

L'homme du monde parfait serait celui que l'indécision ne ferait jamais rester à court et que rien non plus ne ferait se presser.

53° Le courage est, après la prudence, une condition essentielle à notre bonheur. Certainement on ne peut se donner ni l'une ni l'autre de ces qualités ; on hérite la première de son père et la seconde de sa mère ; cependant, par une résolution bien prise et par de l'exercice, on parvient à augmenter la part qu'on en possède. Dans ce monde où le sort est d'airain, il faut avoir un caractère d'airain, cuirassé contre la destinée et armé contre les hommes. Car toute cette vie n'est qu'un combat ; chaque pas nous est disputé, et Voltaire dit avec raison : « *On ne réussit dans ce monde qu'à la pointe de l'épée, et on meurt les armes à la main.* » Aussi est-ce d'une âme lâche, dès que les nuages s'amoncellent ou se montrent seulement à l'horizon, de se laisser abattre, de perdre courage et de gémir. Que notre devise soit plutôt :

Tu ne cede malis sed contra audentior ito.

(Ne cède pas à l'adversité, mais marche hardiment contre elle.)

Tant qu'il n'y a encore que du doute sur l'issue d'une chose dangereuse, tant qu'il reste une possibilité pour que le résultat soit favorable, ne faiblissez pas, ne songez qu'à la résistance ; de même qu'il ne faut pas désespérer du beau temps, aussi longtemps qu'il reste encore au ciel un petit coin bleu. Il faut même en arriver à pouvoir dire :

Si fractus illabatur orbis Impavidum ferient ruinæ.

(Si le monde s'écroulait brisé, ses ruines le frapperaient sans l'effrayer.)

Ni l'existence tout entière, ni à plus forte raison ses biens, ne méritent en définitive tant de lâche terreur et tant d'angoisses :

Quocirca vivite fortes, Fortiaque adversis opponite pectora rebus.

(C'est pourquoi vivez vertueux et opposez un cœur ferme à l'adversité).

Cependant un excès est possible : le courage peut dégénérer en témérité. Pourtant la poltronnerie, dans une certaine mesure, est même nécessaire à la conservation de notre existence sur la terre ; la lâcheté n'est que l'excès de cette mesure. C'est ce que Bacon de Verulam a si bien exposé dans son explication étymologique du *terror Panicus*, explication qui laisse loin derrière elle celle qui nous a été conservée, due à Plutarque (*De Iside et Osir.*, ch. 14). Bacon la fait dériver de *Pan*, personnifiant la nature ; puis il ajoute : « La nature a mis le sentiment de la crainte et de la terreur dans tout ce qui est vivant pour garder la vie et son essence, et pour éviter et chasser les dangers. Cependant cette même nature ne sait pas garder la mesure : aux craintes salutaires elle en mêle toujours de vaines et de superflues : tellement que nous trouverions (si nous pouvions voir l'intérieur) tous les êtres, surtout les créatures humaines, remplis de terreurs paniques. » Au reste, ce qui caractérise la terreur panique, c'est qu'elle ne se rend pas compte distinctement de ses motifs ; elle les présuppose plus qu'elle ne les connaît, et, au besoin, elle donne la peur elle-même pour motif à la peur.

Chapitre VI

DE LA DIFFÉRENCE DES ÂGES DE LA VIE

Voltaire a dit admirablement :

Qui n'a pas l'esprit de son âge De son âge a tout le malheur.

Il nous faut donc, pour clore ces considérations eudémonologiques, jeter un coup d'œil sur les modifications que l'âge apporte en nous.

Dans tout le cours de notre vie, nous ne possédons que le *présent* et rien au delà. La seule différence, c'est, en premier lieu, qu'au commencement nous voyons un long avenir devant nous, et vers la fin un long passé derrière nous ; en second lieu, que notre tempérament, mais jamais notre caractère, parcourt une série de modifications connues, qui donnent chacune une teinte différente au présent.

J'ai exposé dans mon grand ouvrage (vol. II, ch. 31) comment et pourquoi, dans l'*enfance*, nous sommes beaucoup plus portés vers la *connaissance* que vers la *volonté*. C'est là-dessus précisément que repose cette félicité du premier quart de la vie qui nous le fait apparaître ensuite derrière nous comme un paradis perdu. Nous n'avons, pendant l'enfance, que des relations peu nombreuses et des besoins limités, par suite, peu d'excitation de la volonté : la plus grande part de notre être est employée à *connaître*. L'intellect, comme le cerveau, qui à sept ans atteint toute sa grosseur, se développe de bonne heure, bien qu'il ne mûrisse que plus tard, et étudie cette existence encore nouvelle où tout, absolument tout est revêtu du vernis brillant que lui prête le charme de la nouveauté. De là vient que nos années d'enfance sont une poésie non interrompue. Car l'essence de la poésie, comme de tous les arts, est de percevoir dans chaque chose isolée l'idée platonique, c'est-à-dire l'essentiel, ce qui est commun à toute l'*espèce ;* chaque objet nous apparaît ainsi comme représentant tout son genre, et *un cas* en vaut mille. Quoiqu'il semble que dans les scènes de notre jeune âge nous ne soyons occupés que de l'objet ou de l'événement actuel et encore en tant seulement que notre volonté du moment y est intéressée, au fond cependant il n'en est pas ainsi. En effet, la vie, avec toute son importance, s'offre à nous si neuve encore, si fraîche, avec des impressions si peu émoussées par leur retour fréquent, que, avec toutes nos allures enfantines, nous nous occupons, en silence et sans intention distincte, à saisir dans les scènes et les événements isolés, l'essence même de la vie, les types fondamentaux de ses formes et de ses images. Nous voyons, comme l'exprime Spinoza, tous les objets et toutes les personnes *sub specie æternitatis*. Plus nous sommes jeunes, plus chaque chose isolément représente pour nous son genre tout entier. Cet effet va diminuant graduellement, d'année en année : et c'est là ce qui détermine la différence si considérable d'impression que produisent sur nous les objets dans la jeunesse ou dans l'âge avancé. Les expériences et les connaissances acquises pendant l'enfance et la première jeunesse deviennent ensuite les types constants et les rubriques de toutes les expériences et connaissances ultérieures, pour ainsi dire les catégories sous lesquelles nous ajoutons, sans en avoir toujours la conscience exacte, tout ce que nous rencontrons plus tard. Ainsi se forme, dès nos années d'enfance, le fondement solide de notre manière, superficielle ou profonde, d'envisager le monde ; elle se développe et se complète par la suite, mais ne change plus dans ses points principaux. C'est donc en vertu de cette manière de voir, purement objective, par conséquent poétique, essentielle à l'enfance, où elle est soutenue par le fait que la volonté est encore bien loin de se manifester avec toute son énergie, que l'enfant s'occupe beaucoup plus à connaître qu'à vouloir. De là ce regard sérieux, contemplatif de certains enfants, dont Raphaël a tiré si heureusement parti pour ses anges, surtout dans sa Madone sixtine. C'est pourquoi également les années d'enfance sont si heureuses que leur souvenir est toujours mêlé d'un douloureux regret. Pendant que d'une part nous nous consacrons ainsi, avec tout notre sérieux, à la connaissance intuitive des choses, d'autre part l'éducation s'occupe à nous procurer des *notions*. Mais les notions ne nous donnent pas l'essence propre des choses ; celle-ci, qui constitue le fond et le véritable contenu de toutes nos connaissances, repose principalement sur la compréhension *intuitive* du monde. Mais cette dernière ne peut être acquise que par nous-mêmes et ne saurait d'aucune manière nous être *enseignée*. D'où il résulte que notre valeur intellectuelle, tout comme notre valeur morale, n'entre pas du dehors dans nous, mais sort du plus profond de notre propre être, et toute la science pédagogique d'un Pestalozzi ne parviendra jamais à faire d'un imbécile né un penseur : non, mille fois non ! imbécile il est né, il doit mourir imbécile. Cette compréhension contemplative du monde extérieur nouvellement offert à notre vue explique aussi pourquoi tout ce qu'on a vu et appris pendant l'enfance se grave si fortement dans la mémoire. En effet, nous nous y sommes occupés exclusivement, rien ne nous en a distraits, et nous avons considéré les choses que nous voyions comme uniques de leur espèce, bien plus, comme les seules existantes. Plus tard, le nombre considérable des choses alors connues nous enlève le courage et la patience. Si l'on veut bien se rappeler ici ce que j'ai exposé dans le deuxième volume de mon grand ouvrage, savoir : que l'existence *objective* de toutes choses, c'est-à-dire dans la *représentation* pure, est toujours agréable, taudis que leur existence *subjective*, est dans le *vouloir*, est fortement mélangée de douleur et de chagrin, alors on admettra bien, comme expression résumée de la chose, la proposition suivante : Toutes les choses sont belles *à la vue* et affreuses dans leur *être* (herrlich zu *seh'n*, aber schrecklich zu *seyn*). Il résulte de tout ce qui précède que, pendant l'enfance, les objets nous sont connus bien plus par le côté de la *vue*, c'est-à-dire de la représentation, de l'objectivité, que par celui de l'*être*, qui est en même temps celui de la volonté. Comme le premier est le côté réjouissant des choses et que leur côté subjectif et effrayant nous est encore inconnu, le jeune intellect prend toutes les images que la réalité et l'art lui présentent pour autant d'êtres heureux : il s'imagine qu'autant elles sont belles à *voir*, autant et plus elles le sont à *être*. Aussi la vie lui apparaît comme un éden : c'est là cette Arcadie où tous nous sommes nés. Il en résulte, un peu plus tard, la soif de la vie réelle, le besoin pressant d'agir et de souffrir, nous poussant irrésistiblement dans le tumulte du monde. Ici, nous apprenons à connaître l'autre face des choses, celle de l'*être*, c'est-à-dire de la volonté, que tout vient croiser à chaque pas. Alors s'approche peu à peu la grande désillusion ; quand elle est arrivée, on dit : « L'âge des illusions est passé, »[39] et tout de même elle avance toujours davantage et devient de plus en plus complète. Ainsi, nous pouvons dire que pendant l'enfance la vie se présente comme une décoration de théâtre vue de loin, pendant la vieillesse, comme la même, vue de près.

Voici encore un sentiment, qui vient contribuer au bonheur de l'enfance : ainsi qu'au commencement du printemps tout feuillage a la même couleur et presque la même forme, ainsi, dans la première enfance, nous nous ressemblons tous, et nous nous accordons parfaitement. Ce

---

[39] En français dans le texte.

n'est qu'avec la puberté que commence la divergence qui va toujours augmentant, comme celle des rayons d'un cercle.

Ce qui trouble, ce qui rend malheureuses les années de jeunesse, le reste de cette première moitié de la vie si préférable à la seconde, c'est la chasse au bonheur, entreprise dans la ferme supposition qu'on peut le rencontrer dans l'existence. C'est là la source de l'espérance toujours déçue, qui engendre à son tour le mécontentement. Les images trompeuses d'un vague rêve de bonheur flottent devant nos yeux sous des formes capricieusement choisies, et nous cherchons vainement leur type original. Aussi sommes-nous pendant la jeunesse presque toujours mécontents de notre état et de notre entourage, quels qu'ils soient, car c'est à eux que nous attribuons ce qui revient partout à l'inanité et à la misère de la vie humaine, avec lesquelles nous faisons connaissance pour la première fois en ce moment, après nous être attendus à bien autre chose. On gagnerait beaucoup à enlever de bonne heure, par des enseignements convenables, cette illusion propre à la jeunesse qu'il y a grand'chose à trouver dans le monde. Mais au contraire il arrive que la vie se fait connaître à nous par la poésie avant de se révéler par la réalité. À l'aurore de notre jeunesse, les scènes que l'art nous dépeint s'étalent brillantes à nos yeux, et nous voilà tourmentés du désir de les voir réalisées, de saisir l'arc-en-ciel. Le jeune homme attend sa vie sous la forme d'un roman intéressant. Ainsi naît cette illusion que j'ai décrite dans le deuxième volume de mon ouvrage déjà cité. Car ce qui prête leur charme à toutes ces images, c'est que précisément elles ne sont que des images et non des réalités, et qu'en les contemplant nous nous trouvons dans l'état de calme et de contentement parfait de la connaissance pure. Se réaliser signifie être rempli par le vouloir, et celui-ci amène infailliblement des douleurs. Ici encore, je dois renvoyer le lecteur que le sujet intéresse au deuxième volume de mon livre.

Si donc le caractère de la première moitié de la vie est une aspiration inassouvie au bonheur, celui de la seconde moitié est l'appréhension du malheur. Car à ce moment on a reconnu plus ou moins nettement que tout bonheur est chimérique, toute souffrance, au contraire, réelle. Alors les hommes, ceux-là du moins dont le jugement est sensé, au lieu d'aspirer aux jouissances, ne cherchent plus qu'une condition affranchie de douleur et de trouble.[40] Lorsque, dans mes années de jeunesse, j'entendais sonner à ma porte, j'étais tout joyeux, car je me disais : « Ah ! enfin ! » Plus tard, dans la même situation, mon impression était plutôt voisine de la frayeur ; je pensais : « Hélas ! déjà ! » Les êtres distingués et bien doués, ceux qui, par là même, n'appartiennent pas entièrement au reste des hommes et se trouvent plus ou moins isolés, en proportion de leurs mérites, éprouvent aussi à l'égard de la société humaine ces deux sentiments opposés : dans leur jeunesse, c'est fréquemment celui d'en être *délaissés ;* dans l'âge mûr, celui d'en être *délivrés*. Le premier, qui est pénible, provient de leur ignorance ; le second, agréable, de leur connaissance du monde. Cela fait que la seconde moitié de la vie, comme la seconde partie d'une période musicale, a moins de fougue et plus de tranquillité que la première ; ce qui vient de ce que la jeunesse s'imagine monts et merveilles au sujet du bonheur et des jouissances que l'on peut rencontrer sur terre, la seule difficulté consistant à les atteindre, tandis que la vieillesse sait qu'il n'y a rien à y trouver : calmée à cet égard, elle goûte tout présent supportable et prend plaisir même aux petites choses.

Ce que l'homme mûr a gagné par l'expérience de la vie, ce qui fait qu'il voit le monde autrement que l'adolescent et le jeune homme, c'est avant tout *l'absence de prévention*. Lui,

---

[40] Dans l'âge mûr, on s'entend mieux à se garder contre le malheur, dans la jeunesse à le supporter. (*Note de l'auteur.*)

le premier, commence à voir les choses simplement et à les prendre pour ce qu'elles sont ; tandis que, aux yeux du jeune homme et de l'adolescent, une illusion composée de rêveries créées d'elles-mêmes, de préjugés transmis et de fantaisies étranges, voilait ou déformait le monde véritable. La première tâche que l'expérience trouve à accomplir est de nous délivrer des chimères et des notions fausses accumulées pendant la jeunesse. En garantir les jeunes gens serait certainement la meilleure éducation à leur donner, bien qu'elle soit simplement négative ; mais c'est là une bien difficile affaire. Il faudrait, dans ce but, commencer par maintenir l'horizon de l'enfant aussi étroit que possible, ne lui procurer dans ses limites que des notions claires et justes et ne l'élargir que graduellement, après qu'il aurait la connaissance bien exacte de tout ce qui y est situé, et ayant toujours soin qu'il n'y reste rien d'obscur, rien qu'il n'aurait compris qu'à demi ou de travers. Il en résulterait que ses notions sur les choses et sur les relations humaines, bien que restreintes encore et très simples, seraient néanmoins distinctes et vraies, de manière à n'avoir plus besoin que d'extension et non de redressement ; on continuerait ainsi jusqu'à ce que l'enfant fût devenu jeune homme. Cette méthode exige surtout qu'on ne permette pas la lecture de romans ; on les remplacera par des biographies convenablement choisies, comme par exemple celle de Franklin, ou l'histoire d'*Antoine Reiser* par Moritz, et autres semblables.

Tant que nous sommes jeunes, nous nous imaginons que les événements et les personnages importants et de conséquence feront leur apparition dans notre existence avec tambour et trompette ; dans l'âge mûr, un regard rétrospectif nous montre qu'ils s'y sont tous glissés sans bruit, par la porte dérobée et presque inaperçus.

On peut aussi, au point de vue qui nous occupe, comparer la vie à une étoffe brodée dont chacun ne verrait, dans la première moitié de son existence, que l'endroit, et, dans la seconde, que l'envers ; ce dernier côté est moins beau, mais plus instructif, car il permet de reconnaître l'enchaînement des fils.

La supériorité intellectuelle même la plus grande ne fera valoir pleinement son autorité dans la conversation qu'après la quarantième année. Car la maturité propre à l'âge et les fruits de l'expérience peuvent bien être surpassés de beaucoup, mais jamais remplacés par l'intelligence ; ces conditions fournissent, même à l'homme le plus ordinaire, un contrepoids à opposer à la force du plus grand esprit, tant que celui-ci est encore jeune. Je ne parle ici que de la personnalité, non des œuvres.

Aucun homme quelque peu supérieur, aucun de ceux qui n'appartiennent pas à cette majorité des cinq-sixièmes des humains si strictement dotée par la nature, ne pourra s'affranchir d'une certaine teinte de mélancolie quand il a dépassé la quarantaine. Car, ainsi qu'il était naturel, il avait jugé les autres d'après lui et a été désabusé ; il a compris qu'ils sont bien arriérés par rapport à lui soit par la tête, soit par le cœur, le plus souvent même par les deux, et qu'ils ne pourront jamais balancer leur compte ; aussi évite-t-il volontiers tout commerce avec eux, comme, du reste, tout homme aimera ou haïra la solitude, c'est-à-dire sa propre société, en proportion de sa valeur intérieure. Kant traite aussi de ce genre de misanthropie dans sa *Critique de la raison*, vers la fin de la note générale, au § 29 de la première partie.

C'est un mauvais symptôme, au moral comme à l'intellectuel, pour un jeune homme, de se retrouver facilement au milieu des menées humaines, d'y être bientôt à son aise et d'y pénétrer comme préparé à l'avance ; cela annonce de la vulgarité. Par contre, une attitude décontenancée, hésitante, maladroite et à contre-sens est, en pareille circonstance, l'indice d'une nature de noble espèce.

La sérénité et le courage que l'on apporte à vivre pendant la jeunesse tiennent aussi en partie à ce que, gravissant la colline, nous ne voyons pas la mort, située au pied de l'autre versant. Le sommet une fois franchi, nous voyons de nos yeux la mort, que nous ne connaissions jusque-là que par ouï-dire, et, comme à ce moment les forces vitales commencent à baisser, notre courage faiblit en même temps ; un sérieux morne chasse alors la pétulance juvénile et s'imprime sur nos traits. Tant que nous sommes jeunes, nous croyons la vie sans fin, quoi qu'on nous puisse dire, et nous usons du temps à l'avenant. Plus nous vieillissons, plus nous en devenons économes. Car, dans l'âge avancé, chaque jour de la vie qui s'écoule produit en nous le sentiment qu'éprouve un condamné à chaque pas qui le rapproche de l'échafaud.

Considérée du point de vue de la jeunesse, la vie est un avenir infiniment long ; de celui de la vieillesse, un passé très court, tellement qu'au début elle s'offre à nos yeux comme les objets vus par le petit bout de la lunette, et à la fin comme vus par le gros bout. Il faut avoir vieilli, c'est-à-dire avoir vécu longuement, pour reconnaître combien la vie est courte. Plus on avance en âge, plus les choses humaines, toutes tant qu'elles sont, nous paraissent minimes ; la vie, qui pendant la jeunesse était là, devant nous, ferme et comme immobile, nous semble maintenant une fuite rapide d'apparitions éphémères, et le néant de tout ici-bas apparaît. Le temps lui-même, pendant la jeunesse, marche d'un pas plus lent ; aussi le premier quart de notre vie est non seulement le plus heureux, mais aussi le plus long ; il laisse donc beaucoup plus de souvenirs, et chaque homme pourrait, à l'occasion, raconter de ce premier quart plus d'événements que des deux suivants. Au printemps de la vie, comme au printemps de l'année, les journées finissent même par devenir d'une longueur accablante. À l'automne de la vie comme à l'automne de l'année, elles sont courtes, mais sereines et plus constantes.

Pourquoi, dans la vieillesse, la vie qu'on a derrière soi paraît-elle si brève ? C'est parce que nous la tenons pour aussi courte que le souvenir que nous en avons. En effet, tout ce qu'il y a eu d'insignifiant et une grande partie de ce qu'il y a eu de pénible ont échappé à notre mémoire ; il y est donc resté bien peu de chose. Car, de même que notre intellect en général est très imparfait, de même notre mémoire l'est aussi : il faut que nous exercions nos connaissances, et que nous ruminions notre passé ; sans quoi les deux disparaissent dans l'abîme de l'oubli. Mais nous ne revenons pas volontiers par la pensée sur les choses insignifiantes, ni d'ordinaire sur les choses désagréables, ce qui serait pourtant indispensable pour les garder dans la mémoire. Or les choses insignifiantes deviennent toujours plus nombreuses ; car bien des faits qui au premier abord nous semblaient importants perdent tout intérêt à mesure qu'ils se répètent ; les retours, au commencement, ne sont que fréquents, mais par la suite ils deviennent innombrables. Aussi nous rappelons-nous mieux nos jeunes années que celles qui ont suivi. Plus nous vivons longtemps, moins il y a d'événements qui vous semblent assez graves ou assez significatifs pour mériter d'être ruminés, ce qui est l'unique moyen d'en garder le souvenir ; à peine ont-ils passé, nous les oublions. Et voilà pourquoi le temps fuit, laissant de moins en moins de traces derrière soi.

Mais nous ne revenons pas volontiers non plus sur les choses désagréables, alors surtout qu'elles blessent notre vanité ; et c'est le cas le plus fréquent, car peu de désagréments nous arrivent sans notre faute. Nous oublions donc également beaucoup de choses pénibles. C'est par l'élimination de ces deux catégories d'événements que notre mémoire devient si courte, et elle le devient, à proportion, d'autant plus que l'étoffe en est plus longue. De même que les objets situés sur le rivage deviennent de plus en plus petits, vagues et indistincts à mesure que notre barque s'en éloigne, ainsi s'effacent les années écoulées, avec nos aventures et nos actions. Il arrive aussi que la mémoire et l'imagination nous retracent une scène de notre vie, dès longtemps disparue, avec tant de vivacité qu'elle nous semble dater de la veille et nous apparaît tout proche de nous. Cet effet résulte de ce qu'il nous est impossible de nous représenter en même temps le long espace de temps qui s'est écoulé entre alors et à présent, et que nous ne pouvons pas l'embrasser du regard en un seul tableau ; de plus, les événements accomplis dans cet intervalle sont oubliés en grande partie, et il ne nous en reste plus qu'une connaissance générale, *in abstracto,* une simple notion et non une image. Alors ce passé lointain et isolé se présente si rapproché qu'il semble que c'était hier ; le temps intermédiaire a disparu, et notre vie entière nous paraît d'une brièveté incompréhensible. Parfois même, dans la vieillesse, ce long passé que nous avons derrière nous, et par suite notre âge même, peut à un certain moment nous sembler fabuleux : ce qui résulte principalement de ce que nous voyons toujours devant nous le même présent immobile. En définitive, tous ces phénomènes intérieurs sont fondés sur ce que ce n'est pas notre être par lui-même, mais seulement son image visible, qui existe sous la forme du temps, et sur ce que le présent est le point de contact entre le monde extérieur et nous, entre l'objet et le sujet.

On peut encore se demander pourquoi, dans la jeunesse, la vie paraît s'étendre devant nous à perte de vue. C'est d'abord parce qu'il nous faut la place pour y loger les espérances illimitées dont nous la peuplons et pour la réalisation desquelles Mathusalem serait mort trop jeune ; ensuite, parce que nous prenons pour échelle de sa mesure le petit nombre d'années que nous avons déjà derrière nous ; mais leur souvenir est riche en matériaux et long, par conséquent, car la nouveauté a donné de l'importance à tous les événements ; aussi nous y revenons volontiers par la pensée, nous les évoquons souvent dans notre mémoire et finissons par les y fixer.

Il nous semble parfois que nous désirons ardemment nous retrouver dans tel *lieu* éloigné, tandis que nous ne regrettons, en réalité, que le *temps* que nous y avons passé quand nous étions plus jeunes et plus frais. Et voilà comment le *temps* nous abuse sous le masque de l'*espace*. Allons à l'endroit tant désiré, et nous nous rendrons compte de l'illusion.

Il existe deux voies pour atteindre un âge très avancé, toutefois à la condition *sine qua non* de posséder une constitution intacte ; pour l'expliquer, prenons l'exemple de deux lampes qui brûlent : l'une brûlera longtemps, parce que, avec peu d'huile, elle a une mèche très mince ; l'autre, parce que, avec une forte mèche, elle a aussi beaucoup d'huile : l'huile, c'est la force vitale, la mèche en est l'emploi appliqué à n'importe quel usage.

Sous le rapport de la force vitale, nous pouvons nous comparer, jusqu'à notre trente-sixième année, à ceux qui vivent des intérêts d'un capital ; ce qu'on dépense aujourd'hui se trouve remplacé demain. À partir de là, nous sommes semblables à un rentier qui commence à entamer son capital. Au début, la chose n'est pas sensible : la plus grande partie de la dépense se remplace encore d'elle-même, et le minime déficit qui en résulte passe inaperçu. Peu à peu, il grossit, il devient apparent, et son accroissement lui-même s'accroît chaque jour ; il nous envahit toujours davantage ; chaque aujourd'hui est plus pauvre que chaque hier ; et nul espoir d'arrêt. Comme la chute des corps, la perte s'accélère rapidement, jusqu'à disparition totale. Le cas le plus triste est celui où tous deux, forces vitales et fortune, celle-ci non plus comme terme de comparaison, mais en réalité, sont en voie de fondre simultanément ; aussi l'amour de la richesse augmente avec l'âge. En revanche, dans nos premières années, jusqu'à notre majorité et un peu au delà, nous sommes, sous le rapport de la force vitale, semblables à ceux qui, sur les intérêts, ajoutent encore quelque chose au capital : non seulement ce qu'on dépense se renouvelle tout seul, mais le capital lui-même augmente. Ceci arrive aussi parfois pour l'argent, grâce aux soins prévoyants d'un tuteur, honnête homme. O jeunesse fortunée ! O triste vieillesse ! Il faut, malgré tout cela, ménager les forces de la jeunesse. Aristote observe (*Politique*, liv. der., ch. 5)[41] que, parmi les vainqueurs aux jeux Olympiques, il ne s'en est trouvé que deux ou trois qui, vainqueurs une première fois comme jeunes gens, aient triomphé encore comme hommes faits, parce que les efforts prématurés qu'exigent les exercices préparatoires épuisent tellement les forces, qu'elles font défaut plus tard, dans l'âge viril. Ce qui est vrai de la force musculaire l'est encore davantage de la force nerveuse dont les productions intellectuelles ne sont toutes que les manifestations : voilà pourquoi les *ingenia præcocia*, les enfants prodiges, ces fruits d'une éducation en serre chaude, qui étonnent dans leur bas âge, deviennent plus tard des têtes parfaitement ordinaires. Il est même fort possible qu'un excès d'application précoce et forcée à l'étude des langues anciennes soit la cause qui a fait tomber plus tard tant de savants dans un état de paralysie et d'enfance intellectuelle.

J'ai remarqué que le caractère chez la plupart des hommes semble être plus particulièrement adapté à un des âges de la vie, de manière que c'est à cet âge-là qu'ils se présentent sous leur jour le plus favorable. Les uns sont d'aimables jeunes gens, et puis c'est fini ; d'autres, dans leur maturité, sont des hommes énergiques et actifs auxquels l'âge, en avançant, enlève toute valeur ; d'autres enfin se présentent le plus avantageusement dans la vieillesse, pendant laquelle ils sont plus doux, parce qu'ils ont plus d'expérience et plus de calme : c'est le cas le plus fréquent chez les Français. Cela doit provenir de ce que le caractère

---

[41] Il y a erreur : ce n'est pas au chapitre 5, mais au chapitre 8, que se trouve l'observation citée par Schopenhauer. (*Le trad.*)

lui-même a quelque chose de juvénile, de viril ou de sénile, en harmonie avec l'âge correspondant, ou amendé par cet âge.

De même, que sur un navire nous ne nous rendons compte de sa marche que parce que nous voyons les objets situés sur la rive s'éloigner à l'arrière et par suite devenir plus petits, de même nous ne nous apercevons que nous devenons vieux, et toujours plus vieux, qu'à ce que des gens d'un âge toujours plus avancé nous semblent jeunes.

Nous avons déjà examiné plus haut comment et pourquoi, à mesure qu'on vieillit, tout ce qu'on a vu, toutes les actions et tous les événements de la vie laissent dans l'esprit des traces de moins en moins nombreuses. Ainsi considérée, la jeunesse est le seul âge où nous vivions avec entière conscience ; la vieillesse n'a qu'une demi-conscience de la vie. Avec les progrès de l'âge, cette conscience diminue graduellement ; les objets passent rapidement devant nous sans l'aire d'impression, semblables à ces produits de l'art qui ne nous frappent plus quand nous les avons souvent vus ; on fait la besogne que l'on a à faire, et l'on ne sait même plus ensuite si on l'a faite. Pendant que la vie devient de plus en plus inconsciente, pendant qu'elle marche à grands pas vers l'inconscience complète, par là même la fuite du temps s'accélère. Durant l'enfance, la nouveauté des choses et des événements fait que tout s'imprime dans notre conscience ; aussi les jours sont-ils d'une longueur à perte de vue. Il nous en arrive de même, et pour la même cause, en voyage, où un mois nous paraît plus long que quatre à la maison. Malgré cette nouveauté, le temps, qui nous *semble* plus long, nous *devient*, dans l'enfance comme en voyage, en réalité souvent plus long que dans la vieillesse ou à la maison. Mais insensiblement l'intellect s'émousse tellement par la longue habitude des mêmes perceptions, que de plus en plus tout finit par glisser sur lui sans l'impressionner, ce qui fait que les jours deviennent toujours plus insignifiants et conséquemment toujours plus courts ; les heures de l'enfant sont plus longues que les journées du vieillard. Nous voyons donc que le temps de la vie a un mouvement accéléré comme celui d'une sphère roulant sur un plan incliné ; et, de même que sur un disque tournant chaque point court d'autant plus vite qu'il est plus éloigné du centre, de même, pour chacun et proportionnellement à sa distance du commencement de sa vie, le temps s'écoule plus vite et toujours plus vite. On peut donc admettre que la longueur de l'année, telle que l'évalue notre disposition du moment, est en rapport inverse du quotient de l'année divisé par l'âge ; quand, par exemple, l'année est le cinquième de l'âge, elle paraît dix fois plus longue que lorsqu'elle n'en est que le cinquantième. Cette différence dans la rapidité du temps a l'influence la plus décisive sur toute notre manière d'être à chaque âge de la vie. Elle fait d'abord que l'enfance, quoique n'embrassant que quinze ans à peine, est pourtant la période la plus longue de l'existence, et par conséquent aussi la plus riche en souvenirs ; ensuite elle fait que, dans tout le cours de la vie, nous sommes soumis à l'ennui dans le rapport inverse de notre âge. Les enfants ont constamment besoin de passer le temps, que ce soit par les jeux ou par le travail ; si le passe-temps s'arrête, ils sont aussitôt pris d'un formidable ennui. Les adolescents y sont encore fortement exposés et redoutent beaucoup les heures inoccupées. Dans l'âge viril, l'ennui disparaît de plus en plus : et pour les vieillards le temps est toujours trop court et les jours volent avec la rapidité de la flèche. Bien entendu, je parle d'hommes et non de brutes vieillies. L'accélération dans la marche du temps supprime donc le plus souvent l'ennui dans un âge plus avancé ; d'autre part, les passions, avec leurs tourments, commencent à se taire ; il en résulte qu'en somme, et pourvu que la santé soit en bon état, le fardeau de la vie est, en réalité, plus léger que pendant la jeunesse : aussi appelle-t-on l'intervalle qui précède l'apparition de la débilité et des infirmités de la vieillesse : les *meilleures années*. Peut être le sont-elles en effet au point de vue de notre agrément ; mais en revanche les années de jeunesse, où tout fait impression, où chaque chose entre dans la conscience, conservent l'avantage d'être la saison fertilisante de l'esprit, le printemps qui détermine les bourgeons. Les vérités profondes, en effet, ne s'acquièrent que par l'intuition et non par la spéculation, c'est-à-dire que leur première perception est immédiate et provoquée par l'impression momentanée : elle ne peut donc se produire que tant que l'impression est forte, vive et profonde. Tout dépend donc, sous ce rapport, de l'emploi des jeunes années. Plus tard, nous pouvons agir davantage sur les autres, même sur le monde entier, car nous sommes nous-mêmes achevés et complets, et nous n'appartenons plus à l'impression ; mais le monde agit moins sur nous. Ces années-ci sont donc l'époque de l'action et de la production ; les premières sont celles de la compréhension et de la connaissance intuitives.

Dans la jeunesse, c'est la contemplation ; dans l'âge mûr, la réflexion qui domine ; l'une est le temps de la poésie, l'autre plutôt celui de la philosophie. Dans la pratique également, c'est par la perception et son impression que l'on se détermine pendant la jeunesse ; plus tard, c'est par la réflexion. Cela tient en partie à ce que dans l'âge mûr les images se sont présentées et groupées autour des notions en nombre suffisant pour leur donner de l'importance, du poids et de la valeur, ainsi que pour modérer en même temps, par l'habitude, l'impression des perceptions. Par contre, l'impression de tout ce qui est visible, donc du côté extérieur des choses, est tellement prépondérante pendant la jeunesse, surtout dans les têtes vives et riches d'imagination, que les jeunes gens considèrent le monde comme un tableau ; ils se préoccupent principalement de la figure et de l'effet qu'ils y font, bien plus que de la disposition intérieure qu'il éveille en eux. Cela se voit déjà à la vanité de leur personne et à leur coquetterie.

La plus grande énergie et la plus haute tension des forces intellectuelles se manifestent indubitablement pendant la jeunesse et jusqu'à la trente-cinquième année au plus tard : à partir de là, elles décroissent, quoique insensiblement. Néanmoins l'âge suivant et même la vieillesse ne sont pas sans compensations intellectuelles. C'est à ce moment que l'expérience et l'instruction ont acquis toute leur richesse : on a eu le temps et l'occasion de considérer les choses sous toutes leurs faces et de les méditer ; on les a rapprochées les unes des autres, et l'on a découvert les points par où elles se touchent, les parties par où elles se joignent ; c'est maintenant, par conséquent, qu'on les saisit bien et dans leur enchaînement complet. Tout s'est éclairci. C'est pourquoi l'on sait plus à fond les choses même que l'on savait déjà dans la jeunesse, car pour chaque notion on a plus de données. Ce que l'on croyait savoir quand on était jeune, on le sait réellement dans l'âge mûr ; en outre, on sait effectivement davantage et l'on possède des connaissances raisonnées dans toutes les directions et, par là même, solidement enchaînées, tandis que dans la jeunesse notre savoir est défectueux et fragmentaire. L'homme parvenu à un âge bien avancé aura seul une idée complète et juste de la vie, parce qu'il l'embrasse du regard dans son ensemble et dans son cours naturel, et surtout parce qu'il ne la voit plus, comme les autres, uniquement du côté de rentrée, mais aussi du côté de la sortie ; ainsi placé, il on reconnaît pleinement le néant, pendant que les autres sont encore le jouet de cette illusion constante que « c'est maintenant que ce qu'il y a de vraiment bon va arriver ». En revanche, pendant la jeunesse, il y a plus de conception ; il s'ensuit que l'on est en état de produire davantage avec le peu que l'on connaît ; dans l'âge mûr, il y a plus de jugement, de pénétration et de fond. C'est déjà pendant la jeunesse que l'on recueille les matériaux de ses notions propres, de ses vues originales et fondamentales, c'est-à-dire de tout ce qu'un esprit privilégié est destiné à donner en cadeau au monde ; mais ce n'est que bien des années plus tard qu'il devient maître de son sujet. On trouvera, la plupart du temps, que les grands écrivains n'ont livré leurs chefs-d'œuvre que vers leur cinquantième année. Mais la jeunesse n'en reste pas moins la racine de l'arbre de la connaissance, bien que ce soit la couronne de l'arbre qui porte les fruits. Mais de même que chaque époque, même la plus pitoyable, se croit plus sage que toutes celles qui l'ont précédée, de même à chaque âge l'homme se croit supérieure ce qu'il était auparavant ; tous les deux font souvent erreur. Pendant les années de la croissance physique, où nous grandissons également en forces intellectuelles et en connaissances, l'*aujourd'hui* s'habitue à regarder l'*hier* avec dédain. Cette habitude s'enracine et persévère même alors que le déclin des forces intellectuelles a commencé et que l'aujourd'hui devrait plutôt regarder l'hier avec considération : on déprécie trop à ce moment les productions et les jugements de ses jeunes années.

Il est à remarquer surtout que, quoique la tête, l'intellect soit tout aussi inné, quant à ses propriétés fondamentales, que le caractère ou le cœur, néanmoins l'intelligence ne demeure pas aussi invariable que le caractère : elle est soumise à bien des modifications qui, en bloc, se produisent même régulièrement, car elles proviennent de ce que d'une part sa base est physique et d'autre part son étoffe empirique. Cela étant, sa force propre a une croissance continue jusqu'à son point culminant, et ensuite sa décroissance continue jusqu'à l'imbécillité. Mais, d'autre part, l'étoffe aussi sur laquelle s'exerce toute cette force et qui l'entretient en activité, c'est-à-dire le contenu des pensées et du savoir, l'expérience, les connaissances, l'exercice du jugement et sa perfection qui en résulte, toute cette matière est une quantité qui croît constamment jusqu'au moment où, la faiblesse définitive survenant, l'intellect laisse tout échapper. Cette condition de l'homme d'être composé d'une partie absolument variable (le caractère) et d'une autre (l'intellect) qui varie régulièrement et dans deux directions opposées, explique la diversité de l'aspect sous lequel il se manifeste et de sa valeur aux différents âges de sa vie.

Dans un sens plus large, on peut dire aussi que les quarante premières années de l'existence fournissent le texte, et les trente suivantes le commentaire, qui seul nous en fait alors bien comprendre le sens vrai et la suite, la morale, et toutes les subtilités.

Mais, particulièrement vers son terme, la vie rappelle la fin d'un bal masqué, quand on retire les masques. On voit à ce moment quels étaient réellement ceux avec lesquels on a été en contact pendant sa vie. En effet, les caractères se sont montrés au jour, les actions ont porté leurs fruits, les œuvres ont trouvé leur juste appréciation, et toutes les fantasmagories se sont évanouies. Car il a fallu le temps pour tout cela. Mais ce qu'il y a de plus étrange, c'est qu'on ne connaît et comprend bien et soi-même, et son but, et ses aspirations, surtout en ce qui concerne les rapports avec le monde et les hommes, que vers la fin de la vie. Souvent, mais pas toujours, on aura à se classer plus bas que ce qu'on supposait naguère ; mais parfois aussi on s'accordera une place supérieure : en ce dernier cas, cela provient de ce que l'on n'avait pas une connaissance suffisante de la bassesse du monde, et le but de la vie se trouvait ainsi placé trop haut. On apprend à connaître, à peu de chose près, tout ce que chacun vaut.

On a coutume d'appeler la jeunesse le temps heureux, et la vieillesse le temps triste de la vie. Cela serait vrai si les passions rendaient heureux. Mais ce sont elles qui ballottent la jeunesse de çà et de là, tout en lui donnant peu de joies et beaucoup de préférences. Elles n'agitent plus l'âge froid, qui revêt bientôt une teinte contemplative : car la connaissance devient libre et prend la haute main. Or la connaissance est, par elle-même, exempte de douleur ; par conséquent, plus elle prédominera dans la conscience, plus celle-ci sera heureuse. On n'a qu'à réfléchir que toute jouissance est de nature négative et la douleur positive, pour comprendre que les passions ne sauraient rendre heureux et que l'âge n'est pas à plaindre parce que quelques jouissances lui sont interdites ; toute jouissance n'est que l'apaisement d'un besoin, et l'on n'est pas plus malheureux de perdre la jouissance en même temps que le besoin, qu'on né l'est de ne pouvoir plus manger après avoir dîné, ou de devoir veiller après une pleine nuit de sommeil. Platon (dans son introduction à la *République*) a bien autrement raison d'estimer la vieillesse heureuse d'être délivrée de l'instinct sexuel qui jusque-là nous troublait sans relâche. On pourrait presque soutenir que les fantaisies diverses et incessantes qu'engendre l'instinct sexuel, ainsi que les émotions qui en résultent, entretiennent dans l'homme une bénigne et constante démence, aussi longtemps qu'il est sous l'influence de cet instinct ou de ce diable dont il est sans cesse possédé, au point de ne devenir entièrement raisonnable qu'après s'en être délivré. Toutefois il est positif que, en général et abstraction faite de toutes les circonstances et conditions individuelles, un air de mélancolie et de tristesse est propre à la jeunesse, et une certaine sérénité à la vieillesse ; et cela seulement parce que le jeune homme est encore le serviteur, non le corvéable de ce démon qui lui accorde difficilement une heure de liberté et qui est aussi l'auteur, direct ou indirect, de presque toutes les calamités qui frappent ou menacent l'homme. L'âge mûr a la sérénité de celui qui, délivré de fers longtemps portés, jouit désormais de la liberté de ses mouvements. D'autre part cependant, on pourrait dire que, le penchant sexuel une fois éteint, le véritable noyau de la vie est consumé, et qu'il ne reste plus que l'enveloppe, ou que la vie ressemble à une comédie dont la représentation, commencée par des hommes vivants, s'achèverait par des automates revêtus des mêmes costumes.

Quoi qu'il en soit, la jeunesse est le moment de l'agitation, l'âge mûr celui du repos : cela suffit pour juger de leurs plaisirs respectifs. L'enfant tend avidement les mains dans l'espace, après tous ces objets, si bariolés et si divers, qu'il voit devant lui ; tout cela l'excite, car son sensorium est encore si frais et si jeune. Il en est de même, mais avec plus d'énergie, pour le jeune homme. Lui aussi est excité par le monde aux couleurs voyantes et aux figures multiples : et son imagination lui attache aussitôt plus de valeur que le monde s'en peut offrir. Aussi la jeunesse est-elle pleine d'exigences et d'aspirations dans le vague, qui lui enlèvent ce repos sans lequel il n'est pas de bonheur. Avec l'âge, tout cela se calme, soit parce que le sang s'est refroidi et que l'excitabilité du sensorium a diminué, soit parce que l'expérience, en nous édifiant sur la valeur des choses et sur le contenu des jouissances, nous a affranchis peu à peu des illusions, des chimères et des préjugés qui voilaient et déformaient jusque-là l'aspect libre et net des choses, de façon que nous les connaissons maintenant toutes plus justement et plus clairement ; nous les prenons pour ce qu'elles sont, et nous acquérons plus ou moins la conviction du néant de tout sur terre. C'est même ce qui donne à presque tous les vieillards, même à ceux d'une intelligence fort ordinaire, une certaine teinte de sagesse qui les distingue des plus jeunes qu'eux. Mais tout cela produit principalement le calme intellectuel qui est un élément important, je dirais même la condition et l'essence du bonheur. Tandis que le jeune homme croit qu'il pourrait conquérir en ce monde Dieu sait quelles merveilles s'il savait seulement où les trouver, le vieillard est pénétré de la maxime de l'Ecclésiaste : « *Tout est vanité,* » et il sait bien maintenant que toutes les noix sont creuses, quelque dorées qu'elles puissent être.

Ce n'est que dans un âge avancé que l'homme arrive entièrement au *nil admirari* d'Horace, c'est-à-dire à la conviction directe, sincère et ferme, de la vanité de toutes choses et de l'inanité de toutes pompes en ce monde. Plus de chimères ! Il ne se berce plus de l'illusion qu'il réside quelque part, palais ou chaumière, une félicité spéciale, plus grande que celle dont il jouit lui-même partout, et en ce qu'il y a d'essentiel toutes les fois qu'il est libre de toute douleur physique ou morale. Il n'y a plus de distinction à ses yeux entre le grand et le petit, entre le noble et le vil, mesurés à l'échelle d'ici-bas. Cela donne au vieillard un calme d'esprit particulier qui lui permet de regarder en souriant les vains prestiges de ce monde. Il est complètement désabusé ; il sait que la vie humaine, quoi qu'on fasse pour l'accoutrer et l'attifer, ne tarde pas à se montrer, dans toute sa misère, à travers ces oripeaux de foire ; il sait que, quoi qu'on fasse pour la peindre et l'orner, elle est, en somme, toujours la même chose, c'est-à-dire une existence dont il faut estimer la valeur réelle par l'absence des douleurs et non par la présence des plaisirs et encore moins du faste (Horace, l. I, ép. 12, v. 1-4). Le trait fondamental et caractéristique de la vieillesse est le désabusement ; plus de ces illusions qui donnaient à la vie son charme et à l'activité leur aiguillon ; on a reconnu le néant et la vanité de toutes les magnificences de ce monde, surtout de la pompe, de la splendeur et de l'éclat des grandeurs ; on a éprouvé l'infimité de ce qu'il y a au fond de presque toutes ces choses que l'on désire et de ces jouissances auxquelles on aspire, et l'on est arrivé ainsi peu à peu à se convaincre de la pauvreté et du vide de l'existence. Ce n'est qu'à soixante ans que l'on comprend bien le premier verset de l'Ecclésiaste. Mais c'est là ce qui donne aussi à la vieillesse une certaine teinte morose.

On croit communément que la maladie et l'ennui sont le lot de l'âge. La première ne lui est pas essentielle, surtout quand on a la perspective d'atteindre une vieillesse très avancée, car *crescente vita, crescit sanitas et morbus*. Et, quant à l'ennui, j'ai démontré plus haut pourquoi la vieillesse a moins à la redouter que la jeunesse : l'ennui n'est pas non plus le compagnon obligé de la solitude, vers laquelle effectivement l'âge nous pousse, pour des motifs faciles à saisir : il n'accompagne que ceux qui n'ont connu que les jouissances des sens et les plaisirs de la société, et qui ont laissé leur esprit sans l'enrichir et leurs facultés sans les développer. Il est vrai que dans un âge avancé les forces intellectuelles déclinent aussi ; mais, là où il y en a eu beaucoup, il en restera toujours assez pour combattre l'ennui. En outre, ainsi que nous l'avons montré, la raison gagne en vigueur par l'expérience, les connaissances, l'exercice et la réflexion ; le jugement devient plus pénétrant, et l'enchaînement des idées devient clair ; on acquiert de plus en plus en toutes matières des vues d'ensemble sur les choses : la combinaison toujours variée des connaissances que l'on possède déjà, les acquisitions nouvelles qui viennent à l'occasion s'y ajouter, favorisent dans toutes les directions les progrès continus de notre développement intellectuel, dans lequel l'esprit trouve à la fois son occupation, son apaisement et sa récompense. Tout cela compense jusqu'à un certain point l'affaiblissement intellectuel dont nous parlions. Nous savons de plus que dans la vieillesse le temps court plus rapidement ; il neutralise ainsi l'ennui. Quant à l'affaiblissement des forces physiques, il n'est pas très nuisible, sauf le cas où l'on a besoin de ces forces pour la profession que l'on exerce. La pauvreté pendant la vieillesse est un grand malheur. Si on l'a écartée et si l'on a conservé sa santé, la vieillesse peut être une partie très supportable de la vie. L'aisance et la sécurité sont ses principaux besoins : c'est pourquoi l'on aime alors l'argent plus que jamais, car il supplée les forces qui manquent. Abandonné de Vénus, on cherchera volontiers à s'égayer chez Bacchus. Le besoin de voir, de voyager, d'apprendre est remplacé par celui d'enseigner et de parler. C'est un bonheur pour le vieillard d'avoir conservé l'amour de l'étude, ou de la musique, ou du théâtre et en général la faculté d'être impressionné jusqu'à un certain degré par les choses extérieures ; cela arrive pour quelques-uns jusque dans l'âge le plus avancé. Ce que l'homme *a par soi-moi* ne lui profite jamais mieux que dans la vieillesse. Mais il est vrai de dire que la plupart des individus, ayant été de tout temps obtus d'esprit, deviennent de plus en plus des automates à mesure qu'ils avancent dans la vie : ils pensent, ils disent, ils font toujours la même chose, et aucune impression extérieure ne peut changer le cours de leurs idées ou leur faire produire quelque chose de nouveau. Parler à de semblables vieillards, c'est écrire sur le sable : l'impression s'efface presque instantanément. Une vieillesse de cette nature n'est plus alors sans doute que le *caput mortuum* de la vie. La nature semble avoir voulu symboliser l'avènement de cette seconde enfance par une troisième dentition qui se déclare dans quelques rares cas chez des vieillards.

L'affaissement progressif de toutes les forces à mesure qu'on vieillit est certes une bien triste chose, mais nécessaire et même bienfaisante ; autrement, la mort, dont il est le prélude, deviendrait trop pénible. Aussi l'avantage principal que procure un âge très avancé est *l'euthanasie*,[42] c'est-à-dire la mort éminemment facile, sans maladie qui la précède, sans convulsions qui l'accompagnent, une mort où l'on ne se sent pas mourir. J'en ai donné une description dans le deuxième

---

[42] La vie humaine, à proprement parler, ne peut être dite ni longue ni courte, car, au fond, elle est l'échelle avec laquelle nous mesurons toutes les autres longueurs de temps.— L'*Oupanischad du Véda* (vol. 2) donne 100 ans pour la *durée naturelle* de la vie, et avec raison, à mon avis ; car j'ai remarqué que ceux-là seulement qui dépassent 90 ans finissent par l'euthanasie, c'est-à-dire qu'ils meurent sans maladie, sans apoplexie, sans convulsion, sans râle, quelquefois même sans pâlir, le plus souvent assis, principalement après leur repas : il serait plus exact de dire qu'ils ne meurent pas, ils cessent de vivre seulement. À tout autre âge antérieur à celui-là, on ne meurt que de maladie, donc prématurément.—Dans l'Ancien Testament (Ps. 90, 10), la durée de la vie humaine est évaluée à 70, au plus à 80 ans ; et, chose plus importante, Hérodote (I, 32, et III, 22) en dit autant. Mais c'est faux et ce n'est que le résultat d'une manière grossière et superficielle d'interpréter l'expérience journalière. Car, si la durée naturelle de la vie était de 70-80 ans, les hommes entre 70 et 80 ans devraient *mourir de vieillesse ;* ce qui n'est pas du tout : ils *meurent de maladies*, comme leurs cadets ; or la maladie, étant essentiellement une anomalie, n'est pas la fin naturelle. Ce n'est qu'entre 90 et 100 ans qu'il devient normal de *mourir de vieillesse*, sans maladie, sans lutte, sans râle, sans convulsions, parfois sans pâlir, en un mot d'*euthanasie*.—Sur ce point aussi, l'*Oupanischad* a donc raison en fixant à 100 ans la durée naturelle de la vie. (*Note de Schopenhauer.*)

volume de mon ouvrage, au chapitre 41. [Car, *quelque longtemps que l'on vive, l'on ne possède rien au delà du présent indivisible ; mais le souvenir perd, chaque jour, par l'oubli plus qu'il ne s'enrichit par l'accroissement.*]⁴³

La différence fondamentale entre la jeunesse et la vieillesse reste toujours celle-ci : que la première a la vie, la seconde la mort en perspective ; que, par conséquent, l'une possède un passé court avec un long avenir, et l'autre l'inverse. Sans doute, le vieillard n'a plus que la mort devant soi ; mais le jeune a la vie ; et il s'agit maintenant de savoir laquelle des deux perspectives offre le plus d'inconvénients, et si, à tout prendre, la vie n'est pas préférable à avoir derrière que devant soi ; l'Ecclésiaste n'a-t-il pas déjà dit : « *Le jour de la mort est meilleur que le jour de la naissance* » (7, 2) ? En tout cas, demander à vivre longtemps est un souhait téméraire. Car « *quien larga vida vive mucho mal vide* » (qui vit longtemps voit beaucoup de mal), dit un proverbe espagnol.

Ce n'est pas, comme le prétendait l'astrologie, les existences individuelles, mais bien la marche de la vie de l'homme en général, qui se trouve inscrite dans les planètes ; en ce sens que, dans leur ordre, elles correspondent chacune à un âge, et que la vie est gouvernée à tour de rôle par chacune d'entre elles.—MERCURE régit la dixième année. Comme cette planète, l'homme se meut avec rapidité et

---

[43] J'ai cru devoir mettre en italiques et entre crochets [ ] ces quelques lignes, parce qu'elles ne se rapportent en aucune façon à ce qui précède immédiatement ; le lecteur a pu remarquer que le même cas s'est présenté plusieurs fois déjà dans le cours du volume, notamment au chapitre 5. Cela s'explique très facilement si l'on admet que ce sont là des intercalations plus ou moins heureusement pratiquées par M. Frauenstaedt (éditeur des éditions postérieures à la 1re), à qui Schopenhauer a légué ses manuscrits et ses nombreuses notices. Je suis, d'autant plus porté à croire mon explication la vraie, que des personnes autorisées, entre autres M. de Gr…ch, m'ont affirmé que la 1re édition ne contient aucune de ces incohérences ni de ces trop fréquentes redites, dans des termes presque identiques, que l'on peut également constater. Pour ma part, malheureusement, je n'ai eu sous les yeux, comme texte pour la traduction, que les 2e et 3e éditions. (*Note du traducteur.*)

facilité dans une orbite très restreinte ; la moindre vétille est pour lui une cause de perturbation ; mais il apprend beaucoup et aisément, sous la direction du dieu de la ruse et de l'éloquence.—Avec la vingtième année commence le règne de VÉNUS : l'amour et les femmes le possèdent entièrement.—Dans la trentième année, c'est MARS qui domine : à cet âge, l'homme est violent, fort, audacieux, belliqueux et fier.—A quarante ans, ce sont les quatre petites planètes qui gouvernent : le champ de sa vie augmente : il est *frugi*, c'est-à-dire qu'il se consacre à l'utile, de par la vertu de CÉRÈS ; il a son foyer domestique, de par VESTA ; il a appris ce qu'il a besoin de savoir, par l'influence de PALLAS, et, pareille à JUNON, l'épouse règne en maîtresse dans la maison.[44] —Dans la cinquantième année domine JUPITER : l'homme a déjà survécu à la plupart de ses contemporains, et il se sent supérieur à la génération actuelle. Tout en possédant la pleine jouissance de ses forces, il est riche d'expérience et de connaissances : il a (dans la mesure de son individualité et de sa position) de l'autorité sur tous ceux qui l'entourent. Il n'entend plus se laisser ordonner, il veut commander à son tour. C'est maintenant que, dans sa sphère, il est le plus apte à être guide et dominateur. Ainsi culmine JUPITER et, comme lui, l'homme de cinquante ans.— Mais ensuite, dans la soixantième année, arrive SATURNE et, avec lui, la lourdeur, la lenteur et la ténacité du PLOMB :

But old folks, many feign as they were dead ;
Unwieldy, slow, heavy and pale as lead.

---

[44] Environ 62 planètes télescopiques ont encore été découvertes depuis ; mais c'est là une innovation dont je ne veux pas entendre parler. Aussi j'en use à leur égard comme les professeurs de philosophie en ont usé vis-à-vis de moi : je n'en veux rien savoir, car elles discréditent la marchandise que j'ai en boutique. (*Note de l'auteur.*)

(Mais beaucoup de vieillards ont l'air d'être déjà morts ; ils sont pâles, lents, lourds et inertes comme le plomb.) — (Shakespeare, *Roméo et Juliette*, acte 2, sc. 5.) — Enfin vient URANUS : c'est le moment d'aller au ciel, comme on dit.—Je ne puis tenir compte ici de NEPTUNE (ainsi l'a-t-on nommé par irréflexion), du moment que je ne puis pas l'appeler de son vrai nom, qui est ÉROS. Sans quoi j'aurais voulu montrer comment le commencement se relie à la fin, et de quelle manière nommément ÉROS est en connexion mystérieuse avec la Mort, connexion en vertu de laquelle l'ORCUS ou l'AMENTHÈS des Égyptiens (d'après Plutarque, *de Iside et Osir.*, ch.

29) est le « λαμβανων χαι διδους », par conséquent non seulement « CELUI QUI PREND », mais aussi « CELUI QUI DONNE ; » j'aurais montré comment la *Mort* est le grand *réservoir de la vie*. C'est bien de là, oui de là, c'est de l'*Orcus* que tout vient, et c'est là qu'a déjà été tout ce qui a vie en ce moment : si seulement nous étions capables de comprendre le tour de passe-passe par lequel cela se pratique ! alors tout serait clair.

FIN

www.ingramcontent.com/pod-product-compliance
Lightning Source LLC
Chambersburg PA
CBHW050136170426
43197CB00011B/1859